A Scandal in Bohemia
and Two Adventures of Sherlock Holmes

LES LANGUES MODERNES / BILINGUE
Série anglaise dirigée par Pierre Nordon

ARTHUR CONAN DOYLE

A Scandal in Bohemia
and Two Adventures of Sherlock Holmes

Scandale en Bohême
et deux aventures
de Sherlock Holmes

Traduction et notes de Francesca Bénassy
Agrégée de l'Université
Maître de conférences à l'Université Paris VII

Le Livre de Poche

La collection « Les Langues Modernes » n'a aucun lien avec l'A.P.L.V. et les ouvrages qu'elle publie le sont sous sa seule responsabilité.

© Librairie Générale Française, 1992, pour la préface, la traduction et les notes.

Sommaire

Préface 7

Bibliographie succincte 13

A Scandal in Bohemia - *Scandale en Bohême* 15

The Red-Headed League - *La Ligue des Roux* 91

The Adventure of the Copper Beeches -
Les Hêtres rouges 169

Préface

Sherlock Holmes, le détective mythique, et son fidèle acolyte, le Docteur Watson, sont, bien sûr, largement connus du grand public français. Mais les créatures ont si bien éclipsé le créateur que certains lecteurs qui se souviennent s'être passionnés pour leurs aventures ne connaissent pas — ou peut-être ont oublié — le nom de Conan Doyle. À plus forte raison ignorent-ils la genèse de ces célèbres personnages et de la geste de Baker Street. Où, quand, comment la figure de Sherlock Holmes a-t-elle donc surgi de l'imagination de Conan Doyle ?

C'est en 1887 que le Docteur Doyle réussit, non sans peine, à trouver une maison d'édition prête à publier *Étude en rouge (A Study in Scarlet)*, une longue nouvelle qu'il a composée à ses heures perdues. Le premier chapitre décrit la rencontre, en vue de partager un appartement, du narrateur, un ancien médecin militaire qui revient d'Afghanistan, le Docteur Watson, et d'un chimiste passionné de criminologie qui vient de faire une découverte scientifique capitale, Sherlock Holmes.

Lorsque paraît ce texte, Conan Doyle a vingt-huit ans et il est marié depuis deux ans. Il est docteur en médecine, installé à Southsea, près de Portsmouth. Mais comme ses activités professionnelles ne suffisent pas à combler son existence, il s'est mis à écrire. Selon son créateur, le personnage de Sherlock Holmes aurait une double origine : littéraire, car il ressemble quelque peu au

Dupin d'Edgar Allan Poe, et biographique, dans la mesure où ses méthodes évoquent celles du Docteur Joseph Bell, qui enseignait la médecine à l'Université d'Edimbourg, où Conan Doyle avait fait ses études. Il a d'ailleurs dédicacé *Les Aventures de Sherlock Holmes* à son « ancien professeur ».

Étude en rouge passe relativement inaperçu du public et Conan Doyle se tourne alors vers un genre plus conforme à ses ambitions d'écrivain, le roman historique, car son plus cher désir est de se faire une place dans la tradition littéraire de Walter Scott. Il publie donc en 1889 *Micah Clarke*, le premier de ses romans historiques, dont le succès est rapide. Mais l'année suivante, à la suite de la commande d'une maison d'édition américaine (*Étude en rouge* avait remporté un énorme succès aux États-Unis), Conan Doyle fait paraître *La Marque des Quatre (The Sign of Four)* dans une revue de Philadelphie. Sherlock Holmes y apparaît dès le premier paragraphe, où Watson le décrit occupé à s'injecter une solution de cocaïne dans le bras. On trouve dans ce court roman des réminiscences d'Edgar Allan Poe et de R. L. Stevenson ainsi que les thèmes traditionnels du roman d'aventures : le décor exotique des Indes, la quête du trésor maudit, la poursuite de l'assassin sur la Tamise.

En 1891 le docteur Conan Doyle décide de se spécialiser en ophtalmologie et installe son cabinet à Londres. Mais sa clientèle lui laisse tous les loisirs nécessaires pour écrire... Après une période d'incertitude, il renonce à l'exercice de la médecine pour se consacrer uniquement à sa carrière littéraire. 1891 est donc l'année cruciale qui voit Conan Doyle déterminé à devenir écrivain à part entière, et qui voit aussi l'avènement de Sherlock Holmes dans *The Strand Magazine*, revue populaire illustrée, dont le tirage atteint rapidement 500 000 exemplaires. À partir de ce moment, la gloire de Sherlock Holmes va croissant et les dessins de Sidney Paget imposent au public l'image bien connue, coiffée de la casquette de chasse qui, avec la pipe, est devenue l'emblème du détective.

« Scandale en Bohême », la première des *Aventures* de Sherlock Holmes, paraît en juillet 1891, suivie de onze nouvelles. Quand ces douze récits seront publiés un peu plus tard sous forme de volume, le premier tirage à 10 000 exemplaires sera épuisé au bout de trois mois. Cependant le triomphe de Sherlock Holmes a beau apporter à Conan Doyle contrat sur contrat, il paraît bientôt envahissant à son inventeur, qui souhaite devoir sa renommée à son œuvre de romancier historique, et non pas à la création de ce détective pris par nombre de lecteurs pour un personnage si réel... qu'ils lui écrivent aux bons soins de Conan Doyle en lui demandant de faire suivre.

En 1893, conscient de courir le risque de se voir défini comme un auteur de récits policiers, genre populaire assez mineur à ses yeux, Conan Doyle décide que le seul moyen de se faire un nom dans la tradition littéraire noble qui l'attire depuis le début est de supprimer Sherlock Holmes. Dans le récit « Le Problème final », qui clôt *Les Mémoires de Sherlock Holmes* (1894), il le fait donc disparaître au fond du gouffre de Reichenbach en même temps que son adversaire. Mais devant les clameurs conjuguées des lecteurs déçus et des maisons d'édition frustrées, Conan Doyle finit par se résoudre à ressusciter le détective. Il reparaît dans « L'Aventure de la maison vide », qui ouvre une nouvelle série intitulée *Le Retour de Sherlock Holmes* (1905). Le couple Holmes-Watson continuera à faire le bonheur d'un vaste public et à apporter à son créateur des contrats fabuleux jusqu'en 1927, trois ans avant la mort de Conan Doyle. La publication du cycle, qui comporte soixante récits, s'est donc étendue sur quarante ans.

Au cours des trente-cinq années qui séparent « Scandale en Bohême » des derniers exploits de Sherlock Holmes, Conan Doyle est devenu un homme public de tout premier plan. Il a été correspondant de guerre en Égypte (1895). Après avoir dirigé un hôpital de campagne en Afrique du Sud, il a porté témoignage dans son *Histoire de la Guerre des Boers* (1900). À deux reprises il s'est présenté aux élections législatives, mais sans succès. Sir Arthur Conan Doyle (il a reçu ce titre en 1902) s'est ensuite fait le champion des droits de l'homme en publiant un ouvrage sur les atrocités commises au Congo par l'administration belge (1909). Théoricien militaire très perspicace, il s'est aussi consacré à un travail d'historien considérable sur la Grande Guerre. À plusieurs occasions, son souci de la justice l'a amené à faire campagne contre diverses erreurs politiques ou judiciaires (affaire Slater surtout, en 1925). Il finira par se faire prophète au service du spiritisme, mais son œuvre très diverse et ses inlassables activités nous laissent d'abord l'image d'un écrivain engagé, qui se posait en patriote, en justicier et en criminaliste.

Comme son créateur, Sherlock Holmes se veut défenseur de l'innocence et redresseur de torts. Mais ce qui intéresse le plus le lecteur moderne, c'est sans doute de découvrir la dualité du personnage, car le logicien infaillible et méthodique se double d'un rêveur impénitent et d'un mélomane nonchalant dont les goûts nous rappellent l'ascendance artistique de Conan Doyle.

Le Docteur Watson est un autre élément essentiel de notre plaisir. L'allure domestique de sa chronique, la crédulité naïve du personnage, ses étonnements et ses questions, son admiration sans bornes pour les qualités surhumaines de son ami, bref sa richesse humoristique sont un des principaux charmes des récits qui composent la saga de Baker Street.

Ils ont aussi pour nous une inestimable valeur de document, car nous pouvons voir en Sherlock Holmes le parfait gentleman des années 1890, de même que Watson, dans son conformisme, est l'incarnation de la bourgeoisie de l'époque et de sa vision du monde. Par cet aspect « homme de la rue », serait-il au fond l'Anglais moyen que Conan Doyle n'a jamais voulu être, bien qu'il fût conscient (il l'a écrit dans son autobiographie, *Memories & Adventures*) d'en avoir la physionomie ?

Mais surtout *Les Aventures de Sherlock Holmes* nous offrent une image fascinante de Londres à la fin du siècle dans toute sa diversité, depuis le paisible quartier résidentiel de St John's Wood jusqu'aux artères bruyantes de la City, déjà bloquées par la circulation, un Londres grouillant de piétons et de fiacres, où l'on peut aussi se déplacer en métro, une ville immense où tous les milieux sont représentés, la noblesse comme la domesticité.

Dans ce point focal qu'est Londres, se trouve le centre par excellence, Baker Street, dont le décor est l'expression de la personnalité de Sherlock Holmes. C'est le lieu d'où partent toujours le détective et son comparse, c'est celui où ils retournent invariablement au terme de chaque enquête. Et lorsque, dans la dernière aventure du recueil, « Les Hêtres rouges », ils sont amenés à se rendre dans les environs de Winchester, cette expédition provoque en eux un dépaysement qui permet à Holmes et à Conan Doyle d'affirmer haut et clair l'emprise morale de la société londonienne. Ainsi se trouve encore une fois véhiculée l'idéologie de la sécurité qui marque tout le cycle.

Bibliographie succincte

- 1888 : *A Study in Scarlet.*
- 1890 : *The Sign of Four.*
- 1892 : *The Adventures of Sherlock Holmes.*
- 1902 : *The Hound of The Baskervilles.*
- 1905 : *The Return of Sherlock Holmes.*
- 1912 : *The Lost World* (Le Monde perdu).
- 1915 : *The Valley of Fear* (La Vallée de la peur).
- 1924 : *Memories and Adventures* (autobiographie).
- 1927 : *The Case-Book of Sherlock Holmes* (Les Archives de Sherlock Holmes).

Sur Conan Doyle

DICKSON CARR, J. : *The Life of Sir Arthur Conan Doyle*, Londres 1949.

NORDON P. : *Sir Arthur Conan Doyle. L'Homme et l'Œuvre*, Paris 1964.

HIGHAM Ch. : *The Adventures of Conan Doyle*, Londres 1976.

SYMONS J. : *Portrait of An Artist : Conan Doyle*, Londres 1979.

LANCELYN GREEN R. & GIBSON M.-J. : *A Bibliography of A. Conan Doyle*, Oxford 1983.

A Scandal in Bohemia

Scandale en Bohême

To Sherlock Holmes she is always *the* woman[1]. I have seldom heard him mention her under any other name. In his eyes she eclipses and predominates the whole of her sex. It was not that he felt any emotion akin to[2] love for Irene Adler. All emotions, and that one particularly, were abhorrent to his cold, precise, but admirably balanced[3] mind. He was, I take it, the most perfect reasoning and observing machine[4] that the world has seen; but, as a lover, he would have placed himself in a false position. He never spoke of the softer passions, save[5] with a gibe and a sneer[6]. They were admirable things for the observer— excellent for drawing the veil from men's motives and actions. But for the trained reasoner[7] to admit such intrusions into his own delicate and finely adjusted temperament was to introduce a distracting factor which might throw a doubt upon all his mental results. Grit in a sensitive instrument, or a crack in one of his own high-power lenses, would not be more disturbing than a strong emotion in a nature such as his. And yet there was but one woman to him, and that woman was the late Irene Adler[8], of dubious and questionable memory.

1. *the* woman: les italiques signalent l'insistance avec laquelle l'article serait prononcé. « Elle » — nous ignorons encore son identité — représente pour le détective la femme par excellence.

2. akin to: adj. *apparentée à*. Cf. kinship : *parenté* et next-of-kin: *le/les plus proche(s) parent(s)*.

3. admirably balanced: cet équilibre est une des données de l'héroïsme de Holmes.

4. machine: le narrateur (Watson) insiste sur l'aspect technique du personnage. Holmes « fonctionne » comme un mécanisme parfait.

5. save: prép. = except.

Pour Sherlock Holmes, elle est la femme entre toutes et elle le restera. « Cette femme »... C'est ainsi qu'il la nomme presque toujours, tant il la juge supérieure à son sexe. Non qu'il ait éprouvé pour Irene Adler une émotion proche de l'amour. Son esprit froid et précis, mais admirablement équilibré, détestait toutes les émotions, et celle-là en particulier. Holmes était, à mon sens, la machine à raisonner et à observer la plus parfaite qui soit, mais il se serait mis en fausse position s'il avait aimé. Il ne parlait de ces tendres passions que pour s'en gausser. Elles offraient à l'observateur qu'il était un spectacle admirable, un excellent moyen de percer à jour les mobiles et les actes des hommes. Mais cet expert en l'art de raisonner n'aurait pu admettre pareille intrusion dans le subtil mécanisme de son esprit ingénieux sans y introduire un facteur de désordre susceptible de jeter le doute sur tous ses résultats rationnels. Un grain de sable dans un instrument sensible ou une fêlure dans l'une des lentilles très puissantes qu'il utilisait n'auraient pu avoir de plus fâcheuses conséquences qu'une émotion violente dans un tempérament comme le sien. Cependant, pour lui il n'existait qu'une seule femme : c'était la défunte Irene Adler, qui a laissé le souvenir d'un personnage ambigu.

---

6. **a gibe and a sneer**: littéralement : *sarcasme et ricanement*. Cf. **to gibe at sb., to sneer at sb.**: *railler qqn*.

7. **the trained reasoner**: m. à m. : *ce raisonneur exercé*. Cf. **trained**: *qui a la formation, la compétence voulue*.

8. **the late Irene Adler**: **the late Mr. X**: *feu M. X*. **Late**: appartenant à une période récente mais révolue. Conan Doyle s'est inspiré dans ce récit de l'histoire de l'aventurière Lola Montès.

A Scandal in Bohemia

I had seen little of Holmes lately. My marriage had drifted us away[1] from each other. My own complete happiness, and the home-centered interests which rise up around the man who first finds himself master of his own establishment, were sufficient to absorb all my attention; while Holmes, who loathed every form of society[2] with his whole Bohemian soul, remained in our lodgings in Baker Street, buried among his old books, and alternating from week to week between cocaine and ambition[3], the drowsiness of the drug, and the fierce energy of his own keen nature. He was still, as ever, deeply attracted by the study of crime, and occupied his immense faculties and extraordinary powers of observation in following out those clues, and clearing up those mysteries, which had been abandoned as hopeless by the official police. From time to time I heard some vague account of his doings: of his summons to Odessa[4] in the case of the Trepoff murder, of his clearing up of the singular tragedy of the Atkinson brothers at Trincomalee, and finally of the mission which he had accomplished so delicately and successfully for the reigning family of Holland[5]. Beyond these signs of his activity, however, which I merely shared[6] with all the readers of the daily press, I knew little of my former friend and companion.

One night—it was on the 20th of March, 1888—I was returning from a journey to a patient (for I had now returned to civil practice), when my way led me through Baker Street.

---

1. **my marriage had drifted us away**: structure résultative. Cf. **to drift**: au sens littéral, *dériver*. *La Marque des Quatre* (1890) se terminait par le mariage de Watson avec Miss Morstan qui, au début du roman, était venue demander l'aide de Holmes et de son compagnon. Conan Doyle emploie ici un procédé de feuilleton.

2. **loathed every form of society**: Sherlock Holmes a sacrifié à sa mission toute vie familiale et sociale. Watson est son seul ami.

3. **cocaine and ambition**: *La Marque des Quatre* s'ouvrait par une scène où Watson reprochait à Holmes son habitude de s'injecter

Scandale en Bohême

Je n'avais guère vu Holmes ces derniers temps. Mon mariage nous avait éloignés, et mon bonheur, ainsi que les préoccupations domestiques qui assaillent l'homme qui se trouve pour la première fois maître chez lui, suffisaient à absorber toute mon attention. Quant à Holmes, bohème dans l'âme, il détestait la compagnie sous toutes ses formes. Il était donc resté dans notre appartement de Baker Street, plongé dans ses vieux livres, et d'une semaine à l'autre, il passait de la cocaïne à l'ambition, cédant tour à tour à la torpeur engendrée par la drogue et à l'énergie farouche de son vif tempérament. Il était toujours aussi attiré par la criminologie, et occupait ses facultés prodigieuses et ses dons d'observation exceptionnels à suivre les indices les plus obscurs et à élucider les énigmes que la police officielle désespérait de résoudre. J'avais parfois de vagues échos de ses faits et gestes.

J'appris qu'on l'avait appelé à Odessa pour l'affaire de l'assassinat des Trepoff et qu'il avait résolu l'énigme du drame singulier des frères Atkinson à Trincomalee. Je sus enfin la mission délicate, et couronnée de succès, dont on l'avait chargé pour la famille royale de Hollande. Mais à part ces indices de son activité, dont je me contentais, comme tous les autres lecteurs de la presse quotidienne, j'ignorais presque tout de mon ancien compagnon et ami.

Un soir — c'était le 20 mars 1888 — j'étais allé voir un malade (car j'avais repris l'exercice de la médecine) et pour rentrer chez moi je dus passer par Baker Street.

---

quotidiennement une solution de morphine ou de cocaïne. « Scandale en Bohême » est le premier récit des *Aventures de Sherlock Holmes*, et cette référence à la dualité du personnage se retrouvera tout au long des diverses nouvelles du recueil.

4. **his summons to Odessa: a summons:** *une convocation, un appel.*

5. **Odessa...Trincomalee...Holland:** épisodes fictifs destinés à donner l'impression d'une activité inlassable et d'une renommée internationale.

6. **which I merely shared:** m. à m. : *que je partageais simplement avec...*

A Scandal in Bohemia

As I passed the well-remembered door, which must always be associated in my mind with my wooing[1], and with the dark incidents of the Study in Scarlet[2], I was seized with a keen desire to see Holmes again, and to know how he was employing his extraordinary powers. His rooms were brilliantly lit, and, even as I looked up, I saw his tall, spare figure[3] pass twice in a dark silhouette against the blind. He was pacing the room swiftly, eagerly, with his head sunk upon his chest and his hands clasped behind him. To me, who knew his every mood and habit, his attitude and manner told their own story. He was at work again. He had arisen out of his drug-created dreams, and was hot upon the scent[4] of some new problem. I rang the bell, and was shown up to the chamber which had formerly been in part my own[5].

His manner was not effusive. It seldom was; but he was glad, I think, to see me. With hardly a word spoken, but with a kindly eye, he waved me to an armchair, threw across his case of cigars, and indicated a spirit case and a gasogene[6] in the corner. Then he stood before the fire, and looked me over in his singular introspective fashion.

"Wedlock[7] suits you," he remarked. "I think, Watson, that you have put on seven and a half pounds[8] since I saw you."

"Seven!" I answered.

"Indeed, I should have thought a little more. Just a trifle more, I fancy, Watson.

---

1. **my wooing:** nom verbal ou gérondif. **To woo:** *courtiser* (style littéraire). Dans *La Marque des Quatre*, Watson était tombé amoureux de Miss Morstan dès leur première rencontre, au deuxième chapitre.

2. **the dark incidents of the Study in Scarlet:** *Étude en rouge* (1887) raconte une « sombre » histoire de vengeance, avec deux assassinats d'apparence fort mystérieuse.

3. **his tall, spare figure:** Holmes mesure plus d'1,80 m et il est si maigre qu'il paraît beaucoup plus grand.

4. **hot upon the scent:** *lancé sur une piste* : métaphore cliché qui suggère le côté « chien de chasse » de Sherlock Holmes.

Scandale en Bohême

En passant devant cette porte dont le souvenir était lié à la période où je courtisais celle qui est devenue ma femme, et aux sombres épisodes de l'*Étude en rouge*, je fus saisi d'un vif désir de revoir Holmes et d'apprendre comment il employait ses dons hors du commun. Toutes les lumières étaient allumées dans son appartement ; en levant les yeux, je vis sa haute silhouette maigre se profiler derrière le store à deux reprises. La tête penchée sur la poitrine et les mains croisées derrière le dos, il arpentait la pièce à pas rapides et impatients. Je connaissais parfaitement toutes ses humeurs, toutes ses habitudes ; cette attitude, ce comportement ne pouvaient avoir qu'un sens : il avait repris ses travaux. S'étant affranchi des rêves engendrés par la drogue, il s'était mis en chasse : il s'agissait d'une nouvelle enquête. Je sonnai ; on me fit monter à l'appartement que j'avais jadis partagé avec lui.

Il m'accueillit sans effusions (elles étaient rares chez lui). Mais je crois qu'il était content de me voir. M'adressant à peine la parole, il me jeta un regard bienveillant et me fit signe de m'installer dans un fauteuil. Il me lança son étui à cigares et m'indiqua les alcools et le siphon d'eau de Seltz dans un coin. Il se mit alors devant le feu et m'examina de la tête aux pieds avec ce regard si pénétrant qui n'appartient qu'à lui.

« Le mariage vous va bien, Watson, dit-il. Vous avez pris sept livres et demie depuis que je vous ai vu

— Sept, répondis-je.

— Ah bon ! J'aurais cru un peu plus. Un tout petit peu plus, Watson, à mon avis.

---

5. **the chamber...my own:** cet « autrefois » renvoie aux épisodes de l'*Étude en rouge* et de *La Marque des Quatre*. Watson et Holmes habitaient alors le même appartement à Baker Street.

6. **a gasogene:** le mot apparaît dès 1853 et désigne un appareil utilisé pour produire de l'eau gazeuse.

7. **wedlock** = **the married state.** Cf. **to wed, wedding.**

8. **seven and a half pounds:** la livre anglaise pèse 453 grammes.

And in practice again, I observe. You did not tell me that you intended to go into harness[1]."

"Then, how do you know?"

"I see it, I deduce it. How do I know that you have been getting yourself very wet lately, and that you have a most clumsy and careless servant girl?"

"My dear Holmes," said I, "this is too much. You would certainly have been burned[2], had you lived a few centuries ago[3]. It is true that I had a country walk on Thursday and came home in a dreadful mess; but, as I have changed my clothes, I can't imagine how you deduced it[4]. As to Mary Jane, she is incorrigible, and my wife has given her notice; but there, again, I fail to see how you work it out."

He chuckled to himself and rubbed his long, nervous hands together.

"It is simplicity itself," said he; "my eyes tell me that on the inside of your left shoe, just where the firelight strikes it, the leather is scored by six almost parallel cuts. Obviously they have been caused by someone who has very carelessly scraped round the edges of the sole in order to remove crusted mud from it. Hence[5], you see, my double deduction that you had been out in vile weather, and that you had a particularly malignant boot-slitting specimen of the London slavey[6]. As to your practice, if a gentleman walks into my rooms smelling of iodoform,

---

1. **go into harness:** = **into the routine of daily work**, métaphore cliché. Cf. **to die in harness:** *mourir à la tâche*. Dans *Étude en rouge* et *La Marque des Quatre*, Watson, médecin militaire en convalescence prolongée après les blessures reçues en Afghanistan, n'avait pas encore ouvert son cabinet.

2. **have been burned:** pour Watson, les déductions de Holmes tiennent de la magie.

3. **had you lived a few centuries ago:** proposition hypothétique où la permutation verbe-sujet dénote un style soigné.

4. **I can't imagine how you deduced it:** Watson se pose les mêmes questions que le lecteur.

Scandale en Bohême

Et vous exercez de nouveau, à ce que je vois. Vous ne m'aviez pas dit votre intention de reprendre le collier.

— Alors, comment le savez-vous ?

— Mais, je le vois. Je le déduis. Et comment puis-je savoir que vous vous êtes fait tremper jusqu'aux os ces derniers jours et que vous avez une bonne fort maladroite et bien peu soigneuse ?

— C'en est trop, mon cher Holmes, dis-je. Si vous aviez vécu quelques siècles plus tôt, on vous aurait sûrement brûlé sur le bûcher pour sorcellerie. C'est vrai, jeudi, je suis allé me promener dans la campagne et je suis rentré en piteux état. Mais comme je me suis changé ensuite, je me demande comment vous avez pu faire ces déductions. Quant à Mary Jane, elle est incorrigible, et ma femme l'a renvoyée. Mais, là encore, je ne vois pas comment vous êtes parvenu à ces conclusions. »

Il eut un petit rire et frotta l'une contre l'autre ses longues mains nerveuses.

« C'est simple comme bonjour, dit-il. Mes yeux me disent que votre chaussure gauche, sur le côté intérieur qui est éclairé par la lumière du feu, porte six coupures presque parallèles qui ont entamé le cuir. C'est là l'œuvre de quelqu'un qui a voulu enlever de la boue séchée autour de la semelle et l'a grattée sans aucune précaution, c'est évident. Voilà, voyez-vous, comment j'ai déduit que vous étiez sorti par un temps abominable ; ensuite que vous aviez chez vous un échantillon particulièrement malfaisant de la boniche londonienne, une coupeuse de bottes redoutable. Venons-en à vos activités professionnelles : si un monsieur qui entre chez moi dégage une odeur d'iodoforme,

---

5. **hence:** = **for this reason**. Littéralement : *d'où*.
6. **the London slavey:** expression familière formée sur **slave**. On notera l'humour de Holmes dans le choix des mots et la fabrication du composé **boot-slitting:** *qui incise les bottes*.

with a black mark of nitrate of silver upon his right forefinger, and a bulge[1] on the side of his top hat[2] to show where he has secreted[3] his stethoscope, I must be dull, indeed, if I do not pronounce him to be an active member of the medical profession[4]."

I could not help laughing at the ease with which he explained his process of deduction. "When I hear you give your reasons," I remarked, "the thing always appears to me to be so ridiculously simple[5] that I could easily do it myself, though at each successive instance of your reasoning I am baffled[6], until you explain your process. And yet I believe that my eyes are as good as yours."

"Quite so," he answered, lighting a cigarette, and throwing himself down into an arm-chair. "You see, but you do not observe[7]. The distinction is clear. For example, you have frequently seen the steps which lead up from the hall to this room."

"Frequently."

"How often?"

"Well, some hundreds of times."

"Then how many are there?"

"How many? I don't know."

"Quite so! You have not observed. And yet you have seen. That is just my point[8]. Now[9], I know that there are seventeen steps, because I have both seen and observed.

---

1. **a bulge:** *un renflement.* Cf. **to bulge** = swell outwards: *faire saillie.*

2. **top hat:** cette précision nous permet également d'imaginer la tenue quotidienne du Dr Watson.

3. **secreted:** = put in a secret place, concealed.

4. **...an active member of the medical profession:** tout le paragraphe qui précède est un bel exemple des « lectures » d'objets et de vêtements souvent pratiquées par Holmes. Le Docteur Watson sert fréquemment de prétexte à cet exercice.

5. **so ridiculously simple:** Watson exprime ici les réactions du lecteur, jouant ainsi un rôle de médiateur.

6. **baffled** = puzzled: *déconcerté, dérouté.*

Scandale en Bohême

si je vois sur son index droit la marque noire du nitrate d'argent et sur le côté de son chapeau haut de forme une bosse indiquant l'endroit où il a caché son stéthoscope, il faudrait que je sois bien stupide pour ne pas reconnaître en lui un membre actif du corps médical. »

Devant l'aisance avec laquelle il m'expliquait l'enchaînement de ses déductions, je ne pus m'empêcher de rire.

« Quand je vous entends donner vos raisons, observai-je, la chose me semble toujours si ridiculement simple que je pourrais sans peine en faire autant. Et pourtant, chaque fois que j'ai un nouvel exemple de votre façon de raisonner, je reste perplexe tant que vous ne m'avez pas expliqué vos méthodes. Pourtant, j'ai d'aussi bons yeux que vous, j'imagine.

— Oh! tout à fait », répondit-il en allumant une cigarette et en se jetant dans un fauteuil. « Vous voyez, mais sans observer. La distinction est claire. Tenez, vous avez souvent vu les marches qui mènent du vestibule jusqu'à cette pièce?

— Oui, souvent.

— Combien de fois?

— Mais... des centaines.

— Alors, combien y en-a-t-il?

— Combien? Je n'en sais rien.

— Exactement. Vous n'avez pas observé. Et pourtant vous avez vu. Tout est là. Or, je sais, moi, qu'il y a dix-sept marches, parce que je les ai vues et observées tout à la fois.

---

7. **observe**: Holmes est doué d'une acuité sensorielle hors du commun et la vue est chez lui le sens le plus affiné. Son système d'observation très élaboré lui permet d'identifier, de déchiffrer et de lire objets et personnages avec une rapidité confondante.

8. **my point**: *ce que je cherche à vous démontrer, le point essentiel*. Cf. **to come to the point**: *en venir à l'essentiel*.

9. **now**: sans aucune référence temporelle dans ce contexte. Cf. **now then**: *allons, voyons*.

By the way[1], since you are interested in these little problems, and since you are good enough to chronicle[2] one or two of my trifling[3] experiences, you may be interested in this."He threw over a sheet of thick, pink-tinted notepaper which had been lying open upon the table. "It came by the last post," said he. "Read it aloud."

The note was undated, and without either signature or address.

"There will call upon you to-night, at a quarter to eight o'clock," it said, "a gentleman who desires to consult you upon a matter of the very deepest moment[4]. Your recent services to one of the royal houses of Europe[5] have shown that you are one who may safely be trusted with matters which are of an importance which can hardly be exaggerated[6]. This account of you we have from all quarters received. Be in your chamber then at that hour, and do not take it amiss[7] if your visitor wear[8] a mask."

"This is indeed a mystery," I remarked. "What do you imagine that it means?"

"I have no data[9] yet. It is a capital mistake to theorize before one has data. Insensibly one begins to twist facts to suit theories, instead of theories to suit facts. But the note itself. What do you deduce from it?"

I carefully examined the writing, and the paper upon which it was written.

---

1. **by the way:** nous entrons dans le vif de l'exposition.

2. **to chronicle:** le rôle de « chroniqueur » de Watson est en effet un élément essentiel dans le cycle des *Aventures de Sherlock Holmes*. Il en fait une sorte de biographie anecdotique du détective.

3. **trifling:** = **unimportant:** *insignifiant, dérisoire.* Cf. **it's only a trifle:** *c'est une bagatelle, ce n'est rien.* Holmes parle de ses enquêtes antérieures avec une modestie tout apparente.

4. **of the deepest moment** = **of great importance.** Cf. **momentous** = **very important.**

5. **one of the royal houses of Europe:** dans ses réflexions préliminaires, Watson avait mentionné la mission accomplie par Holmes pour le compte de la famille royale de Hollande.

Scandale en Bohême

À propos, puisque vous vous intéressez à ces petits problèmes et que vous êtes assez bon pour tenir la chronique de certaines de mes aventures, voici quelque chose qui va peut-être vous intéresser.»

Il me jeta une épaisse feuille de papier à lettres, de couleur rose, qui se trouvait tout ouverte sur la table. «C'était dans le dernier courrier», dit-il. «Lisez à haute voix.»

Il s'agissait d'une lettre non datée, sans signature ni adresse.

«Ce soir, à huit heures moins le quart, vous recevrez la visite d'un monsieur qui souhaite vous consulter sur un sujet d'extrême importance. Les services que vous avez récemment rendus à une des maisons royales d'Europe montrent que vous êtes un homme à qui on peut confier en toute sécurité des affaires de la plus haute importance. Telles sont les références vous concernant que nous avons de toutes parts reçues. Soyez donc dans votre appartement à l'heure fixée et si votre visiteur porte un masque, ne vous en offusquez pas.

— En effet, voilà qui est mystérieux, observai-je. À votre avis, qu'est-ce que cela signifie ?

— Je n'ai pas encore les données du problème. C'est une erreur capitale que d'échafauder une théorie avant d'avoir les données. Insensiblement, on commence par déformer les faits pour les adapter aux théories, au lieu d'élaborer des théories qui rendent compte des faits. Mais voyons ce message. Qu'en déduisez-vous ?» J'examinais avec soin l'écriture et le papier.

---

6. **...be exaggerated:** on remarquera la lourdeur de cette phrase et l'accumulation des relatives.

7. **do not take it amiss:** m. à m. : *ne le prenez pas mal*. **To take sth. amiss:** *prendre qqch. de travers, en mauvaise part*.

8. **if your visitor wear:** il s'agit d'un subjonctif (style soigné). Cf. **if this be true...**

9. **data:** toujours au pluriel, du latin *datum*. = **facts, information**.

"The man who wrote it was presumably well-to-do[1]," I remarked, endeavouring to imitate[2] my companion's processes. "Such paper could not be bought under half a crown[3] a packet. It is peculiarly strong and stiff."

"Peculiar[4]—that is the very word," said Holmes. "It is not an English paper at all. Hold it up to the light."

I did so, and saw a large *E* with a small *g*, a *P*, and a large *G* with a small *t* woven into[5] the texture of the paper.

"What do you make of that?" asked Holmes.

"The name of the maker, no doubt; or his monogram, rather."

"Not at all. The *G* with the small *t* stands for 'Gesellschaft,' which is the German for 'Company.' It is a customary contraction like our 'Co.' *P*, of course, stands for 'Papier.' Now for the *Eg*. Let us glance at our Continental Gazetteer[6]." He took down a heavy brown volume from his shelves. "Eglow, Eglonitz—here we are, Egria. It is in a German-speaking country—in Bohemia, not far from Carlsbad[7]. 'Remarkable as being the scene of the death of Wallenstein[8], and for its numerous glass-factories and paper-mills.' Ha, ha, my boy[9], what do you make of that?" His eyes sparkled, and he sent up a great blue triumphant cloud from his cigarette.

"The paper was made in Bohemia," I said.

"Precisely. And the man who wrote the note is a German.

---

1. **well-to-do:** = wealthy: *aisé*.
2. **endeavouring to imitate** = trying. Premier exemple des tentatives malheureuses de Watson pour faire valoir son aptitude à la déduction et se hisser au niveau de son compagnon.
3. **half a crown:** 2 shillings & 6p. dans le système prédécimal.
4. **peculiar** = strange, odd.
5. **woven into:** part. passé de **to weave**, *tisser*. Schéma résultatif.
6. **Continental Gazetteer:** ce livre fait partie des instruments de travail indispensables à Sherlock Holmes, chez qui le chimiste se double d'un archiviste.

« L'homme qui a écrit ceci est vraisemblablement riche, observai-je, en m'efforçant d'imiter les méthodes de mon compagnon. Voilà du papier qui doit coûter au moins une demi-couronne le paquet. Il est étrangement épais et difficile à plier.

— Étrange, voilà bien le mot, fit Holmes. Ce papier n'a pas été fabriqué en Angleterre. Regardez-le en transparence. »

J'obéis et vis en filigrane dans le papier un E majuscule suivi d'un petit g, et un P et un G majuscules, suivis d'un petit t.

— Qu'en pensez-vous ? demanda Holmes.

— C'est sans doute le nom du fabricant, ou plutôt son monogramme.

— Pas du tout. Le G suivi d'un petit t veut dire "Gesellschaft", le mot allemand pour "société". C'est une abréviation courante, comme "Sté" chez nous. P signifie "papier", bien sûr. Quant à Eg, jetons un coup d'œil dans notre Index Continental. » Il prit sur ses étagères un gros volume marron. « Eglow, Eglonitz... ah, voilà ! Egria. Ça se trouve dans une région de langue allemande, en Bohême, pas loin de Karlsbad. Ville rendue célèbre par Wallenstein, qui y trouva la mort... ; nombreuses verreries et papeteries. Ah ah ! mon garçon, que pensez-vous de cela ? Ses yeux étincelaient. Tirant sur sa cigarette, il laissa échapper un gros nuage de fumée bleue en signe de triomphe.

— Ce papier a été fabriqué en Bohême, dis-je.

— Exactement. Et l'homme qui a rédigé ce message est allemand.

---

7. **Carlsbad:** ville d'eaux située en Bohême.
8. **Wallenstein** = Waldstein, 1583-1634. Homme d'État et homme de guerre, né en Bohême. A joué un rôle important dans la guerre de Trente Ans.
9. **my boy:** on remarquera le ton paternel et légèrement condescendant de Holmes.

Do you note[1] the peculiar construction of the sentence—
'This account of you we have from all quarters received.'
A Frenchman or Russian could not have written that. It is
the German who is so uncourteous to his verbs[2]. It only
remains, therefore, to discover what is wanted by this
German who writes upon Bohemian paper, and prefers
wearing a mask to showing his face. And here he comes,
if I am not mistaken, to resolve all our doubts."

As he spoke there was the sharp sound of horses' hoofs
and grating wheels against the kerb, followed by a sharp
pull at the bell. Holmes whistled.

"A pair, by the sound," said he. "Yes," he continued,
glancing out of the window. "A nice little brougham and a
pair of beauties. A hundred and fifty guineas[3] apiece[4].
There's money in this case, Watson, if there is nothing
else."

"I think that I had better go[5], Holmes."

"Not a bit, doctor. Stay where you are. I am lost without
my Boswell[6]. And this promises to be interesting. It would
be a pity to miss it."

"But your client—"

"Never mind him. I may want your help, and so may
he. Here he comes. Sit down in that armchair, doctor, and
give us your best attention."

A slow and heavy step, which had been heard upon the
stairs and in the passage, paused immediately outside the
door. Then there was a loud and authoritative tap.

---

1. **Do you note**: il ne s'agit pas d'une forme interrogative, mais d'un impératif dit « emphatique » (désuet).

2. **It is the German...his verbs**: Holmes fait allusion à la syntaxe de la phrase allemande, où le verbe est rejeté à la fin.

3. **guineas**: la *guinée* (21 shillings), monnaie de compte utilisée en particulier pour indiquer le prix des chevaux et des propriétés.

4. **apiece**, adv. = each.

5. **I had better go**: la discrétion l'emporte sur la curiosité lorsque Watson s'aperçoit que l'affaire va rapporter beaucoup d'argent à Holmes.

Remarquez la construction bizarre de cette phrase : "Telles sont les références vous concernant que nous avons de toutes parts reçues." Jamais un Français ou un Russe n'aurait pu écrire cela. Ce sont les Allemands qui traitent leurs verbes avec aussi peu de courtoisie. Par conséquent, il nous reste à découvrir ce que veut cet Allemand qui écrit sur du papier de Bohême et préfère porter un masque plutôt que de montrer son visage. Mais le voilà, si je ne me trompe, et son arrivée va lever toutes nos incertitudes. »

Tandis qu'il parlait, on entendit un bruit sec de sabots de chevaux, puis un grincement de roues contre le trottoir, suivi d'un vigoureux coup de sonnette. Holmes émit un sifflement.

« Deux chevaux, à en juger par le bruit. » Il jeta un coup d'œil par la fenêtre, et reprit : « Oui, un joli petit coupé, tiré par deux splendides bêtes, qui valent bien cent cinquante guinées chacune. Watson, il y a de l'argent à gagner dans cette affaire, à défaut d'autre chose.

— Je crois que je ferais mieux de partir, Holmes.

— Non, docteur, pas question. Restez là où vous êtes. Je suis perdu sans mon Boswell. Et voilà qui promet d'être intéressant. Ce serait dommage que vous manquiez cette affaire.

— Mais votre client...

— Ne vous inquiétez pas. J'aurai peut-être besoin de votre aide, et lui aussi. Le voici. Asseyez-vous dans ce fauteuil, docteur, et consacrez-nous toute votre attention. »

Des pas lents, lourds, se firent entendre dans l'escalier et le couloir. Ils s'arrêtèrent devant la porte et on frappa fort, avec autorité.

---

6. **my Boswell:** né à Édimbourg, Boswell (1740-1795) avait publié en 1791 une biographie de Samuel Johnson. Cette apparente boutade suggère l'art avec lequel Watson anime son modèle et parvient à conférer une valeur artistique à la représentation qu'il en donne.

A Scandal in Bohemia

"Come in!" said Holmes.

A man entered who could hardly have been less than six feet six inches in height, with the chest and limbs of a Hercules. His dress was rich with a richness which would, in England, be looked upon as akin to bad taste[1]. Heavy bands of astrakhan were slashed[2] across the sleeves and fronts of his double-breasted coat, while the deep blue cloak which was thrown over his shoulders was lined with flame-colored silk, and secured at the neck with a brooch which consisted of a single flaming beryl. Boots which extended half-way up his calves, and which were trimmed at the tops with rich brown fur, completed the impression of barbaric opulence which was suggested by his whole appearance. He carried a broad-brimmed hat in his hand, while he wore across the upper part of his face, extending down past the cheekbones, a black vizard mask, which he had apparently adjusted that very moment, for his hand was still raised[3] to it as he entered. From the lower part of the face he appeared to be a man of strong character, with a thick, hanging lip, and a long, straight chin, suggestive of resolution pushed to the length of obstinacy[4].

"You had my note?" he asked, with a deep harsh voice and a strongly marked German accent. "I told you that I would call." He looked from one to the other of us, as if uncertain which to address[5].

"Pray take a seat," said Holmes. "This is my friend and colleague, Dr. Watson, who is occasionally good enough to help me in my cases. Whom have I the honor to address?"

---

1. **looked upon as akin to bad taste**: m. à m.: *considérée comme proche du mauvais goût*.

2. **slashed**: littéralement: *tailladé*.

3. **raised: to raise**: verbe transitif: *lever*. Ne pas confondre avec **to rise, rose, risen**, intransitif: *se lever*.

4. **...pushed to the length of obstinacy**: **length** est employé au sens figuré. Cf. **to go to the length of...**: *aller jusqu'à...* Ce long paragraphe

« Entrez », dit Holmes.

Un homme apparut. Il mesurait au moins deux mètres ; sa poitrine et ses membres avaient un aspect herculéen. Il portait des vêtements d'une richesse qu'en Angleterre on aurait facilement prise pour du mauvais goût. Les manches et le devant de son pardessus croisé étaient barrés de larges bandes d'astrakan. La cape bleu foncé jetée sur ses épaules, doublée de soie rouge flamme, était attachée au cou par un unique béryl flamboyant monté en broche. Tout son aspect produisait une impression d'opulence barbare, accentuée par les bottes garnies de riche fourrure marron, qui lui montaient à mi-mollet. Il tenait un chapeau à large bord, et la partie supérieure de son visage était dissimulée par un demi-masque noir qui lui descendait jusqu'aux pommettes. Sans doute venait-il de l'ajuster, car il avait encore la main levée en entrant. Le bas de son visage dénotait une certaine force de caractère. Il avait la lèvre inférieure épaisse et protubérante ; son menton long et droit suggérait une détermination proche de l'entêtement.

« Vous avez reçu mon message ? » demanda-t-il d'une voix profonde et rauque avec un fort accent allemand. « Je vous annonçais ma visite. » Il nous regardait tour à tour comme s'il se demandait auquel de nous deux il devait s'adresser.

« Prenez un siège, je vous prie, dit Holmes. Voici mon ami et collègue, le docteur Watson. Il est assez bon pour m'aider dans certaines de mes enquêtes. À qui ai-je l'honneur de parler ?

---

descriptif est destiné à suggérer le caractère exotique et fastueux (**"barbaric"**) du personnage qui vient d'entrer en scène. Le dernier mot laisse au lecteur une impression peu favorable et le nouveau client n'est guère flatté.

5. **uncertain which to address: which** exprime une idée de choix. **To address sb.** : *s'adresser à qqn* (complément d'objet direct en anglais). Le personnage n'a donc pas assez de finesse pour identifier Holmes.

34 *A Scandal in Bohemia*

"You may[1] address me as the Count Von Kramm, a Bohemian nobleman. I understand that this gentleman, your friend, is a man of honour[2] and discretion, whom I may trust[3] with a matter of the most extreme importance. If not, I should much prefer to communicate with you alone."

I rose to go, but Holmes caught me by the wrist and pushed me back into my chair. "It is both, or none[4]," said he. "You may say before this gentleman anything which you may say to me."

The count shrugged his broad shoulders. "Then I must begin," said he, "by binding you both to absolute secrecy[5] for two years, at the end of that time[6] the matter will be of no importance. At present it is not too much to say that it is of such weight[7] that it may have an influence upon European history."

"I promise," said Holmes.

"And I."

"You will excuse this mask," continued our strange visitor. "The august person who employs me wishes his agent to be unknown to you, and I may confess at once that the title by which I have just called myself is not exactly my own."

"I was aware of it," said Holmes dryly.

"The circumstances are of great delicacy, and every precaution has to be taken to quench[8] what might grow to be an immense scandal and seriously compromise one of the reigning families of Europe.

1. **may**: a ici la valeur de permission.
2. **honour**: le h n'est pas aspiré. D'où AN honour. De même en ce qui concerne honest, honourable et leurs dérivés.
3. **to trust sb.**, verbe transitif : *avoir confiance en qqn*.
4. **none**: pronom = *aucun d'entre nous*.
5. **binding you to absolute secrecy**: m. à m. : *vous astreindre au secret*. Cf. **to bind by an oath**: *lier par serment*.
6. **at the end of that time** = **at the end of which time**. Si le personnage était anglophone, il aurait sans doute employé l'adjectif relatif.

Scandale en Bohême

— Vous avez en face de vous le Comte Von Kramm, gentilhomme de Bohême. Je crois comprendre que ce monsieur, votre ami, est homme d'honneur et de discrétion et que je puis lui confier une affaire de la plus haute importance. Sinon, je préférerais m'entretenir avec vous seul. »

Je me levai pour partir, mais Holmes me prit le poignet et me fit rasseoir.

« Ce sera tous les deux ou personne, déclara-t-il. Tout ce que vous êtes susceptible de me dire à moi, vous pouvez le dire devant ce monsieur. »

Le Comte haussa ses larges épaules.

« Alors, il me faut d'abord exiger de vous deux le secret le plus absolu pendant deux ans, après quoi l'affaire n'aura plus d'importance. Mais, à présent, il n'est pas exagéré de dire qu'elle est assez grave pour influer sur l'histoire européenne.

— Je vous donne ma parole, dit Holmes.

— Moi aussi.

— Pardonnez ce masque, poursuivit notre étrange visiteur. L'auguste personnage qui m'emploie souhaite que son intermédiaire reste inconnu de vous. Et je vous avouerai tout de suite que le titre que je viens de vous donner n'est pas exactement le mien.

— Je le savais, dit Holmes sèchement.

— Ce sont des circonstances extrêmement délicates; il faut prendre toutes les précautions possibles pour étouffer ce qui pourrait devenir un vaste scandale susceptible de compromettre gravement une des familles régnantes d'Europe.

---

7. **of such weight**: littéralement : *d'un tel poids*. Le visiteur, pénétré de sa propre importance dans le monde européen, accumule les termes de ce genre, comme il l'avait déjà fait dans sa lettre (**"of the very deepest moment"**).

8. **to quench** = **to stifle, suppress**. Cf. **to quench one's thirst**: *se désaltérer*.

To speak plainly[1], the matter implicates[2] the great House of Ormstein, hereditary kings of Bohemia."

"I was also aware[3] of that," murmured Holmes, settling himself down in his armchair and closing his eyes,

Our visitor glanced with some apparent surprise at the languid, lounging figure[4] of the man who had been no doubt depicted[5] to him as the most incisive reasoner and most energetic agent in Europe. Holmes slowly reopened his eyes and looked impatiently at his gigantic client.

"If your Majesty would[6] condescend to state your case," he remarked, "I should be better able to advise you."

The man sprang from his chair and paced up and down the room in uncontrollable agitation. Then, with a gesture of desperation, he tore[7] the mask from his face and hurled it[8] upon the ground. "You are right," he cried; "I am the King. Why should I attempt to conceal it?"

"Why, indeed?" murmured Holmes. "Your Majesty had not spoken before I was aware that I was addressing Wilhelm Gottsreich Sigismond von Ormstein, Grand Duke of Cassel-Felstein, and hereditary King of Bohemia[9]."

"But you can understand," said our strange visitor, sitting down once more and passing his hand over his high, white forehead, "you can understand that I am not accustomed to doing such business in my own person.

---

1. **to speak plainly**: littéralement, *pour parler clairement, sans détours.* Cf. **in plain English, in plain words**: *carrément.*

2. **implicates** (langue soignée): *risque de compromettre.*

3. **to be aware of sth**: *être conscient, avoir conscience de qqch.*

4. **the languid, lounging figure**: littéralement, *la silhouette languissante qui se vautrait.*

5. **depicted** = **described**. La contradiction qui surprend le visiteur est familière à Watson qui, au bout de quelques semaines de cohabitation, avait remarqué (dans *Étude en rouge*) que Holmes passait de la plus extrême activité à une apathie complète. Il lui avait fallu un certain temps pour découvrir que son ami « s'adonnait à quelque narcotique ». Cette langueur du morphinomane fait partie intégrante de la personnalité du détective, chez qui l'énergie et la puissance de travail ont pour contrepartie un immense besoin de rêver.

Pour ne rien vous cacher, l'affaire concerne la grande maison d'Ormstein, c'est-à-dire les rois héréditaires de Bohême.

— Je le savais également », murmura Holmes, qui se cala dans son fauteuil en fermant les yeux.

La surprise se peignit sur le visage de notre visiteur devant cette pose alanguie. L'homme ainsi prostré lui avait sans aucun doute été décrit comme le détective le plus dynamique de toute l'Europe, et le logicien le plus perspicace. Holmes rouvrit lentement les yeux, et jeta un regard impatient à son gigantesque client.

« Si Votre Majesté voulait bien condescendre à exposer son cas, observa-t-il, il me serait plus loisible de la conseiller. »

L'homme bondit de son siège, et se mit à arpenter la pièce sans parvenir à maîtriser son agitation. Puis, arrachant son masque d'un geste désespéré, il le jeta par terre en s'écriant : « Vous avez raison. Je suis le Roi. Pourquoi tenterais-je de vous le cacher ?

— Pourquoi en effet ? murmura Holmes. Votre Majesté n'avait pas encore prononcé un mot que je savais déjà que j'avais affaire à Wilhelm Gottsreich Sigismond Von Ormstein, grand-duc de Cassel-Falstein et roi héréditaire de Bohême.

— Mais vous comprendrez sans peine, dit notre étrange visiteur en se rasseyant et en se passant la main sur le front (il avait un grand front blanc), vous comprendrez facilement que je n'ai pas l'habitude de régler ce genre d'affaire moi-même.

---

6. **would:** valeur de volonté. Agacé d'entendre ainsi son nouveau client tergiverser et accumuler les recommandations, Holmes souhaite connaître au plus vite les données de l'affaire qui l'amène.

7. **tore** = **pulled violently**. De to tear, tore, torn: *déchirer*.

8. **hurled it** = **threw it violently**. Les deux verbes suggèrent une violence qui s'explique par la colère de se voir si vite démasqué.

9. **Wilhelm...King of Bohemia:** nom fictif. Il s'agit d'un roi imaginaire.

Yet the matter was so delicate that I could not confide it to an agent without putting myself in his power. I have come *incognito* from Prague for the purpose of[1] consulting you."

"Then, pray consult[2]," said Holmes, shutting his eyes once more.

"The facts are briefly these: Some five years ago, during a lengthy[3] visit to Warsaw, I made the acquaintance of the well-known adventuress Irene Adler. The name is no doubt familiar to you."

"Kindly look her up in my index, doctor," murmured Holmes, without opening his eyes. For many years he had adopted a system of docketing[4] all paragraphs concerning men and things, so that it was difficult to name a subject or a person on which he could not at once furnish information[5]. In this case I found her biography sandwiched in between that of a Hebrew Rabbi and that of a staff-commander who had written a monograph upon the deep-sea fishes.

"Let me see!" said Holmes. "Hum! Born in New Jersey[6] in the year 1858. Contralto—hum! La Scala, hum! Prima donna Imperial Opera of Warsaw—Yes! Retired from operatic stage[7]—ha! Living in London—quite so! Your Majesty, as I understand, became entangled[8] with this young person, wrote her some compromising letters, and is now desirous of getting those letters back."

"Precisely so. But how—"

---

1. **for the purpose of:** *dans le but, l'intention de...*
2. **pray consult** = **please** (style soigné). Holmes met une certaine ironie à reprendre le mot employé par le roi.
3. **lengthy** = **very long.** Formé sur le substantif **length**.
4. **docketing:** le sb. **docket** désigne *l'étiquette, la fiche* indiquant le contenu d'un document. Nouvel exemple du caractère méthodique de Holmes.
5. **information:** indénombrable et toujours singulier.
6. **New Jersey:** un des États unis d'Amérique, situé sur la côte Atlantique.

Cependant il s'agit d'une chose délicate que je ne pouvais confier à une tierce personne sans me mettre à sa merci. Je suis donc venu de Prague incognito tout exprès pour vous consulter.

— Consultez, je vous en prie, fit Holmes en refermant les yeux.

— Voici un bref résumé des faits. Il y a environ cinq ans, pendant un long séjour à Varsovie, j'ai fait la connaissance d'Irene Adler, la célèbre aventurière. Le nom vous dit certainement quelque chose...

— Voudriez-vous le rechercher dans mes registres, docteur », murmura Holmes, sans ouvrir les yeux. Depuis de nombreuses années, il avait adopté un système de mise en fiches de tous les entrefilets qui paraissaient sur les gens et les choses, si bien qu'il avait des renseignements immédiatement disponibles sur toute personne et tout sujet dont on lui parlait, ou presque. Dans ce cas précis, je trouvais la biographie d'Irene Adler classée entre celle d'un rabbin et celle d'un commandant d'état-major, auteur d'une monographie sur la faune pélagique.

« Voyons, fit Holmes. Née en 1858 dans le New-Jersey. Contralto... hum ! La Scala... hum ! Prima donna à l'Opéra impérial de Varsovie, oui ! A abandonné la scène... ah bon ! Réside à Londres... Parfait. Si je comprends bien, Votre Majesté s'est laissée enjôler par cette jeune personne, lui a écrit des lettres compromettantes, et désire maintenant en reprendre possession.

— Exactement. Mais comment avez-vous... ?

---

7. **retired from operatic stage**: cette biographie rappelle celle de Lola Montès (cf. le film de Max Ophuls, 1955). Née en Irlande à Limerick, elle appartenait au monde du théâtre. En 1846 elle danse à Munich où Louis Ier de Bavière s'entiche d'elle. Elle devient sa favorite, prend le nom de Comtesse de Lansfeld et exerce une influence politique certaine. En 1848, à la suite de violentes manifestations, elle est obligée de fuir.

8. **to become entangled**: au sens premier, *s'empêtrer*. Implique une situation difficile et inextricable.

A Scandal in Bohemia

"Was there a secret marriage?"

"None[1]."

"No legal papers or certificates?"

"None."

"Then I fail to[2] follow your Majesty. If this young person should[3] produce her letters for blackmailing or other purposes, how is she to prove their authenticity?"

"There is the writing."

"Pooh, pooh! Forgery[4]."

"My private note-paper."

"Stolen."

"My own seal."

"Imitated."

"My photograph."

"Bought[5]."

"We were both in the photograph."

"Oh dear! That is very bad! Your Majesty has indeed committed an indiscretion[6]."

"I was mad—insane."

"You have compromised yourself[7] seriously."

"I was only Crown Prince then. I was young. I am but thirty now."

"It must be recovered[8]."

"We have tried and failed."

"Your Majesty must pay. It must be bought."

"She will not sell[9]."

"Stolen, then."

---

1. **none:** *aucun.*

2. **fail to...:** le verbe **to fail** n'exprime pas toujours un échec. Il peut servir à former des phrases de sens négatif.

3. **should:** renforce le côté hypothétique de l'énoncé. Il s'agit d'une éventualité peu vraisemblable.

4. **forgery:** *une contrefaçon.* De **to forge:** *faire un faux, contrefaire.*

5. **forgery...stolen...imitated...bought:** on notera la reprise de la même construction elliptique, avec effacement de **"it is/it has been"**. Holmes va tout de suite à l'essentiel.

Scandale en Bohême

— Y a-t-il eu un mariage secret?
— Non.
— Des certificats, des actes authentiques?
— Pas davantage.
— Alors, je n'arrive plus à suivre Votre Majesté. Si cette jeune personne essaye d'utiliser ces lettres pour vous faire chanter, ou dans d'autres buts, comment pourra-t-elle prouver leur authenticité?
— Il y a l'écriture...
— Allons donc, ce sera un faux.
— Mon papier à lettres personnel.
— Elle l'aura volé.
— Mon propre sceau.
— Une imitation.
— Ma photographie.
— Elle l'aura achetée.
— Mais nous étions ensemble sur cette photographie!
— Oh, mon Dieu! Voilà qui est très fâcheux. Votre Majesté a été fort imprudente, en effet.
— J'étais fou, j'avais perdu la tête.
— Vous vous êtes gravement compromis.
— Je n'étais que prince héritier, à l'époque. J'étais très jeune. Maintenant, j'ai seulement trente ans.
— Il faut récupérer l'objet.
— Nous avons essayé, mais sans succès.
— Votre Majesté doit proposer de l'argent. Il faut l'acheter.
— Elle ne veut pas la vendre.
— Alors, la dérober.

---

6. **indiscretion** = **imprudent immoral action.** *Faux pas, action inconsidérée.*
7. **you have compromised yourself:** le present perfect indique que Holmes constate la gravité de la situation dans laquelle le roi se trouve.
8. **recovered:** quand il est transitif, **to recover** signifie *recouvrer, rentrer en possession de...* Cf. **to recover one's strength, one's breath.**
9. **she will not sell:** valeur de volonté.

"Five attempts have been made. Twice burglars in my pay ransacked her house[1]. Once we diverted[2] her luggage[3] when she travelled. Twice she has been waylaid[4]. There has been no result."

"No sign of it?"

"Absolutely none."

Holmes laughed[5]. "It is quite a pretty little problem," said he.

"But a very serious one to me," returned the King, reproachfully.

"Very, indeed. And what does she propose to do with the photograph?"

"To ruin me."

"But how?"

"I am about to be married."

"So I have heard."

"To Clotilde Lothman von Saxe-Meningen[6], second daughter of the King of Scandinavia. You may[7] know the strict principles of her family. She is herself the very soul of delicacy[8]. A shadow of a doubt as to my conduct would bring the matter to an end[9]."

"And Irene Adler?"

"Threatens to send them the photograph. And she will do it. I know that she will do it. You do not know her, but she has a soul of steel. She has the face of the most beautiful of women, and the mind of the most resolute of men[10].

---

1. **ransacked her house** = searched it thoroughly. De **to ransack**: 1. *fouiller*, 2. *saccager, piller*.

2. **to divert**: *détourner*. Cf. **traffic diversion**: *déviation*.

3. **luggage**: indénombrable et toujours singulier.

4. **waylaid**: de **to waylay**: *attaquer, assaillir*.

5. **Holmes laughed**: sans doute est-il sensible au contraste entre les grands moyens employés par le roi et les résultats obtenus... Et il est certain, quant à lui, de trouver promptement la solution de ce « joli petit problème ».

6. **Clotilde Lothman von Saxe-Meningen**: nom fictif.

Scandale en Bohême   43

— Il y a eu cinq tentatives. Par deux fois, des cambrioleurs à ma solde ont fouillé sa maison de fond en comble. Pendant un de ses voyages, nous avons détourné ses bagages. Deux guet-apens lui ont été tendus. Tout cela sans résultat.

— Aucune trace de la photographie ?

— Pas la moindre. »

Holmes se mit à rire. « Voilà un fort joli petit problème, fit-il.

— Mais très grave pour moi, répliqua le Roi d'un ton de reproche.

— Très grave, en effet. Quel usage compte-t-elle faire de cette photographie ?

— Elle veut me perdre.

— Mais comment ?

— Je suis sur le point de me marier.

— C'est ce que j'ai entendu dire.

— Je dois épouser Clotilde Lothman Von Saxe-Meningen, fille cadette du roi de Scandinavie. Vous savez peut-être qu'on a des principes sévères dans cette famille. Quant à elle, c'est la pureté même. S'il y avait l'ombre d'un doute sur ma conduite, tout serait fini.

— Et Irene Adler ?

— Elle menace de leur envoyer la photographie. Et elle le fera, je le sais. Vous ne la connaissez pas. Son cœur est dur comme l'acier. Elle a le visage de la plus belle des femmes et le caractère du plus déterminé des hommes.

---

7. **may:** valeur d'éventuel ou de « contingent ». Le roi ignore ce que Holmes connaît de la famille royale de Scandinavie.

8. **the very soul of delicacy:** *la délicatesse en personne.*

9. **bring the matter to an end:** to bring sth. to an end : *terminer, mettre fin à.*

10. **the mind of the most resolute of men:** il ne s'agit pas d'une banale aventurière, mais d'un personnage tout à fait exceptionnel. On peut donc s'attendre à ce que Sherlock Holmes trouve en elle un adversaire à sa mesure.

Rather than I should marry[1] another woman, there are no lengths to which she would not go[2]—none."

"You are sure that she has not sent it yet?"

"I am sure."

"And why?"

"Because she has said that she would send it on the day when the betrothal[3] was[4] publicly proclaimed. That will be next Monday."

"Oh, then, we have three days yet[5]," said Holmes, with a yawn. "That is very fortunate, as I have one or two matters of importance to look into just at present. Your Majesty will, of course, stay in London for the present?"

"Certainly. You will find me at the Langham[6], under the name of the Count Von Kramm."

"Then I shall drop you a line to let you know how we progress."

"Pray do so. I shall be all anxiety."

"Then, as to money?"

"You have *carte blanche*[7]."

"Absolutely?"

"I tell you that I would give one of the provinces of my kingdom to have that photograph."

"And for present expenses?"

The king took a heavy chamois leather bag from under his cloak[8] and laid it on the table.

"There are three hundred pounds in gold and seven hundred in notes," he said.

---

1. **rather than I should marry...**: m. à m.: *plutôt que de me voir en épouser une autre*.

2. **...no lengths to which she would not go** = she would go to any lengths: *rien ne l'arrêterait*.

3. **betrothal (to someone)**: *fiançailles*. Cf. **the betrothed**: *les fiancés* (littéraire).

4. **was**: prétérit modal dans une subordonnée temporelle située dans un contexte de discours indirect.

5. **we have three days yet**: Conan Doyle indique souvent avec

Pour m'empêcher d'épouser une autre femme, elle ne reculerait devant rien. Absolument rien.

— Vous êtes sûr qu'elle ne l'a pas déjà envoyée ?

— J'en suis certain.

— Et pourquoi ?

— Parce qu'elle a déclaré qu'elle l'enverrait le jour de la proclamation de mes fiançailles. Et c'est lundi prochain qu'elles deviendront officielles.

— Alors, il nous reste encore trois jours, dit Holmes en bâillant. C'est fort heureux, car j'ai actuellement une ou deux questions très importantes à examiner. Bien sûr, Votre Majesté va demeurer à Londres ces temps-ci ?

— Certainement. Vous me trouverez au Langham, sous le nom de Comte Von Kramm.

— Je vous y enverrai donc un mot pour vous tenir au courant de nos progrès.

— N'y manquez pas, car je vais être rongé d'angoisse.

— Et... pour l'argent ?

— Vous avez carte blanche.

— Entièrement ?

— Je vous dis que je donnerais une des provinces de mon royaume pour cette photographie.

— Et les frais immédiats ? »

Le Roi sortit des profondeurs de sa cape une lourde bourse en peau de chamois et la posa sur la table.

« Voilà trois cents livres en pièces d'or et sept cents en billets », dit-il.

---

précision le temps — fort bref — nécessaire à Sherlock Holmes pour élucider une énigme.

6. **the Langham:** c'était à l'époque l'hôtel de Londres où descendaient personnages importants et hommes d'affaires. Les bureaux de la B.B.C. s'y sont installés par la suite.

7. **carte blanche:** l'expression française est courante en anglais. On peut dire aussi : **you have a free hand.**

8. **from under his cloak:** on notera la précision spatiale des prépositions. M. à m. : *il sortit de dessous...*

Holmes scribbled a receipt upon a sheet of his note-book and handed it to him.

"And mademoiselle's address?" he asked.

"Is Briony Lodge, Serpentine Avenue, St. John's Wood[1]."

Holmes took a note of it. "One other question," said he. "Was the photograph a cabinet[2]?"

"It was."

"Then, good night, your Majesty, and I trust that we shall soon have some good news for you. And good-night, Watson," he added, as the wheels of the royal brougham rolled down the street. "If you will be good enough to call tomorrow-afternoon, at three o'clock, I should like to chat this little matter over[3] with you[4]."

II

At three o'clock precisely I was at Baker Street, but Holmes had not yet returned. The landlady informed me that he had left the house shortly after eight o'clock in the morning. I sat down beside the fire, however, with the intention of awaiting him, however long he might be[5]. I was already deeply interested in his inquiry, for, though it was surrounded by none of the grim and strange features which were associated with the two crimes which I have elsewhere recorded[6], still, the nature of the case and the exalted station of his client gave it a character of its own[7].

---

1. **St. John's Wood**: quartier résidentiel de Londres, situé non loin de Regent's Park.

2. **a cabinet** = **cabinet size: about 6 by 4 inches**, c.-à-d. d'un format de 15 cm sur 10. Terme technique.

3. **chat this little matter over** = **discuss it**. Le choix de **to chat**: *bavarder* suggère les liens d'amitié entre Holmes et Watson.

4. Le dialogue entre Holmes et le roi de Bohême clôt l'exposition des données de l'intrigue et le rendez-vous donné à Watson amène tout

Scandale en Bohême

Holmes griffonna un reçu sur une feuille de son carnet, et la lui tendit.

« Et l'adresse de mademoiselle ? demanda-t-il.

— Briony Lodge, Serpentine Avenue, Saint-John's Wood... »

Holmes en prit note et ajouta : « Encore une question. C'est une photographie format album ?

— Oui.

— Alors, bonsoir, Majesté. Je suis sûr que nous aurons bientôt de bonnes nouvelles pour vous. Bonsoir, Watson, ajouta-t-il, tandis que le coupé royal descendait la rue. Si vous voulez bien venir demain après-midi à trois heures, j'aimerais discuter cette affaire avec vous. »

II

À trois heures précises, j'arrivai à Baker Street, mais Holmes n'était pas encore revenu. Sa logeuse me fit savoir qu'il était parti à huit heures du matin. Je m'assis près du feu pour l'attendre aussi longtemps qu'il le faudrait. Cette enquête m'intéressait déjà vivement. Certes, elle n'avait ni l'étrangeté, ni l'aspect sinistre des deux crimes que j'ai relatés par ailleurs. Cependant, la nature de l'affaire, le rang élevé de ce nouveau client lui donnaient un caractère très particulier.

---

naturellement la reprise de son récit dans la section suivante.

5. **however long he might be:** subordonnée concessive (m. à m. *si long qu'il soit*).

6. **the grim and strange features...elsewhere recorded:** les deux crimes en question constituent le sujet d'*Étude en rouge* (1887) et de *La Marque des Quatre* (1890). Si Watson en évoque les aspects sinistres, c'est parce que les assassinats ont un caractère insolite qui provoque l'angoisse.

7. **the exalted station of his client...a character of its own:** « Scandale en Bohême » est en effet le seul récit du cycle où la monarchie soit représentée.

Indeed, apart from the nature of the investigation which my friend had on hand, there was something in his masterly grasp[1] of a situation, and his keen, incisive reasoning, which made it a pleasure to me to study his system of work, and to follow the quick, subtle methods by which he disentangled the most inextricable mysteries. So accustomed was I[2] to his invariable success that the very possibility of his failing had ceased to enter into my head[3].

It was close upon four before the door opened, and a drunken-looking[4] groom, ill-kempt[5] and side-whiskered, with an inflamed face and disreputable clothes, walked into the room. Accustomed as I was[6] to my friend's amazing powers in the use of disguises[7], I had to look three times before I was certain that it was indeed he. With a nod he vanished into the bedroom, whence[8] he emerged in five minutes tweed-suited and respectable, as of old[9]. Putting his hands into his pockets, he stretched out his legs in front of the fire, and laughed heartily for some minutes.

"Well, really!" he cried, and then he choked; and laughed again until he was obliged to lie back, limp[10] and helpless, in the chair.

"What is it?"

"It's quite too funny. I am sure you could never guess how I employed my morning, or what I ended by doing."

"I can't imagine. I suppose that you have been watching the habits, and perhaps the house, of Miss Irene Adler."

---

1. **masterly grasp:** Cf. **to grasp:** *saisir, empoigner*.

2. **so accustomed was I:** inversion avec **so:** style soigné.

3. **...ceased to enter into my head:** le caractère infaillible que Watson attribue à Holmes fait partie de l'aspect héroïque de celui-ci.

4. **drunken-looking: drunken** s'emploie en position épithète (**a drunken man**) alors que **drunk** ne s'emploie que comme attribut.

5. **ill-kempt** (assez littéraire) = **badly combed:** *mal peigné*.

Scandale en Bohême

Et, indépendamment de la nature des recherches menées par mon ami, il avait toujours une telle maîtrise des situations, ses raisonnements étaient si vifs, si pénétrants, que j'avais grand plaisir à étudier sa façon de travailler et à suivre ses méthodes aussi rapides que subtiles pour démêler les mystères les plus inextricables. J'étais si habitué à le voir immanquablement réussir que la possibilité d'un échec ne m'effleurait même plus.

Il était presque quatre heures quand la porte s'ouvrit, livrant passage à un valet d'écurie hirsute, qui avait le visage en feu et paraissait ivre. Il avait des favoris, et ses vêtements ne payaient pas de mine. J'avais beau être accoutumé aux stupéfiants talents de mon ami en matière de déguisements, je dus le regarder à trois reprises avant d'être certain que c'était bien lui. Il m'adressa un signe de tête, et disparut dans sa chambre, pour en ressortir cinq minutes plus tard ayant recouvré son apparence respectable et vêtu d'un costume de tweed. Les mains dans les poches, il s'assit, allongea les jambes devant le feu et partit d'un grand éclat de rire qui se prolongea quelques minutes.

« Eh bien, quelle histoire ! » s'écria-t-il en s'étouffant de rire. Et cela dura si longtemps qu'il dut se laisser aller en arrière sur sa chaise, à bout de force.

« Qu'y-a-t-il ?

— C'est vraiment trop drôle. Je suis sûr que vous ne pourriez jamais deviner comment j'ai passé la matinée ni ce que j'ai fini par faire.

— Je ne sais pas. J'imagine que vous avez observé les habitudes, peut-être la maison de Miss Irene Adler.

---

6. **accustomed as I was**: proposition concessive.
7. **the use of disguises**: dans *La Marque des Quatre*, Holmes s'était déguisé en vieux loup de mer asthmatique aux genoux tremblants.
8. **whence** = **from which** (littéraire). M. à m. : *d'où il ressortit*.
9. **as of old** = **as in the past**: *comme autrefois, comme avant*.
10. **limp**: *mou, sans énergie.* **Helpless** : *réduit à l'impuissance.*

A Scandal in Bohemia

"Quite so; but the sequel was rather unusual. I will tell you, however. I left the house a little after eight o'clock this morning, in the character of[1] a groom out of work. There is a wonderful sympathy and freemasonry among horsey[2] men. Be one of them, and you will know all that there is to know. I soon found Briony Lodge. It is a *bijou* villa, with a garden at the back, but built out in front right up to the road, two stories. Chubb lock[3] to the door. Large sitting-room on the right side, well furnished, with long windows almost to the floor, and those preposterous[4] English window fasteners which a child could open. Behind there was nothing remarkable, save that the passage window could be reached from the top of the coach-house. I walked round it and examined it closely[5] from every point of view, but without noting anything else of interest.

"I then lounged down[6] the street, and found, as I expected, that there was a mews[7] in a lane which runs down by one wall of the garden. I lent the ostlers a hand in rubbing down their horses, and I received in exchange twopence, a glass of half-and-half[8], two fills of shag tobacco[9], and as much information[10] as I could desire about Miss Adler, to say nothing of half a dozen other people in the neighbourhood in whom I was not in the least interested, but whose biographies I was compelled to listen to."

"And what of Irene Adler?" I asked.

---

1. **in the character of:** le déguisement décrit plus haut par Watson avait fait de Holmes un autre *personnage* (**character**).

2. **horsey/horsy:** féru de cheval.

3. **Chubb lock:** serrure brevetée incrochetable. Du nom de l'inventeur.

4. **preposterous:** *absurde, grotesque.*

5. **closely:** *de près.*

6. **lounged down** = strolled. To lounge: *flâner.*

7. **a mews** (employé comme sg.): le mot désignait à l'origine les écuries royales de Charing Cross, construites à l'endroit où les faucons du roi étaient jadis enfermés dans des mues (**mews**). Conan Doyle

— C'est exact. Toutefois, la suite a été plutôt inattendue. Mais je vais vous raconter. Je suis parti ce matin peu après huit heures, attifé de façon à jouer le rôle d'un valet d'écurie sans travail. Dans le monde du cheval, il règne une merveilleuse solidarité ; c'est une sorte de francmaçonnerie : si vous en faites partie, vous saurez tout ce qu'il y a à savoir. Je n'ai pas tardé à trouver Briony Lodge. C'est un véritable petit bijou, une villa à deux étages avec un jardin derrière, mais dont la façade donne directement sur la rue. Il y a une serrure de sûreté à la porte. À droite, un grand salon avec de beaux meubles et de grandes fenêtres presque de niveau avec le plancher, munies de ces fermetures ridicules qu'on trouve en Angleterre et qu'un enfant pourrait ouvrir. Derrière, rien à signaler, sinon qu'on peut atteindre la fenêtre du couloir depuis le toit de la remise. J'ai fait le tour, j'ai tout examiné avec attention sous tous les angles, mais sans rien remarquer d'autre qui puisse nous intéresser.

Puis j'ai descendu la rue sans me presser, et j'ai découvert, comme je m'y attendais, l'existence d'écuries dans une ruelle qui longe un des murs du jardin. J'ai donné un coup de main aux palefreniers pour bouchonner leurs chevaux et j'ai reçu pour ma peine cinq sous, une bière panachée, assez de tabac fort pour remplir deux pipes, et tous les renseignements souhaitables sur Miss Adler, ainsi que sur une demi-douzaine de personnes du voisinage qui n'ont aucun intérêt pour moi — mais j'étais bien obligé d'écouter l'histoire de leur vie...

— Et Irene Adler ? demandai-je.

---

l'emploie ici dans son sens premier. À Londres, le mot désigne actuellement une ruelle ou impasse (ex.: **Randolph Mews**) où jadis donnaient des écuries.

8. **half-and-half:** a mixture of ale and porter.

9. **shag tobacco:** tabac très fort coupé en lanières.

10. **as much information:** singulier et indénombrable. *Un renseignement :* **a piece of information**.

"Oh, she has turned all the men's heads down in that part. She is the daintiest[1] thing under a bonnet[2] on this planet. So say the Serpentine Mews, to a man. She lives quietly, sings at concerts, drives out at five every day, and returns at seven sharp for dinner. Seldom goes out at other times, except when she sings. Has only one male visitor, but a good deal of him. He is dark, handsome, and dashing[3], never calls less than once a day, and often twice. He is a Mr. Godfrey Norton, of the Inner Temple[4]. See the advantages of a cabman as a confidant. They had driven him home a dozen times from Serpentine Mews, and knew all about him. When I had listened to all that they had to tell, I began to walk up and down near Briony Lodge once more, and to think over my plan of campaign.

"This Godfrey Norton was evidently an important factor in the matter. He was a lawyer[5]. That sounded ominous[6]. What was the relation between them, and what the object of his repeated visits? Was she his client[7], his friend, or his mistress? If the former[8], she had probably transferred the photograph to his keeping. If the latter, it was less likely. On the issue of this question depended whether I should continue my work at Briony Lodge, or turn my attention to the gentleman's chambers in the Temple[9]. It was a delicate point, and it widened the field of my inquiry.

---

1. **daintiest**: superlatif de **dainty**: *mignon, d'une beauté délicate*.
2. **bonnet**: chapeau (à brides).
3. **dashing**: *impétueux; fringant*. Cf. **to dash**: *se précipiter*.
4. **the Inner Temple**: avec **Lincoln's Inn, Gray's Inn** et **the Middle Temple, the Inner Temple** fait partie des **Inns of Court**. Ces écoles confèrent les diplômes de droit et jouissent du privilège exclusif d'octroyer l'inscription au barreau.
5. **a lawyer**: ce mot recouvre en anglais des professions juridiques aussi diverses que celles d'avocat, de notaire ou d'avoué.
6. **ominous**: = **of bad omen** (du latin *omen : présage*).
7. **client**: s'emploie seulement pour la clientèle des professions libérales.

— Oh, elle a tourné la tête à tous les hommes du quartier. De tout ce qui porte jupon, c'est la créature la plus exquise au monde, à ce que disent les hommes de Serpentine Mews, tous autant qu'ils sont. Elle mène une vie tranquille, donne des récitals, part tous les jours en voiture à cinq heures, et rentre à sept heures précises pour dîner. Elle sort rarement à d'autres heures, sauf quand elle chante. Elle a un seul visiteur masculin — brun, très beau, beaucoup de panache — mais ils se voient fort souvent. Il vient la voir au moins une fois par jour, souvent deux. C'est un certain Godfrey Norton, inscrit au barreau. Vous voyez les avantages d'avoir un cocher de fiacre dans sa confidence. Ils l'ont ramené chez lui une douzaine de fois depuis Serpentine Mews et savent tout sur son compte. Après avoir écouté tout ce qu'ils avaient à dire, je suis retourné du côté de Briony Lodge et me suis mis à faire les cent pas en réfléchissant à mon plan de campagne.

Il était évident que ce Godfrey Norton jouait un rôle important dans l'affaire. Il était homme de loi, ce qui semblait de mauvais augure. Quel rapport y avait-il entre eux, et pourquoi lui rendait-il de si fréquentes visites ? Était-elle sa cliente, son amie ou sa maîtresse ? Dans le premier cas, elle lui avait probablement confié la photographie pour qu'il la mette en lieu sûr. Mais si elle était sa maîtresse, c'était moins certain. Tout dépendait de ma conclusion là-dessus, car il s'agissait de décider si j'allais continuer mes recherches à Briony Lodge ou bien diriger mon attention vers le cabinet de ce monsieur...

C'était un point délicat, qui élargissait le champ de mon enquête.

---

8. **the former:** forme de comparatif utilisé en corrélation avec **the latter** qui désigne le second terme nommé, le dernier.

9. **on the issue...in the Temple:** on notera la structure complexe de cette phrase : **whether I should continue...or turn...** est une interrogative indirecte, sujet de **depended**.

I fear that I bore you with these details, but I have to let you see my little difficulties, if you are to understand the situation[1]."

"I am following you closely," I answered.

"I was still balancing the matter[2] in my mind, when a hansom cab[3] drove up to Briony Lodge, and a gentleman sprang out. He was a remarkably handsome man, dark, aquiline, and mustached—evidently the man of whom I had heard. He appeared to be in a great hurry, shouted to the cabman to wait, and brushed past the maid who opened the door with the air of a man who was thoroughly[4] at home.

"He was in the house about half an hour, and I could catch glimpses of him in the windows of the sitting-room, pacing up and down, talking excitedly, and waving his arms. Of her I could see nothing. Presently[5] he emerged, looking even more flurried[6] than before. As he stepped up to the cab, he pulled a gold watch from his pocket and looked at it earnestly. 'Drive like the devil,' he shouted, 'first to Gross & Hankey's in Regent Street[7], and then to the Church of St. Monica in the Edgware Road. Half a guinea if you do it in twenty minutes!'

"Away they went[8], and I was just wondering whether I should not do well to follow them, when up the lane came a neat little landau, the coachman with his coat only half-buttoned, and his tie under his ear, while all the tags of his harness were sticking out of the buckles[9]. It hadn't pulled up before she shot out of the hall door and into it.

---

1. **if you are to understand...**: tous ces détails du récit de Holmes, rapporté par Watson, ont en effet pour but de lui faire saisir — comme au lecteur — la complexité de la situation.

2. **balancing the matter** = weighing... Dans son analyse minutieuse des données de l'affaire, Holmes est parvenu à un point d'incertitude et pèse le pour et le contre.

3. **a hansom cab**: *fiacre* à deux roues conduit par un cocher qui se tenait à l'arrière. Du nom de son inventeur J.A. Hansom.

Scandale en Bohême

Je crains de vous ennuyer avec ces détails, mais il faut bien que je vous donne un aperçu de mes petits problèmes pour vous faire comprendre la situation.

— Je vous suis avec attention, répliquai-je.

— Je balançais encore entre ces deux possibilités lorsqu'un fiacre s'arrêta devant Briony Lodge. Un monsieur en surgit, un homme remarquablement beau, brun, avec un nez aquilin et une moustache, de toute évidence celui dont j'avais entendu parler. Il semblait très pressé. Il cria au cocher d'attendre, puis, lorsque la bonne lui ouvrit, il la frôla au passage comme un homme qui rentre chez lui.

Il resta environ une demi-heure dans la maison; par les fenêtres du salon, je l'aperçus qui arpentait la pièce en parlant avec animation et en faisant de grands gestes. Elle, je ne pouvais pas la voir. Quand il ressortit peu après, il semblait encore plus agité qu'auparavant. Il s'approcha du fiacre, tira de sa poche une montre en or, la consulta gravement, et cria au cocher: "Filez à toute vitesse! D'abord chez Gross & Hankey, Regent Street, ensuite à l'église Ste-Monica, Edgware Rd. Vous aurez une demi-guinée si vous y parvenez en vingt minutes."

Et les voilà partis. Je me demandais justement si je ne ferais pas bien de les suivre lorsque je vis déboucher de la ruelle un beau petit landau. Le cocher n'avait pas fini de boutonner sa veste; il avait sa cravate sous l'oreille et n'avait pas eu le temps d'ajuster les extrémités des harnais dans les boucles. Le landau était à peine arrêté qu'elle sortit du vestibule comme une flèche et sauta dedans.

---

4. **thoroughly** = completely.
5. **presently**: *bientôt* (en anglais britannique).
6. **to be flurried** = in a nervous hurry. Cf. in a flurry of excitement.
7. **Gross & Hankey's in Regent Street**: rue du West End où abondaient déjà joailliers et autres magasins élégants.
8. **away they went**: on notera la mise en relief de la postposition.
9. **were sticking out of the buckles**: m. à m. *dépassaient des boucles*.

I only caught a glimpse of her at the moment, but she was a lovely woman, with a face that a man might die for[1].

"The Church of St. Monica, John,' she cried, 'and half a sovereign[2] if you reach it in twenty minutes.'

"This was quite too good to lose, Watson. I was just balancing whether I should run for it, or whether I should perch behind her landau, when a cab came through the street. The driver looked twice at such a shabby fare[3]; but I jumped in before he could object. 'The Church of St. Monica,' said I, 'and half a sovereign if you reach it in twenty minutes.' It was twenty-five minutes to twelve, and of course it was clear enough what was in the wind[4].

"My cabby drove fast. I don't think I ever drove faster, but the others were there before us. The cab and the landau with their steaming horses were in front of the door when I arrived. I paid the man and hurried into the church. There was not a soul there save the two whom I had followed and a surpliced clergyman, who seemed to be expostulating with them. They were all three standing in a knot[5] in front of the altar. I lounged up the side aisle like any other idler[6] who has dropped into a church. Suddenly, to my surprise, the three at the altar faced round to me, and Godfrey Norton came running as hard as he could towards me."

"Thank God!" he cried. "You'll do[7]. Come! Come!"

"What then?" I asked.

"Come, man[8], come, only three minutes, or it won't be legal."

---

1. **a face that a man might die for**: ce n'est pas parce que Holmes a décidé de ne pas se marier (pour ne pas perdre l'objectivité de son jugement...) qu'il est insensible au charme féminin.

2. **a sovereign**: ancienne pièce d'or valant 20 shillings (c.-à-d. une livre dans le système monétaire prédécimal).

3. **fare**: ne désigne pas uniquement le prix du billet (**half fare, full fare**) mais parfois le voyageur. **Shabby**: *pauvrement vêtu*.

4. **...in the wind**: métaphore cliché. **There's something in the wind**: *il y a quelque chose dans l'air*.

Je ne fis que l'entrevoir, mais je peux vous dire que c'est une femme ravissante. Un homme pourrait mourir pour ce visage-là. "À l'église Ste-Monica, John, lança-t-elle. Vous aurez un demi-souverain si nous y sommes dans vingt minutes."

Je ne pouvais pas laisser passer pareille occasion. Je me demandais justement si je devais partir en courant ou me jucher discrètement derrière le landau, lorsque j'aperçus un fiacre. Le cocher y aurait regardé à deux fois avant de prendre un client aussi minable ; mais j'ai sauté dans sa voiture sans lui laisser le temps de protester en disant : "À l'église Ste-Monica ! Vous aurez un demi-souverain si nous y sommes dans vingt minutes." Il était midi moins vingt-cinq et ce qui se tramait était clair comme le jour.

Et mon cocher de filer à un train d'enfer. Jamais je ne suis allé aussi vite, mais les autres sont arrivés avant nous. Je trouve le fiacre et le landau devant la porte, les chevaux encore tout fumants. Je paie mon cocher et m'engouffre dans l'église. À l'intérieur, pas une âme, sauf le couple que j'ai suivi et un ecclésiastique en surplis qui a l'air de leur faire des remontrances. Je les aperçois tous les trois groupés devant l'autel. Moi, je déambule tranquillement dans le bas-côté comme n'importe quel flâneur qui entre jeter un coup d'œil dans une église. Soudain, à ma grande surprise, voilà le trio devant l'autel qui se retourne et Godfrey Norton qui se précipite vers moi en courant.

Il s'écrie : "Dieu soit loué ! Vous ferez l'affaire. Venez, venez !" Moi, je lui demande de quoi il s'agit. Il me répond : "Allons, mon brave, venez ! ça ne vous demandera que trois minutes. Sinon, ça ne sera pas légal."

---

5. **a knot:** sens premier : *un nœud*.

6. **an...idler:** subst. formé sur l'adj. **idle:** *oisif, désœuvré*.

7. **you'll do** = be suitable, serve our purpose. Cf. **That'll do us nicely:** *cela nous conviendra très bien*.

8. **man:** niveau de langue familier. Rappelons-nous que Godfrey Norton s'adresse à un valet d'écurie et non à un gentleman.

I was half-dragged up to the altar, and, before I knew where I was, I found myself mumbling responses which were whispered in my ear, and vouching[1] for things of which I knew nothing, and generally assisting in the secure tying up[2] of Irene Adler, spinster[3], to Godfrey Norton, bachelor[4]. It was all done in an instant, and there was the gentleman thanking me on the one side and the lady on the other, while the clergyman beamed on me[5] in front. It was the most preposterous position in which I ever found myself in my life, and it was the thought of it that started me laughing[6] just now. It seems that there had been some informality about their licence, that the clergyman absolutely refused to marry them without a witness of some sort, and that my lucky appearance saved the bridegroom from having to sally out[7] into the streets in search of a best man[8]. The bride gave me a sovereign, and I mean to wear it on my watch-chain in memory of the occasion."

"This is a very unexpected turn of affairs," said I; "and what then?"

"Well, I found my plans very seriously menaced. It looked as if the pair might take an immediate departure, and so necessitate very prompt and energetic measures on my part. At the church door, however, they separated, he driving back to the Temple, and she to her own house. 'I shall drive out in the Park at five as usual,' she said, as she left him.

---

1. **vouching:** cf. **to vouch for the truth of...**: *garantir la vérité de...*

2. **the secure tying up of...**: gérondif aux connotations ironiques. M. à m. : *le fait d'attacher solidement*.

3. **spinster:** à l'origine, femme qui file (de **to spin** : *filer*). C'est le terme administratif pour une fille non mariée. L'emploi péjoratif, au sens de « *vieille fille* », est moins fréquent.

4. **bachelor** = unmarried man. Cf. **bachelor flat:** *garçonnière*.

5. **beamed on me:** suggère un sourire épanoui. Le sens premier de **to beam** est : *rayonner*.

Scandale en Bohême

On me traîne jusqu'à l'autel, ou à peu près. Et avant que j'aie le temps de dire "Ouf!", je me retrouve en train de marmonner les répons qu'on me chuchote à l'oreille et de me porter garant de choses dont j'ignore tout. Bref, me voilà occupé à apporter mon concours pour unir dans les liens du mariage, pour le meilleur et pour le pire, Irene Adler, célibataire, et Godfrey Norton, célibataire également.

Cela se passe très vite, après quoi me voilà pris entre le monsieur et la dame, qui me remercient chacun de son côté, tandis que devant moi le pasteur m'adresse un grand sourire. Jamais je ne me suis trouvé dans une situation aussi absurde, et c'est en y repensant que je me suis mis à rire tout à l'heure. Apparemment, à cause d'une irrégularité dans la publication de leurs bans, le pasteur refusait catégoriquement de les marier hors de la présence d'un témoin. Mon apparition a été un heureux hasard pour le marié qui n'a pas eu à sortir pour trouver quelqu'un dans la rue. Quant à la mariée, elle m'a donné un souverain, que j'ai bien l'intention de porter à ma chaîne de montre en souvenir.

— L'affaire a pris un tour fort inattendu, dis-je. Que s'est-il passé ensuite ?

— Eh bien, mes projets étaient gravement compromis si, comme il était vraisemblable, le couple quittait Londres tout de suite, ce qui m'obligerait à prendre des mesures aussi rapides qu'énergiques. Cependant, à la porte de l'église, chacun est monté dans sa voiture, lui pour aller aux Inns of Court, elle pour rentrer chez elle. En le quittant, elle a dit : "Je sortirai à cinq heures, comme d'habitude, pour me promener dans le parc."

---

6. **started me laughing:** structure causative. M. à m. *cette idée m'a fait rire.*

7. **saved the bridegroom from having to sally out:** *a évité au marié de faire une sortie...* **Sally out:** terme militaire.

8. **best man:** garçon d'honneur, témoin.

60 A Scandal in Bohemia

I heard no more. They drove away in different directions, and I went off to make my own arrangements[1]."

"Which are?"

"Some cold beef and a glass of beer[2]," he answered, ringing the bell. "I have been too busy to think of food, and I am likely to[3] be busier still this evening. By the way, doctor, I shall want your co-operation."

"I shall be delighted."

"You don't mind breaking the law?"

"Not in the least[4]."

"Nor running a chance of arrest?"

"Not in a good cause[5]."

"Oh, the cause is excellent!"

"Then I am your man."

"I was sure that I might rely on you[6]."

"But what is it you wish?"

"When Mrs. Turner has brought in[7] the tray I will make it clear to you. Now," he said, as he turned hungrily on the simple fare[8] that our landlady[9] had provided; "I must discuss it while I eat, for I have not much time. It is nearly five now. In two hours we must be on the scene of action. Miss Irene, or Madame, rather, returns from her drive at seven. We must be at Briony Lodge to meet her."

"And what then?"

---

1. **I went off to make my own arrangements**: les dispositions en question annoncent le scénario envisagé à la page suivante. Arrivé au terme du récit de Holmes (interrompu de loin en loin par une brève question de son ami), Conan Doyle redonne la primauté au dialogue.

2. **some cold beef and a glass of beer**: sans doute Holmes met-il une nuance d'ironie dans cette réponse terre à terre à la question que Watson avait posée sur le plan professionnel.

3. **I am likely to...** = **liable to**: *il est probable que je serai...* Cf. **in all likelihood**: *selon toute probabilité*.

4. **the least**: superlatif de **little**. Cf. **at least**: *au moins*.

5. **not in a good cause**: Watson partage l'idéal de son ami Holmes et n'accepte d'enfreindre la loi que pour défendre les valeurs morales établies.

Scandale en Bohême

C'est tout ce que j'ai entendu. Ils sont partis chacun de son côté; moi, j'ai filé afin de prendre mes dispositions personnelles.

— C'est-à-dire?

— Manger un peu de bœuf froid avec un verre de bière, répondit-il en tirant la sonnette. J'ai eu trop à faire pour penser à prendre quelque nourriture et je risque d'être encore plus occupé ce soir. À propos, docteur, je vais avoir besoin de votre aide.

— Je serai ravi de vous l'apporter.

— Cela ne vous ennuie pas de violer la loi?

— Pas le moins du monde.

— Et de courir le risque de vous faire arrêter?

— Non, si c'est pour une bonne cause.

— Oh, la cause est excellente.

— Alors, je suis votre homme.

— J'étais sûr de pouvoir compter sur vous.

— Mais, que souhaitez-vous de moi?

— Quand Mrs Turner aura apporté le plateau, je vous mettrai au courant. Et maintenant, reprit-il en s'attaquant avec appétit aux mets simples que notre logeuse lui avait servis, il faut que je m'explique tout en mangeant, car je n'ai pas beaucoup de temps. Il est déjà presque cinq heures. Dans deux heures, nous devons nous trouver sur le théâtre des opérations. Mademoiselle Irene, ou plutôt Madame, rentre de promenade à sept heures. Il faut que nous soyons à Briony Lodge pour l'accueillir.

— Et ensuite?

---

6. **rely on you:** cf. **reliable**, adj.: *sérieux, digne de confiance.*
7. **has brought in:** attention à l'emploi des temps dans les subordonnées temporelles! Le present perfect marque l'antériorité par rapport à **"I will make it clear"**.
8. **turned hungrily on the simple fare:** dans ce contexte, **fare** a le sens de *nourriture, chère.* Cf. **bill of fare:** *menu, carte du jour.*
9. **our landlady:** Watson aurait-il oublié qu'il était marié?

"You must leave that to me[1]. I have already arranged what is to occur[2]. There is only one point on which I must insist. You must not interfere, come what may[3]. You understand?"

"I am to be neutral[4]?"

"To do nothing whatever[5]. There will probably be some small unpleasantness. Do not join in it. It will end in my being conveyed[6] into the house. Four or five minutes afterwards[7] the sitting-room window will open. You are to station yourself close to[8] that open window."

"Yes."

"You are to watch me, for I will be visible to you."

"Yes."

"And when I raise my hand[9]—so—you will throw into the room what I give you to throw, and will, at the same time, raise the cry[10] of fire. You quite follow me?"

"Entirely."

"It is nothing very formidable[11]," he said, taking a long cigar-shaped roll from his pocket. "It is an ordinary plumber's smoke-rocket, fitted with a cap at either end[12] to make it self-lighting. Your task is confined[13] to that. When you raise your cry of fire, it will be taken up[14] by quite a number of people. You may then walk to the end of the street, and I will rejoin you in ten minutes. I hope that I have made myself clear?"

---

1. **you must leave that to me:** Holmes reprend maintenant l'initiative des opérations, qu'il préfère ne pas trop préciser.
2. **I have...what is to occur:** littéralement : *j'ai déjà prévu ce qui doit se produire.*
3. **come what may** = whatever may happen.
4. **I am to be neutral:** il ne s'agit pas d'une obligation. Watson constate ce qui a été prévu (**"already arranged"**) par son compagnon et son seul souci est de se conformer parfaitement à ce plan arrêté d'avance.
5. **nothing whatever:** l'adverbe intensifie la négation.
6. **in my being conveyed** = carried. Gérondif ou nom verbal.
7. **four or five minutes afterwards:** on notera la précision des

Scandale en Bohême   63

— Il faudra me laisser faire. J'ai déjà organisé toute une mise en scène. Mais il y a un point sur lequel je dois insister. Vous ne devez pas intervenir, quoi qu'il arrive. Vous comprenez?

— Je dois rester neutre?

— Oui, et ne faire strictement rien. Il y aura probablement un petit épisode désagréable. Ne vous en mêlez pas. Pour finir, on me transportera dans la maison. Cinq ou six minutes plus tard, la fenêtre du salon s'ouvrira. Vous, vous serez posté près de cette fenêtre.

— Oui.

— Vous m'observerez attentivement, car je serai dans votre champ de vision.

— Oui.

— Quand je lèverai la main — comme ceci — vous lancerez dans la pièce ce que je vais vous donner en criant : "Au feu!" Vous me suivez bien?

— Parfaitement.

— Ce n'est rien de très dangereux, dit-il, en tirant de sa poche un long rouleau en forme de cigare. C'est une banale fusée fumigène de plombier, garnie d'une capsule à chaque bout pour qu'elle s'allume automatiquement. Votre travail se limite à cela. Quand vous crierez "Au feu", il y aura bon nombre de gens qui suivront votre exemple. Vous pourrez alors gagner le coin de la rue, et je vous y rejoindrai dix minutes plus tard. J'espère avoir été clair.

---

indications données par Holmes à son collaborateur.

8. **close to** = near.
9. **raise my hand**: subordonnée temporelle au présent.
10. **raise the cry** = utter the cry.
11. **nothing very formidable**: Holmes rassure tout de suite son complice sur les conséquences de son geste.
12. **at either end** = at both ends. Either a quelquefois le sens de *l'un et l'autre*.
13. **confined** = limited to that.
14. **it will be taken up**: m. à m. : *ce cri sera repris.*

"I am to remain neutral, to get near the window, to watch you, and, at the signal, to throw in this object, then to raise the cry of fire, and to await you at the corner of the street."

"Precisely."

"Then you may entirely rely on me."

"That is excellent. I think perhaps it is almost time that I prepared[1] for the new role I have to play[2]."

He disappeared into his bedroom, and returned in a few minutes in the character of an amiable and simple-minded Nonconformist[3] clergyman. His broad black hat, his baggy[4] trousers, his white tie, his sympathetic smile, and general look of peering[5] and benevolent curiosity were such as Mr. John Hare[6] alone could have equalled. It was not merely that Holmes changed his costume. His expression, his manner, his very soul seemed to vary with every fresh part that he assumed[7]. The stage lost a fine actor, even as science lost an acute reasoner, when he became a specialist in crime.

It was a quarter past six when we left Baker Street, and it still wanted ten minutes[8] to the hour when we found ourselves in Serpentine Avenue. It was already dusk, and the lamps were just being lighted as we paced up and down in front of Briony Lodge, waiting for the coming of its occupant. The house was just such as I had pictured it from Sherlock Holmes's succinct description, but the locality appeared to be less private than I expected.

---

1. **it is time that I prepared**: prétérit modal.
2. **the new role I have to play**: la mise au point du stratagème exposé dans le dialogue qui précède nécessite donc un nouveau déguisement.
3. **Nonconformist**: qui appartient à une religion distincte de l'Église anglicane. Ce terme a remplacé vers le milieu du XIXe siècle celui de "**dissenter**", ressenti comme méprisant.
4. **baggy**: adj. formé sur **bag**. Cf. **trousers baggy at the knees**: *pantalon qui fait des poches aux genoux*.
5. **peering**: to peer: *scruter*.

Scandale en Bohême 65

— D'abord, je dois m'abstenir de toute intervention, puis m'approcher de la fenêtre, guetter votre signal, lancer cet objet dans la pièce, crier ''Au feu'', et ensuite vous attendre au coin de la rue.

— Exactement.

— Alors, vous pouvez compter sur moi.

— Parfait. Mais il est presque l'heure de me préparer pour le nouveau rôle que je dois jouer. »

Il disparut dans sa chambre et en ressortit quelques minutes plus tard sous l'aspect d'un aimable pasteur non conformiste un peu naïf. Son grand chapeau noir, son pantalon trop ample, sa cravate blanche, son sourire plein de sympathie, son regard attentif et son air de curiosité bienveillante, tout cela composait un ensemble que seul Monsieur John Hare eût pu égaler. Holmes ne se contentait pas de changer de costume ; son expression, ses attitudes, son âme même semblaient se transformer avec chaque nouveau rôle. C'est un grand acteur que le théâtre a perdu là, de même que la science a perdu un logicien très subtil, lorsqu'il s'est spécialisé dans les affaires criminelles.

Nous quittâmes Baker Street à six heures et quart ; à sept heures moins dix, nous étions à Serpentine Avenue. La nuit tombait déjà et les réverbères s'allumaient juste au moment où nous commencions à faire les cent pas devant Briony Lodge en attendant le retour de la propriétaire. La maison correspondait parfaitement à l'idée que je m'en faisais d'après la brève description de Sherlock Holmes, mais l'endroit semblait moins calme que je ne m'y attendais.

---

6. **Mr. John Hare**: acteur anglais célèbre né en 1844 dans le Yorkshire. A dirigé de 1879 à 1888 le St. James's Theatre à Londres pour prendre ensuite la direction du Garrick Theatre.

7. **assumed** = played. Cf. to assume an aspect, a new name.

8. **it still wanted ten minutes...**: m. à m. : *dix minutes manquaient encore*. Cf. l'adj. **wanting** qui a toujours le sens de manque.

A Scandal in Bohemia

On the contrary, for a small street in a quiet neighbourhood, it was remarkably animated. There was a group of shabbily-dressed men smoking and laughing in a corner, a scissors-grinder[1] with his wheel, two guardsmen who were flirting with a nurse-girl, and several well-dressed young men who were lounging up and down with cigars in their mouths.

"You see," remarked Holmes, as we paced to and fro[2] in front of the house, "this marriage rather simplifies matters. The photograph becomes a double-edged weapon now. The chances are that[3] she would be as averse[4] to its being seen by Mr. Godfrey Norton, as our client is to its coming[5] to the eyes of his princess. Now the question is, Where are we to find the photograph?"

"Where, indeed?"

"It is most unlikely that she carries it about[6] with her. It is cabinet size. Too large for easy concealment[7] about a woman's dress. She knows that the King is capable of having her waylaid and searched[8]. Two attempts of the sort have already been made. We may take it, then, that she does not carry it about with her."

"Where, then?"

"Her banker or her lawyer. There is that double possibility. But I am inclined to think neither. Women are naturally secretive, and they like to do their own secreting[9].

---

1. **a scissors-grinder:** de **to grind, ground:** *affûter*. Sens premier : *broyer*.

2. **paced to and fro** = walked slowly up and down.

3. **the chances are that:** littéralement : *il y a de grandes chances que...* Mais **by chance:** *par hasard*.

4. **averse** = opposed to. **To be averse to doing sth.:** *répugner à faire qqch*.

5. **as our client is to...:** averse est sous-entendu. On notera le parallélisme des structures et la symétrie des gérondifs.

6. **carries it about** = carries it around. Remarquer la postposition qui sert à localiser. Même valeur à la ligne suivante.

7. **concealment:** subst. formé sur **to conceal** = to hide.

Scandale en Bohême

C'était même tout le contraire, car, pour une petite rue dans un quartier tranquille, l'animation y était singulière. On pouvait voir un groupe d'hommes, pauvrement vêtus, qui fumaient et riaient dans un coin, un rémouleur à sa meule, deux officiers de la garde occupés à conter fleurette à une bonne d'enfants et plusieurs jeunes gens élégants, le cigare aux lèvres, qui déambulaient d'un air nonchalant.

« Voyez-vous, observa Holmes en faisant les cent pas avec moi devant la maison, ce mariage simplifie plutôt les choses. Maintenant, la photographie est devenue une arme à double tranchant. Selon toute vraisemblance, elle n'a pas la moindre envie que M. Godfrey Norton la voie, pas plus que notre client ne souhaite qu'elle tombe sous les yeux de sa princesse. Mais, notre problème maintenant, c'est... où allons-nous découvrir cette photographie ?...

— Où ? je me le demande...

— Il est fort peu probable qu'elle la porte sur elle, puisque c'est un format album, trop grand pour qu'une femme puisse la dissimuler facilement dans ses vêtements. Elle sait que le roi est capable de la faire fouiller après lui avoir tendu un guet-apens. Il y a déjà eu deux tentatives de ce genre. Nous pouvons donc en conclure qu'elle ne porte pas la photographie sur elle.

— Alors, où se trouve-t-elle ?

— Ce pourrait être chez son banquier ou chez son homme de loi. On peut envisager ces deux possibilités, mais, finalement, je les éliminerai l'une après l'autre. Il est dans la nature des femmes d'être secrètes et elles aiment placer ce genre d'objet dans des cachettes dont elles sont seules à savoir le secret.

---

8. **having her waylaid and searched:** structure causative. **To search sb.:** *fouiller qqn.* Mais **to search for sth.:** *chercher qqch.*

9. **do their own secreting:** de **to secrete** = **to hide.** Conan Doyle joue sur la similarité de ce verbe (peu courant) et de l'adj. **"secretive"**. M. à m. *elles aiment pratiquer elles-mêmes leur art de trouver des cachettes.*

Why should she hand it over to[1] any one else? She could trust her own guardianship[2], but she could not tell what indirect or political influence might be brought to bear[3] upon a business man. Besides, remember that she had resolved to use it within a few days[4]. It must be where she can lay her hands upon it[5]. It must be in her own house."

"But it has twice been burgled."

"Pshaw! They did not know how to look."

"But how will you look?"

"I will not look."

"What then?"

"I will get her to show me."

"But she will refuse."

"She will not be able to[6]. But I hear the rumble of wheels. It is her carriage. Now carry out my orders to the letter."

As he spoke, the gleam of the side-lights of a carriage came round the curve of the avenue. It was a smart little landau which rattled up to[7] the door of Briony Lodge. As it pulled up, one of the loafing men[8] at the corner dashed forward to open the door in the hope of earning a copper[9], but was elbowed away by another loafer, who had rushed up with the same intention. A fierce[10] quarrel broke out, which was increased[10] by the two guardsmen, who took sides with one of the loungers, and by the scissors-grinder, who was equally hot upon the other side.

---

1. **hand it over to** = transfer it by hand to.

2. **trust her own guardianship:** subst. abstrait formé sur **guardian:** *gardien.* M. à m. *se fier à sa propre surveillance.*

3. **...what influence might be brought to bear:** might a la valeur d'éventuel. **To bring pressure to bear on sb.:** *faire pression sur qqn.* Littéralement: *elle ne peut pas savoir quelle pression pourrait s'exercer sur un homme d'affaires.*

4. **within a few days:** within: *dans les limites de...*

5. **lay her hands upon it:** m. à m.: *mettre la main dessus.*

6. **she will not be able to:** on remarquera que, tout au long de ce

Scandale en Bohême   69

Pourquoi remettrait-elle la photographie à quelqu'un d'autre ? Si elle en assure elle-même la garde, elle peut avoir confiance, mais on ne sait jamais si un homme d'affaires ne cédera pas à quelque pression indirecte ou bien politique. Du reste, souvenez-vous qu'elle avait décidé de s'en servir dans les jours qui viennent. Elle doit donc se trouver à portée de main, chez elle très certainement.

— Mais la maison a été cambriolée deux fois.

— Bah ! les cambrioleurs n'ont pas su chercher.

— Mais vous, comment chercherez-vous ?

— Je ne chercherai pas.

— Comment vous y prendrez-vous, alors ?

— Je m'arrangerai pour qu'elle me la montre.

— Mais elle va refuser.

— Cela lui sera impossible. Mais voilà que j'entends un bruit de roues. C'est sa voiture. À présent, suivez mes ordres à la lettre. »

Il parlait encore que nous vîmes luire les lanternes d'une voiture dans le virage de l'avenue. C'était un fort beau petit landau qui s'avança jusqu'à la porte de Briony Lodge. Au moment où il s'arrêtait, l'un des hommes qui traînaient au coin de la rue s'élança pour ouvrir la porte dans l'espoir de gagner deux sous. Mais il se fit repousser à coups de coude par un autre badaud qui était accouru dans la même intention. Une dispute acharnée éclata, dont la violence redoubla lorsque les deux officiers prirent parti pour l'un des flâneurs, tandis que le rémouleur mettait autant d'ardeur à soutenir l'adversaire.

---

dialogue, Sherlock Holmes ne désigne jamais Irene Adler par son nom mais emploie le pronom féminin.

7. **rattled up to:** le verbe évoque le bruit fait par le véhicule.

8. **loafing men...loafer:** de **to loaf:** *flâner, traîner*.

9. **a copper:** une pièce de cuivre c.-à-d. un **penny** (ou deux). Cf. **coppers:** *la petite monnaie*.

10. **fierce:** violent. A fierce look: *un air féroce*.

11. **was increased:** m. à m. : *et elle fut augmentée*.

A Scandal in Bohemia

A blow was struck[1], and in an instant the lady, who had stepped from her carriage, was the centre of a little knot of flushed and struggling men, who struck savagely at each other[2] with their fists and sticks[3]. Holmes dashed into the crowd to protect the lady; but just as he reached her he gave a cry and dropped to the ground, with the blood running freely down his face. At his fall the guardsmen took to their heels in one direction and the loungers in the other, while a number of better dressed people who had watched the scuffle[4] without taking part in it, crowded in[5] to help the lady and to attend to the injured man. Irene Adler, as I will still call her, had hurried up the steps; but she stood at the top with her superb figure outlined against the lights of the hall, looking back into the street.

"Is the poor gentleman much hurt?" she asked.

"He is dead," cried several voices.

"No, no, there's life in him!" shouted another. "But he'll be gone[6] before you can get him to hospital."

"He's a brave fellow," said a woman. "They would have had the lady's purse and watch if it hadn't been for him[7]. They were a gang, and a rough one, too. Ah, he's breathing now."

"He can't lie in the street. May we bring him in, marm[8]?"

"Surely. Bring him into the sitting-room. There is a comfortable sofa. This way, please!"

---

1. **a blow was struck**: to strike a blow: *frapper, donner un coup*. La structure passive suggère qu'il est impossible de savoir qui a frappé.

2. **struck savagely at each other**: to strike peut également être intransitif. Cf. **he struck at his attacker**: *il porta un coup à son assaillant*.

3. **with their fists and sticks**: on remarquera l'assonance.

4. **scuffle** = confused struggle.

5. **crowded in**: m. à m. *se précipitèrent en foule*.

6. **he'll be gone**: euphémisme pour : **he'll be dead**.

7. **if it hadn't been for him** = **but for him**. For a ici une valeur de

Quelqu'un reçut un coup et, en un instant, la dame, qui était descendue de sa voiture, se trouva au centre d'un petit groupe d'hommes rouges de colère qui échangeaient force coups de poing et de bâton avec la dernière brutalité. Holmes se précipita au milieu des combattants pour protéger la dame. Mais juste au moment où il parvenait près d'elle, il poussa un cri et s'effondra par terre, le visage en sang. Lorsqu'il tomba, les officiers de la garde prirent leurs jambes à leur cou, tandis que les flâneurs s'enfuyaient aussi, mais dans la direction opposée. Les gens bien mis, qui avaient regardé la bagarre sans y participer, s'approchèrent pour aider la dame et porter secours au blessé. Irene Adler, comme je continuerai à l'appeler, avait gravi précipitamment les marches du perron ; elle était encore devant la porte et se retournait pour regarder ce qui se passait dans la rue. Derrière elle, le vestibule était éclairé, et l'on voyait se profiler sa magnifique silhouette.

« Ce pauvre monsieur est-il gravement blessé ? demanda-t-elle.

— Il est mort, crièrent plusieurs voix.

— Mais non, il est encore en vie, protesta une autre personne. Mais il risque de ne plus l'être en arrivant à l'hôpital.

— C'est un type courageux, dit une femme. Sans lui, ils auraient arraché à la dame sa bourse et sa montre. C'était une bande, des brutes, vous savez ! Ah tiens ! le voilà qui respire.

— On ne peut pas le laisser étendu par terre dans la rue. Dites, madame, on peut le transporter dans la maison ?

— Bien sûr. Portez-le dans le salon. Il y a un canapé confortable. Par ici, je vous prie. »

---

cause. On notera que le stratagème inventé par Holmes l'amène à protéger une belle innocente contre des gredins.

8. **marm** = ma'am. Populaire pour **Madam**.

Slowly and solemnly[1] he was borne into Briony Lodge and laid out[2] in the principal room, while I still observed the proceedings[3] from my post by the window. The lamps had been lit, but the blinds had not been drawn, so that I could see Holmes as he lay upon the couch. I do not know whether he was seized with compunction[4] at that moment for the part he was playing, but I know that I never felt more heartily ashamed of myself in my life than when I saw the beautiful creature against whom I was conspiring, or the grace and kindliness with which she waited upon[5] the injured man. And yet it would be the blackest treachery to Holmes to draw back now from the part which he had entrusted to me. I hardened my heart, and took the smoke-rocket from under my ulster. After all, I thought, we are not injuring her[6]. We are but preventing her from injuring another.

Holmes had sat up upon the couch, and I saw him motion like a man who is in need of air. A maid rushed across and threw open the window. At the same instant I saw him raise his hand, and at the signal I tossed my rocket into the room with a cry of "Fire!" The word was no sooner out of my mouth than the whole crowd of spectators, well dressed and ill[7]—gentlemen, ostlers, and servant-maids—joined in a general shriek[8] of "Fire!" Thick clouds of smoke curled through the room and out at the open window. I caught a glimpse of rushing figures, and a moment later the voice of Holmes from within[9] assuring them that it was a false alarm.

---

1. **slowly and solemnly:** l'allitération et la mise en relief des deux adverbes en tête de phrase font ressortir tout ce que cette procession a de majestueux.

2. **laid out:** de **to lay out:** *arranger, disposer* (en général des objets). Mais **to lay out a body:** *faire la toilette d'un mort*.

3. **the proceedings:** les faits et gestes des « acteurs » décrits par Watson. Dans d'autres contextes : *séance, réunion, débats*.

4. **compunction:** *regret*. Cf. **without the slightest compunction:** *sans le moindre scrupule*.

Scandale en Bohême

Avec lenteur et solennité, on le transporta dans la maison où on l'installa dans la pièce principale. De mon poste, près de la fenêtre, je continuais à observer ce qui se passait. Les lampes étaient allumées, et comme les stores n'étaient pas tirés, je voyais Holmes étendu sur le sofa. J'ignore s'il fut alors saisi de remords à la pensée de la comédie qu'il jouait, mais je sais bien que, moi, j'éprouvais la plus grande honte de ma vie en voyant la belle créature contre laquelle je complotais, et en admirant avec quelle grâce, quelle bonté elle s'affairait autour du blessé. Et pourtant, j'aurais fait preuve de la plus noire traîtrise envers Holmes si j'avais renoncé au rôle qu'il m'avait assigné. M'endurcissant le cœur, je sortis la fusée fumigène des profondeurs de mon pardessus. Après tout, pensai-je, elle ne va subir aucun préjudice. Nous l'empêchons seulement de porter préjudice à autrui.

Holmes s'était redressé ; je le vis faire le geste d'un homme qui a besoin d'air. Une domestique se précipita pour ouvrir la fenêtre toute grande. Au même instant, je le vis lever la main, et, à ce signal, je lançai ma fusée dans la pièce en criant « Au feu ! ». À peine avais-je prononcé ces mots que tous les spectateurs, les élégants comme les pauvres hères — messieurs distingués, valets d'écurie et soubrettes —, se mirent à l'unisson à crier : « Au feu ! ». De gros nuages de fumée s'élevaient dans la pièce, s'échappant en volutes par la fenêtre ouverte. J'aperçus des silhouettes affolées, puis, un instant après, j'entendis Holmes affirmer, toujours depuis le salon, qu'il s'agissait d'une fausse alerte.

---

5. **waited upon: to wait on sb.:** *servir qqn.* Cf. **waiter**. Watson met l'accent sur le dévouement d'Irene Adler.

6. **we are not injuring her:** m. à m. : *nous ne sommes pas occupés à lui nuire.* Cf. **to be injured:** *être blessé* (dans un accident).

7. **well dressed and ill:** construction elliptique = **well dressed and ill dressed:** *qu'ils soient bien ou mal habillés.*

8. **shriek:** *hurlement, cri perçant.*

9. **from within:** *de l'intérieur.*

Slipping through the shouting crowd I made my way to the corner of the street, and in ten minutes was rejoiced to find my friend's arm in mine, and to get away from the scene of the uproar. He walked swiftly and in silence for some few minutes, until we had turned down one of the quiet streets which lead towards the Edgware Road.

"You did it very nicely, doctor," he remarked. "Nothing could have been better[1]. It is all right."

"You have the photograph?"

"I know where it is."

"And how did you find out?"

"She showed me, as I told you that she would."

"I am still in the dark[2]."

"I do not wish to make a mystery," said he, laughing. "The matter was perfectly simple. You, of course, saw that every one in the street was an accomplice. They were all engaged for the evening."

"I guessed as much."

"Then, when the row[3] broke out[4], I had a little moist[5] red paint in the palm of my hand. I rushed forward, fell down, clapped my hand to my face[6], and became a piteous spectacle. It is an old trick."

"That also I could fathom[7]."

"Then they carried me in. She was bound to[8] have me in. What else could she do? And into[9] her sitting-room, which was the very room which I suspected.

---

1. **nothing could have been better:** une fois le projet exécuté, retour au dialogue.

2. **I am still in the dark:** littéralement : *je suis encore dans le noir*, métaphore cliché. Le lecteur partage, bien sûr, l'incompréhension de Watson, qui n'a pas vu tout ce qui se passait dans le salon. Il a posé la question-clef : « Comment l'avez-vous découverte ? », amenant ainsi l'élucidation par Sherlock Holmes des modalités et du but du stratagème employé.

3. **row** = noisy quarrel. To have a row with sb.: *se disputer avec qqn.*

4. **broke out:** to break out: *éclater, se déclarer* (guerre, incendie...).

5. **moist:** *humide, moite.* Cf. wet paint: *peinture fraîche.*

Me glissant donc parmi la foule qui criait, je me frayai un chemin jusqu'au coin de la rue. Dix minutes plus tard, à ma grande joie, je sentais mon ami me prendre le bras et nous quittions ensemble les lieux du tumulte. Pendant quelques minutes il avança d'un pas rapide en gardant le silence. Puis après avoir tourné pour prendre une des rues tranquilles qui mènent à Edgware Road, il déclara :

« Vous vous en êtes très bien tiré, docteur. C'était parfait. Tout va bien.

— Vous avez la photographie ?

— Je sais où elle se trouve.

— Et comment l'avez-vous découverte ?

— Comme je vous l'avais annoncé, elle me l'a montrée.

— Je continue à ne pas comprendre.

— Je ne souhaite pas faire des mystères, répondit-il en riant. C'était d'une simplicité enfantine. Bien sûr, vous avez remarqué que tous ces gens dans la rue étaient mes complices. Je les avais tous embauchés pour la soirée.

— Je m'en suis douté.

— Ensuite, quand la dispute a commencé, j'avais un peu de peinture rouge toute fraîche dans le creux de la main. Je me suis précipité ; je suis tombé en portant la main à mon visage, et me voilà transformé en pitoyable victime. C'est un vieux stratagème.

— Ça aussi, je l'avais deviné.

— Alors, on m'a transporté dans la maison. Elle ne pouvait pas manquer de m'accueillir chez elle. Quelle autre solution avait-elle que de me faire porter dans son salon, pièce qui était l'objet de mes soupçons ?

---

6. **clapped my hand to my face:** m. à m. : *j'ai collé ma main sur ma figure.* **To clap:** *battre, taper.* Cf. **to clap one's hands**.

7. **to fathom:** *approfondir, pénétrer.* À l'origine, ce mot est un terme nautique signifiant *sonder*.

8. **bound to:** cf. *it was bound to happen: cela devait arriver.*

9. **and into** = and to have me into (construction elliptique).

A Scandal in Bohemia

It lay between[1] that and her bedroom, and I was determined to see which[2]. They laid me on a couch, I motioned for air, they were compelled to open the window, and you had your chance."

"How did that help you[3]?"

"It was all-important. When a woman thinks that her house is on fire, her instinct is at once to rush to the thing which she values most. It is a perfectly overpowering impulse, and I have more than once taken advantage of it. In the case of the Darlington Substitution Scandal it was of use to me, and also in the Arnsworth Castle business[4]. A married woman grabs at her baby[5]; an unmarried one reaches for[6] her jewel-box. Now it was clear to me that our lady of today had nothing in the house more precious to her than what we are in quest of. She would rush[7] to secure it. The alarm of fire was admirably done. The smoke and shouting were enough to shake nerves of steel. She responded beautifully. The photograph is in a recess[8] behind a sliding panel[9] just above the right bell-pull. She was there in an instant, and I caught a glimpse of it as she half-drew it out. When I cried out that it was a false alarm, she replaced it, glanced at the rocket, rushed from the room, and I have not seen her since. I rose, and, making my excuses, escaped from the house. I hesitated whether to attempt[10] to secure the photograph at once;

---

1. **it lay between:** it reprend l'idée exprimée par "**I suspected**". Littéralement : *mes doutes se situaient entre cette pièce et sa chambre*.

2. **determined to see which:** m. à m. *j'étais résolu à voir laquelle des deux c'était*.

3. **How did that help you?:** le lecteur ne le sait toujours pas. En posant cette question, Watson joue son rôle de médiateur.

4. **the Darlington Substitution Scandal...the Arnsworth Castle business:** ces allusions à des enquêtes imaginaires suggèrent l'activité débordante du détective.

5. **grabs at her baby:** to grab: *saisir, empoigner d'un geste vif*. Ce verbe peut être soit intransitif, comme ici, soit transitif.

Scandale en Bohême

J'hésitais entre ce salon et sa chambre et j'avais décidé de résoudre ce dilemme. On m'allongea donc sur un divan, je demandai de l'air, on fut obligé d'ouvrir la fenêtre, et vous avez sauté sur l'occasion.

— Quelle était l'utilité de mon intervention ?

— Elle avait une importance capitale. Quand une femme croit que sa maison va brûler, instinctivement, elle court saisir ce à quoi elle tient le plus. Il s'agit d'un élan absolument irrésistible, dont j'ai tiré parti plus d'une fois. Je m'en suis servi au moment du scandale de la substitution de Darlington et dans l'affaire du château d'Arnsworth. Une mère s'empare de son bébé, une femme sans enfant prend son coffret à bijoux. Or, il était clair que la dame qui nous occupe aujourd'hui n'a rien de plus précieux chez elle que l'objet de nos recherches. On pouvait prévoir qu'elle se précipiterait pour le mettre en lieu sûr. Au moment de l'alerte, la mise en scène a été admirable. La fumée et les cris auraient suffi à ébranler des nerfs d'acier. Elle a réagi merveilleusement. La photographie se trouve dans un recoin, derrière un panneau coulissant situé à droite au-dessus du cordon de sonnette. Elle s'y est dirigée aussitôt et j'ai aperçu l'objet, au moment où elle le sortait à demi de sa cachette. Quand j'ai crié que c'était une fausse alerte, elle l'a remis en place, elle a jeté un coup d'œil sur la fusée, et quitté la pièce en courant. Je ne l'ai pas revue depuis. Je me suis levé, j'ai présenté mes excuses, et je me suis échappé, après un moment d'hésitation. Devais-je tenter de m'emparer immédiatement de la photographie ?

---

6. **to reach for sth.:** *allonger le bras pour saisir un objet.*

7. **she would rush:** « futur dans le passé », se rattachant à **"it was clear that"**. L'action est prévisible, étant donné ce qu'on sait.

8. **a recess:** sens concret : *renfoncement, niche.*

9. **a sliding panel:** to slide, slid : *glisser.*

10. **I hesitated whether to attempt:** m. à m. *j'hésitais, me demandant s'il était souhaitable de tenter...*

A Scandal in Bohemia

but the coachman had come in, and as he was watching me narrowly[1], it seemed safer[2] to wait. A little over-precipitance[3] may ruin all."

"And now?" I asked.

"Our quest is practically finished. I shall call[4] with the King to-morrow, and with you, if you care to come[5] with us. We will be shown into the sitting-room to wait for the lady, but it is probable that when she comes she may find neither us nor the photograph[6]. It might be a satisfaction to His Majesty to regain[7] it with his own hands."

"And when will you call?"

"At eight in the morning. She will not be up, so that we shall have a clear field. Besides, we must be prompt, for this marriage may mean a complete change in her life and habits. I must wire[8] to the King without delay."

We had reached Baker Street, and had stopped at the door. He was searching his pockets for the key, when some one passing said:

"Good-night, Mister Sherlock Holmes."

There were several people on the pavement at the time, but the greeting appeared to come from a slim youth[9] in an ulster who had hurried by.

"I've heard that voice before," said Holmes, staring[10] down the dimly-lit street. "Now, I wonder who the deuce[11] that could have been."

---

1. **watching me narrowly** = closely. Cf. **he narrowly escaped being killed**: *il a bien failli être tué.*

2. **safer**: *plus sûr.*

3. **a little over-precipitance**: le préfixe **over-** marque l'excès. M. à m. : *un peu trop de précipitation.*

4. **I shall call**: *je passerai.* Holmes n'a pas besoin de préciser chez qui. Cf. **to call on/upon sb.** : *rendre visite à qqn.*

5. **if you care to come**: = if you are willing to come.

6. **she may find neither us nor the photograph**: m. à m. : *il est probable qu'elle ne nous trouvera pas, ni la photographie non plus.*

7. **to regain** = to recover. Cf. **to regain consciousness**: *reprendre*

Scandale en Bohême

Mais le cocher était entré, et m'observait de près. Il semblait donc plus sage d'attendre. On peut tout perdre en voulant aller trop vite.

— Et maintenant ? demandai-je.

— Nos recherches sont presque terminées. Demain, je rendrai visite à cette dame, accompagné du roi et de vous-même, si vous le voulez bien. On nous fera entrer dans le salon pour l'attendre, mais quand elle arrivera, selon toute probabilité, nous aurons disparu, et la photographie aussi. Peut-être Sa Majesté aimerait-elle la récupérer de ses propres mains.

— Et quand lui ferez-vous cette visite ?

— À huit heures du matin. Comme elle ne sera pas levée, nous aurons le champ libre. Du reste, il faut faire vite, car ce mariage risque de transformer complètement ses habitudes et son genre de vie. Je dois envoyer une dépêche au roi sans tarder. »

Nous étions arrivés à Baker Street et arrêtés devant la porte. Il cherchait la clé dans sa poche, lorsqu'un passant lui lança : « Bonsoir, monsieur Sherlock Holmes ! »

Il y avait plusieurs personnes sur le trottoir à ce moment-là, mais le salut semblait venir d'un jeune homme mince, vêtu d'un manteau confortable, qui était passé très vite.

« J'ai déjà entendu cette voix », dit Holmes en scrutant la rue faiblement éclairée. « Et je me demande qui cela pouvait bien être. »

---

connaissance. **Paradise Regained** (1671), de Milton, complète **Paradise Lost**.

8. **wire**: *télégraphier*. Depuis 1870, il existait un réseau national.

9. **a youth** (dénombrable) = **a young man**. Mais **youth** (indénombrable) : *la jeunesse*.

10. **staring**: suggère ici regard fixe et surprise.

11. **who the deuce** (démodé) = **who the devil**... L'acuité sensorielle de Holmes est assez vive pour lui permettre de reconnaître vaguement cette voix, mais il ne parvient pas à en identifier le possesseur.

III

I slept at Baker Street[1] that night, and we were engaged upon our toast and coffee[2] in the morning when the King of Bohemia rushed into the room.

"You have really got it!" he cried, grasping Sherlock Holmes by either shoulder[3], and looking eagerly into[4] his face.

"Not yet."

"But you have hopes?"

"I have hopes."

"Then, come. I am all impatience to be gone."

"We must have a cab."

"No, my brougham[5] is waiting."

"Then that will simplify matters." We descended, and started off[6] once more for Briony Lodge.

"Irene Adler is married[7]," remarked Holmes.

"Married! When?"

"Yesterday."

"But to whom?"

"To an English lawyer named Norton."

"But she could not love him[8]?"

"I am in hopes that she does."

"And why in hopes?"

"Because it would spare your Majesty all fear of future annoyance[9].

---

1. **I slept at Baker Street**: les récits du cycle consacré à Sherlock Holmes se terminent souvent par un retour à Baker Street.

2. **engaged upon our toast and coffee**: to be engaged on sth.: *s'occuper de qqch*. Toast est indénombrable et toujours singulier. (*Un toast*: a piece of toast.)

3. **by either shoulder**: *par les deux épaules* (l'une ET l'autre).

4. **looking eagerly into**: l'adverbe et la préposition suggèrent la fébrilité du roi, qui souhaite lire un acquiescement sur le visage de Holmes.

5. **brougham**: il s'agit d'une voiture fermée, à deux ou quatre roues, qui tire son nom de celui de Lord Brougham.

Scandale en Bohême 81

III

Je dormis à Baker Street cette nuit-là; nous prenions notre café avec du pain grillé lorsque le roi de Bohême entra précipitamment dans la pièce.

« Vous l'avez bel et bien en votre possession ! » s'écria-t-il en saisissant Sherlock Holmes par les épaules et en le regardant dans les yeux avec impatience.

« Pas encore.

— Mais vous avez bon espoir ?

— J'ai bon espoir.

— Alors, allons-y. Je ne tiens plus en place.

— Il nous faut un fiacre.

— Inutile, mon coupé attend dehors.

— Bon, cela simplifiera les choses. »

Nous descendîmes donc, et, une fois de plus, nous prîmes le chemin de Briony Lodge.

« Irene Adler est mariée », annonça Holmes.

— Mariée ? mais depuis quand ?

— Hier.

— Et avec qui ?

— Un Anglais du nom de Norton, homme de loi de son état.

— Mais il est impossible qu'elle puisse l'aimer.

— J'espère bien que si !

— Pourquoi ?

— Parce que cela épargnerait à Votre Majesté toute crainte pour l'avenir.

---

6. **started off:** = set out, left.
7. **Irene Adler is married:** Holmes va droit à l'essentiel. Il sait que ce mariage a transformé les données du problème.
8. **she could not love him:** dans sa suffisance, le roi est certain qu'elle n'aime pas Norton et attend une confirmation de ce qu'il a décrété impossible.
9. **all fear of future annoyance:** *toute crainte de désagréments à venir.*

If the lady loves her husband, she does not love your Majesty. If she does not love your Majesty, there is no reason why she should interfere with your Majesty's plan[1]."

"It is true. And yet— Well! I wish she had been[2] of my own station[3]! What a queen she would have made!" He relapsed into a moody silence, which was not broken until we drew up[4] in Serpentine Avenue.

The door of Briony Lodge was open, and an elderly woman stood upon the steps. She watched us with a sardonic eye as we stepped from the brougham.

"Mr. Sherlock Holmes, I believe?" said she.

"I am Mr. Holmes," answered my companion, looking at her with a questioning and rather startled gaze[5].

"Indeed! My mistress told me that you were likely to call. She left this morning with her husband, by the 5.15 train from Charing Cross, for the Continent."

"What!" Sherlock Holmes staggered back[6], white with chagrin[7] and surprise. "Do you mean that she has left England?"

"Never to return."

"And the papers?" asked the King hoarsely. "All is lost."

"We shall see." He pushed past the servant and rushed into the drawing-room, followed by the King and myself. The furniture was[8] scattered about in every direction, with dismantled shelves and open drawers,

---

1. **interfere with your Majesty's plan**: to interfere: *s'interposer, intervenir*. Holmes parle ici en logicien.

2. **I wish she had been...**: to wish suivi d'un prétérit modal exprime un regret.

3. **of my own station**: m. à m. : *de ma condition à moi*. Cf. **to get ideas above one's station**: *avoir des idées de grandeur* ; **to marry beneath one's station**: *faire une mésalliance*.

4. **drew up** = pulled up. De to draw up, intransitif : *s'arrêter*.

5. **a questioning and rather startled gaze**: le regard interrogateur de quelqu'un qui a reçu un choc. (**to startle**: *faire sursauter*.)

Scandale en Bohême 83

Si cette dame aime son mari, elle n'aime pas Votre Majesté. Et si elle n'aime pas Votre Majesté, elle n'a plus aucune raison de contrecarrer le projet de Votre Majesté.

— C'est exact. Et pourtant... Ah! si seulement nous avions été du même rang, elle et moi! Elle aurait fait une si belle reine! »

Il tomba dans un silence maussade qui se prolongea jusqu'à notre arrivée à Serpentine Avenue.

La porte de Briony Lodge était ouverte; une femme d'un certain âge se tenait sur le perron. Elle nous regarda descendre d'un air sarcastique et dit: « Monsieur Sherlock Holmes, j'imagine?

— Oui, je suis M. Holmes, répondit mon compagnon en l'interrogeant du regard avec une expression de surprise.

— Je m'en doutais. Madame m'a dit que votre visite était fort probable. Elle est partie ce matin avec son mari. Ils ont pris le train de 5 h 15 à Charing Cross et sont en route vers le continent.

— Quoi! » Sherlock Holmes recula d'un pas chancelant; il était pâle de dépit et de surprise. « Voulez-vous dire qu'elle a quitté le pays?

— Oui, et pour toujours.

— Et les papiers? demanda le roi d'une voix rauque. Tout est perdu.

— C'est ce que nous allons voir. »

Holmes bouscula la servante et se précipita dans le salon, suivi du roi et de moi-même. Les meubles étaient dispersés en tous sens, les étagères démontées et les tiroirs ouverts,

---

6. **staggered back**: to stagger: *tituber*.
7. **chagrin**: faux ami: *contrariété*. Le français «*chagrin*» se traduit par **grief/sorrow**. C'est la première fois depuis la création du personnage de Sherlock Holmes que Conan Doyle le met dans une situation où il voit ses plans ainsi déjoués — et par une femme...
8. **the furniture was...**: **furniture** est indénombrable et singulier.

as if the lady had hurriedly ransacked them before her flight[1]. Holmes rushed at the bell-pull, tore back[2] a small sliding shutter, and, plunging in his hand, pulled out a photograph and a letter. The photograph was of Irene Adler herself in evening dress, the letter was superscribed to "Sherlock Holmes, Esq[3]. To be left till called for[4]." My friend tore it open, and we all three read it together. It was dated at midnight of the preceding night, and ran in this way:

"My dear Mr. Sherlock Holmes,—You really did it very well. You took me in[5] completely. Until after the alarm of fire, I had not a suspicion. But then, when I found how I had betrayed myself, I began to think. I had been warned against you[6] months ago. I had been told that, if the King employed an agent, it would certainly be you. And your address had been given me. Yet, with all this, you made me reveal what you wanted to know. Even after I became suspicious, I found it hard to think evil[7] of such a dear, kind old clergyman. But, you know, I have been trained as an actress[8] myself. Male costume is nothing new to me. I often take advantage of the freedom which it gives. I sent John, the coachman, to watch you, ran upstairs, got into my walking-clothes, as I call them, and came down just as you departed.

"Well, I followed you to your door, and so made sure that I was really an object of interest to the celebrated Mr. Sherlock Holmes.

---

1. **flight**: subst. formé sur **to flee, fled, fled**: *fuir*.

2. **tore back**: prétérit de **to tear, tore, torn**: *déchirer, arracher*. Ce verbe suggère la rapidité et la violence du geste. Cf. **tore it open**.

3. **Esq.**: abréviation d'**Esquire**, utilisée dans les adresses APRÈS le nom de famille d'un homme, au lieu de **Mr.** devant ce nom.

4. **To be left till called for**: m. à m. « *à laisser jusqu'à ce qu'on vienne la chercher* ». Dans d'autres contextes = poste restante. On notera le côté malicieux de cette injonction, puisque la lettre a été placée dans une cachette dont le destinataire est seul à connaître l'existence.

Scandale en Bohême

comme si la dame avait fouillé la pièce en toute hâte avant de prendre la fuite. Holmes se rua vers le cordon de sonnette, fit glisser d'un geste brusque un petit panneau coulissant, plongea la main dans la cavité, et en sortit une photographie et une lettre. C'était une photographie d'Irène Adler elle-même en robe du soir. La lettre était adressée à « Sherlock Holmes, Esq. » et portait la mention : « Attendre le passage du destinataire. » Mon ami déchira l'enveloppe, et nous nous mîmes tous trois ensemble en devoir de lire la lettre. Elle était datée de la veille à minuit et rédigée en ces termes :

Cher monsieur,

Bravo ! vous avez fort bien joué. Et je me suis bel et bien laissée prendre à votre piège. Je n'ai pas eu le moindre soupçon jusqu'au simulacre d'alerte. Mais après, en pensant à la manière dont je m'étais trahie, je me suis mise à réfléchir. Je savais depuis plusieurs mois que je devais me méfier de vous. On m'avait dit que si le roi faisait appel à quelqu'un, ce serait certainement vous. On m'avait donné votre adresse. Cependant, malgré tout cela, vous m'avez contrainte à vous révéler ce que vous vouliez savoir. Même après mes premiers soupçons, je dus me faire violence pour penser du mal de ce vieux clergyman si charmant. Mais, voyez-vous, moi aussi, j'ai été à l'école du théâtre. Revêtir un costume masculin n'a rien de bien nouveau pour moi et je profite souvent de cette liberté. J'ai envoyé John, le cocher, au salon pour vous surveiller, je suis montée enfiler ma tenue de promenade, comme je l'appelle, et je suis redescendue juste au moment où vous partiez.

Ensuite, je vous ai suivi jusqu'à votre porte, m'assurant ainsi que j'étais effectivement au centre des préoccupations du célèbre M. Sherlock Holmes.

---

5. **took me in**: to take sb. in = to cheat: *tromper, duper qqn.*
6. **warned against you**: *mise en garde contre vous.* **To warn**: *avertir.*
7. **I found it hard to think evil...**: *j'ai eu du mal à...*
8. **I have been trained as an actress**: m. à m. *j'ai reçu une formation d'actrice.* Holmes a trouvé là une adversaire capable d'employer les mêmes armes que lui.

Then I, rather imprudently, wished you goodnight, and started for the Temple[1] to see my husband.

"We both thought the best resource was flight, when pursued by so formidable an antagonist[2]; so you will find the nest empty when you call[3] to-morrow. As to the photograph, your client may rest in peace[4]. I love and am loved by a better man than he. The King may do what he will without hindrance[5] from one whom he has cruelly wronged[6]. I kept it only to safeguard myself, and to preserve[7] a weapon which will always secure me from any steps which he might take in the future. I leave a photograph which he might care to possess; and I remain, dear Mr. Sherlock Holmes, very truly yours[8],

Irene Norton, *née* Adler."

"What a woman—oh, what a woman!" cried the King of Bohemia, when we had all three read this epistle. "Did I not tell you how quick and resolute she was? Would she not have made an admirable queen? Is it not a pity that she was not on my level?"

"From what I have seen of the lady she seems indeed to be on a very different level[9] to your Majesty," said Holmes, coldly. "I am sorry that I have not been able[10] to bring your Majesty's business to a more successful conclusion."

"On the contrary, my dear sir," cried the King; "nothing could be more successful. I know that her word is inviolate.

---

1. **the Temple: the Inner Temple**, où Norton a son cabinet d'avocat.
2. **when pursued by so formidable an antagonist**: m. à m. *lorsqu'on est poursuivi par un adversaire aussi redoutable*. On notera la structure : so + adjectif + a + substantif.
3. **when you call:** *quand vous passerez chez moi.*
4. **your client may rest in peace:** Conan Doyle joue sur le sens des derniers mots, qui signifient également : qu'il repose en paix ! Irene Adler parle du roi comme s'il était mort pour elle.

Alors, non sans imprudence, je vous ai souhaité le bonsoir et je suis allée rejoindre mon mari dans le quartier de Temple Bar.

L'un comme l'autre, nous avons pensé que l'adversaire lancé à notre poursuite était si redoutable que la fuite serait notre meilleur recours. Demain, lors de votre visite, vous trouverez donc le nid vide. Quant à la photographie, votre client peut dormir en paix. J'aime un homme qui lui est supérieur et j'en suis aimée. Le roi peut agir à sa guise, sans qu'une femme qu'il a cruellement traitée mette le moindre obstacle à son projet. J'ai gardé la photographie comme sauvegarde, uniquement pour conserver une arme qui me protégera pour toujours contre les initiatives qu'il pourrait prendre à l'avenir. J'en laisse une autre, qu'il sera peut-être heureux de posséder. Et je demeure, cher M. Sherlock Holmes, votre humble servante.

Irene Norton, née Adler.

« Quelle femme, ah! quelle femme! » s'écria le roi de Bohême, quand nous eûmes achevé la lecture de cette épître. « Voilà bien la promptitude et la détermination que je vous avais décrites. Elle aurait fait une reine admirable, n'est-ce pas? Quel dommage qu'elle n'ait pas été de ma classe!

— D'après ce que j'ai vu de cette dame, elle semble en effet d'une classe fort différente de Votre Majesté, fit Holmes d'un ton très froid. Je regrette de n'avoir pu régler l'affaire de Votre Majesté avec plus de succès.

— Au contraire, cher monsieur, s'écria le roi. Le succès est complet. Je sais qu'elle tiendra parole.

---

5. **without hindrance**: *sans obstacle.* Cf. **to hinder**, transitif : *gêner, entraver, retarder.*

6. **wronged**: de **to wrong**: *traiter injustement, faire du tort à.*

7. **to preserve** (faux ami) : *garder.* Cf. **well-preserved**: *bien conservé.*

8. **(very) truly yours**: formule consacrée pour terminer une lettre, qui prend dans ce contexte un relief ironique.

9. **on a very different level**: m. à m. *d'un niveau très différent.* Holmes reprend le mot employé par le roi en le chargeant d'une ironie cinglante que son client n'est pas assez fin pour percevoir.

10. **I have not been able...**: Holmes admet explicitement son échec.

The photograph is now as safe as if it were in the fire[1]."

"I am glad to hear your Majesty say so."

"I am immensely indebted to you. Pray tell me in what way I can reward you. This ring—" He slipped an emerald snake ring from his finger and held it out upon the palm of his hand.

"Your Majesty has something which I should value[2] even more highly," said Holmes.

"You have but[3] to name it."

"This photograph!"

The King stared at him in amazement.

"Irene's photograph!" he cried. "Certainly, if you wish it."

"I thank your Majesty. Then there is no more to be done in the matter. I have the honor to wish you a very good-morning." He bowed, and, turning away without observing the hand which the King had stretched out to him, he set off in my company for his chambers[4].

And that was how a great scandal threatened to affect the kingdom of Bohemia, and how the best plans of Mr. Sherlock Holmes were beaten by a woman's wit[5]. He used to make merry over[6] the cleverness of women, but I have not heard him do it of late[7]. And when he speaks of Irene Adler, or when he refers to her photograph, it is always under the honorable title of *the* woman[8].

---

1. **is now as safe as if...fire**: le roi se sait maintenant hors de danger, mais Holmes n'y est pour rien. C'est Irene Adler qui est le pivot du récit.

2. **which I should value**: **should** implique une hypothèse non exprimée : **if you gave it to me**.

3. **but** = only. M. à m. : *il suffit que vous le nommiez*.

4. **he set off...for his chambers**: *il prit le chemin de son logement*. A la différence de la plupart des autres récits du cycle, la scène principale de cette dernière section s'est passée non à Baker Street mais à Briony Lodge, sur le terrain de l'adversaire — sans doute parce que cette fois Holmes a en face de lui quelqu'un qui est sa contrepartie féminine.

Maintenant, la photographie ne présente pas plus de risques que si on l'avait jetée au feu.

— Je suis heureux de vous l'entendre dire, Votre Majesté.

— Je vous dois beaucoup. Dites-moi, je vous prie, comment vous récompenser. Cette bague... » Il fit glisser de son doigt une bague serpent ornée d'une émeraude et la tendit à mon compagnon, posée sur la paume de sa main.

« Votre Majesté possède un objet auquel j'attache une bien plus grande valeur, dit Holmes.

— Dites-moi lequel, il est à vous.

— Cette photographie. »

Le roi le regarda stupéfait : « La photographie d'Irène ! s'exclama-t-il. Mais certainement, si c'est ce que vous désirez.

— Je remercie Votre Majesté. Cette affaire est donc terminée. J'ai bien l'honneur de vous saluer. » Il s'inclina, puis se détourna sans remarquer la main que le roi lui tendait et se mit aussitôt en route pour regagner son domicile où je l'accompagnai.

Et voilà comment le royaume de Bohême fut menacé d'un grand scandale et comment une femme sut déjouer les plans de Sherlock Holmes, si élaborés fussent-ils. Naguère, il avait coutume de se gausser de l'intelligence féminine, mais il s'en est abstenu ces derniers temps. Et lorsqu'il parle d'Irène Adler, ou de sa photographie, il dit « Cette femme », lui décernant ainsi un titre honorable entre tous.

---

5. **beaten by a woman's wit:** *vaincus par l'intelligence d'une femme.*
6. **used to make merry over:** "used to" marque l'aspect révolu.
7. **of late** = lately : récemment.
8. *the* **woman:** la boucle est bouclée et Conan Doyle reprend les mots qui ouvraient les réflexions préliminaires de Watson. Irene Adler incarne pour Sherlock Holmes l'éternel féminin.

The Red-Headed League

La Ligue des Roux

I had called upon my friend, Mr. Sherlock Holmes, one day in the autumn of last year, and found him in deep conversation with a very stout[1], florid-faced[2], elderly gentleman, with fiery[3] red hair. With an apology for my intrusion[4], I was about to withdraw, when Holmes pulled me abruptly into the room and closed the door behind me.

"You could not possibly have come at a better time[5], my dear Watson," he said, cordially.

"I was afraid that you were engaged."

"So I am. Very much so."

"Then I can wait in the next room."

"Not at all. This gentleman, Mr. Wilson, has been my partner and helper[6] in many of my most successful cases[7], and I have no doubt that he will be of the utmost use[8] to me in yours also[9]."

The stout gentleman half rose from his chair and gave a bob of greeting[10], with a quick little questioning glance from his small, fat-encircled eyes.

---

1. **very stout** = fat, portly.
2. **florid-faced** = with a florid complexion: *rougeaud*. "Florid" s'applique également au style *(fleuri)* et à l'architecture *(très chargée)*.
3. **fiery**: adjectif formé sur *fire*: *ardent, fougueux*. Cf. **fiery-tempered**: *irascible, coléreux*. Le nouveau personnage, au physique pittoresque, est introduit dès les premières lignes du récit.
4. **with an apology for my intrusion** = I apologized to Holmes for intruding. Watson fait toujours preuve d'une grande discrétion.
5. **you could not...have come...**: m. à m.: *vous ne pouviez pas venir à un meilleur moment*. Après un bref préambule, Conan Doyle passe au dialogue Holmes-Watson.

L'automne dernier, rendant visite à mon ami Sherlock Holmes, je le trouvai en grande conversation avec un monsieur d'un certain âge, très corpulent, au teint rubicond, aux cheveux d'un roux flamboyant. Je m'excusai de mon intrusion et fis mine de me retirer mais Holmes me tira brusquement dans la pièce et referma la porte derrière moi.

« Vous arrivez à point nommé, mon cher Watson.
— Je croyais que vous étiez occupé.
— En effet. Très occupé, même.
— Alors, je peux vous attendre dans la pièce à côté.
— Pas question ! Ce monsieur est mon associé, M. Wilson. Il a été mon collaborateur dans bon nombre de mes enquêtes couronnées de succès et je suis sûr qu'il va m'être encore extrêmement utile pour résoudre votre problème. »

Le gros monsieur se souleva à grand-peine de son siège et me salua d'un signe de tête. Entre ses paupières ourlées de graisse, ses petits yeux me lancèrent un regard interrogateur.

---

6. **my partner and helper:** Sherlock Holmes donne du rôle du Docteur Watson une définition assez valorisante.
7. **in many of my most successful cases:** Watson a aussi été le complice de Holmes dans des affaires où il a moins brillamment réussi, mais ces cas sont rares.
8. **of the utmost use:** m. à m. *de la plus grande utilité.* **Utmost,** adj. = **greatest.** Cf. **it's a matter of the utmost importance.**
9. **in yours also** = **in your case also.**
10. **a bob of greeting** = **a nod:** *un bref salut de la tête.*

"Try the settee," said Holmes, relapsing into his armchair and putting his finger-tips together[1], as was his custom when in judicial moods[2]. "I know, my dear Watson, that you share my love of all that is bizarre[3] and outside the conventions and humdrum routine of everyday life[4]. You have shown your relish for it[5] by the enthusiasm which has prompted you to chronicle, and, if you will excuse my saying so, somewhat to embellish[6] so many of my own little adventures."

"Your cases have indeed been of the greatest interest to me," I observed.

"You will remember[7] that I remarked the other day, just before we went into the very simple problem presented by Miss Mary Sutherland[8], that for strange effects and extraordinary combinations we must go to life itself, which is always far more daring than any effort of the imagination."

"A proposition which I took the liberty of doubting."

"You did, doctor, but none the less you must come round to my view, for otherwise I shall keep on piling fact upon fact on you, until your reason breaks down under them and acknowledges me to be right. Now, Mr. Jabez Wilson here has been good enough to call upon me this morning, and to begin a narrative which promises to be one of the most singular which I have listened to for some time. You have heard me remark that the strangest and most unique things are very often connected not with the larger but with the smaller crimes[9],

---

1. **putting his finger-tips together:** c'est un geste caractéristique de Sherlock Holmes lorsqu'il réfléchit.
2. **when in judicial moods:** *quand il est d'humeur à jouer les avocats.*
3. **bizarre** = **odd, eccentric:** *hors du commun.*
4. **the humdrum routine of everyday life:** *la routine banale de la vie quotidienne.* **Humdrum** peut aussi être substantif.
5. **your relish for it:** m. à m. *votre goût pour cela.*

La Ligue des Roux

« Essayez le canapé », dit Holmes. Il se laissa retomber dans son fauteuil et joignit le bout des doigts, comme il avait coutume de le faire quand il était d'humeur procédurière. « Mon cher Watson, je sais que vous partagez mon goût du bizarre, de tout ce qui va à l'encontre des conventions et du train-train quotidien. La meilleure preuve en est votre enthousiasme à vous faire souvent le chroniqueur de mes petites aventures, que vous enjolivez, si je peux me permettre cette remarque.

— En effet, vos enquêtes m'ont vivement intéressé.

— Sans doute vous rappelez-vous ma remarque de l'autre jour, avant que nous nous occupions du petit problème de Miss Sutherland. Je vous avais dit qu'en fait d'étrangeté et de coïncidences extraordinaires, rien ne vaut la réalité, car la vie est toujours beaucoup plus audacieuse que toutes les inventions de l'imagination.

— C'est une affirmation que je me suis permis de contester.

— Certes, Docteur, mais vous devez néanmoins vous rallier à mon point de vue. Sinon j'accumulerai devant vous assez de preuves pour ébranler votre conviction et vous faire admettre que je suis dans le vrai. Et maintenant voici M. Jabez Wilson. Il a eu la bonté de passer ici ce matin et le récit qu'il a commencé promet d'être l'un des plus singuliers que j'aie entendus ces derniers temps. Je vous avais aussi expliqué que des événements fort étranges et tout à fait exceptionnels sont souvent associés non pas à de grands crimes mais à de petits ;

---

6. **to chronicle and...somewhat to embellish:** Holmes attache une extrême importance à l'exactitude de la chronique.

7. **you will remember:** will a ici une valeur de caractéristique : tel que je vous connais, vous vous souvenez sûrement de...

8. **Miss Mary Sutherland:** allusion à la nouvelle précédente intitulée « Une affaire d'identité ».

9. **not with the larger...crimes:** noter l'emploi du comparatif pour deux termes de comparaison.

and occasionally, indeed, where there is room for doubt whether any positive crime has been committed. As far as I have heard, it is impossible for me to say whether the present case is an instance of crime[1] or not, but the course of events is certainly among the most singular that I have ever listened to. Perhaps, Mr. Wilson, you would have the great kindness to recommence your narrative. I ask you not merely because my friend Dr. Watson has not heard the opening part, but also because the peculiar nature of the story[2] makes me anxious to have[3] every possible detail from your lips. As a rule, when I have heard some slight indication of the course of events, I am able to guide myself[4] by the thousands of other similar cases which occur to my memory. In the present instance I am forced to admit that the facts are, to the best of my belief[5], unique."

The portly client puffed out his chest with an appearance of some little pride, and pulled a dirty and wrinkled newspaper from the inside pocket of his great-coat. As he glanced down the advertisement column, with his head thrust forward, and the paper flattened out upon his knee, I took a good look at the man, and endeavoured, after the fashion of[6] my companion, to read the indications[7] which might be presented by his dress or appearance.

I did not gain very much, however, by my inspection. Our visitor bore every mark[8] of being an average commonplace[9] British tradesman, obese, pompous, and slow.

---

1. **an instance of crime**: *un cas, un exemple de crime.*

2. **the peculiar nature of the story** = *its strange unusual nature.* Depuis le début du récit, Holmes a accumulé les qualificatifs destinés à souligner le caractère insolite de cette affaire : "**bizarre... singular... unique**".

3. **makes me anxious to have**: *me rend très désireux d'entendre...*

4. **As a rule...I am able to guide myself...**: allusion à la mémoire prodigieuse de Holmes et à ses méthodes d'archiviste, dont on a déjà eu un exemple (« Scandale en Bohême », p. 38).

et parfois on peut même douter qu'il y ait vraiment eu crime. À ce stade, je suis encore incapable d'affirmer si l'affaire actuelle en cache un ou non, mais la succession des événements est certainement des plus bizarres. M. Wilson, voudriez-vous avoir l'amabilité de recommencer votre récit. Ceci, non seulement parce que mon ami le Dr Watson n'en a pas entendu le début, mais parce que l'étrangeté de cette histoire me fait souhaiter avoir de votre bouche le maximum de détails. En général, une légère indication concernant l'enchaînement des événements me suffit ; elle m'évoque des milliers de cas semblables, ce qui me permet de m'orienter par moi-même. Mais je dois avouer que dans cette affaire, il s'agit de faits vraiment hors du commun. »

Le client corpulent bomba le torse avec une fierté manifeste et sortit de la poche intérieure de son pardessus un journal sale, tout froissé. Il se mit à parcourir les petites annonces, la tête en avant, le journal ouvert sur les genoux ; tandis qu'il était dans cette position, je l'examinais avec attention en m'efforçant d'imiter les méthodes de mon compagnon et d'interpréter les indications fournies par ses vêtements et son aspect.

Cependant, cet examen ne fut pas très fructueux. Notre visiteur présentait toutes les caractéristiques du commerçant britannique moyen : obésité, ton solennel, lenteur d'esprit.

---

5. **to the best of my belief:** *à ce que je crois*. Holmes, qui disait dans *Étude en rouge* : « Il n'y a rien de nouveau sous le soleil », n'admet pas volontiers le côté exceptionnel du récit de son nouveau client.

6. **after the fashion of:** *à la manière de...*

7. **to read the indications...:** les « lectures » de vêtements sont chose courante pour Holmes et les vaines tentatives de Watson pour l'imiter font ressortir la médiocrité de ce dernier.

8. **bore every mark :** *portait tous les signes* **(to bear, bore, borne)**.

9. **commonplace:** *banal*. Ce portrait bien peu flatteur du commerçant britannique à l'époque victorienne aurait-il un rapport avec l'expérience du Docteur Conan Doyle dans son cabinet de Southsea ?

He wore rather baggy[1] gray shepherd's check[2] trousers, a not over-clean black frock-coat[3], unbuttoned in the front, and a drab[4] waistcoat with a heavy brassy Albert chain[5], and a square pierced bit of metal dangling down[6] as an ornament. A frayed top-hat and a faded brown overcoat with a wrinkled velvet collar lay upon a chair beside him. Altogether, look as I would, there was nothing remarkable about the man save his blazing red[7] head, and the expression of extreme chagrin and discontent upon his features[8].

Sherlock Holmes's quick eye took in my occupation[9], and he shook his head with a smile as he noticed my questioning glances. "Beyond the obvious facts that he has at some time done manual labor, that he takes snuff, that he is a Freemason, that he has been in China, and that he has done a considerable amount[10] of writing lately, I can deduce nothing else."

Mr. Jabez Wilson started up in his chair, with his forefinger upon the paper, but his eyes upon my companion.

"How, in the name of good fortune, did you know all that, Mr. Holmes?" he asked. "How did you know, for example, that I did manual labour[11]? It's as true as gospel[12], and I began as a ship's carpenter."

"Your hands, my dear sir. Your right hand is quite a size larger than your left. You have worked with it, and the muscles are more developed."

---

1. **baggy**: *trop ample, flottant.* Cf. p. 64, note 4.

2. **shepherd's check**: *avec un motif en damier.* Cf. **checked**: *à carreaux.*

3. **frock-coat**: il s'agit d'une longue veste croisée dont les basques avaient la même longueur devant et derrière.

4. **drab**: de couleur *terne* proche du gris-brun. Cf. au sens figuré : **a drab existence**: *une vie morne.*

5. **Albert chain**: ainsi nommée parce que le prince Albert, époux de la reine Victoria, en portait de semblables.

6. **dangling down**: m. à m. : *qui pendait en se balançant.* Cf. **with arms**

La Ligue des Roux

Il portait un pantalon à carreaux gris assez mal coupé, une redingote noire pas très propre, déboutonnée devant, et un gilet beige orné d'une grosse chaîne de montre avec un carré de métal percé d'un trou en guise de breloque. Sur une chaise à côté de lui, il avait posé un chapeau haut de forme usagé et un manteau marron décoloré garni d'un col de velours tout froissé. J'avais beau le regarder, je ne lui trouvais rien de remarquable, si ce n'est ses cheveux d'un roux éclatant et son expression chagrine et contrariée.

De son œil vif, Sherlock Holmes vit tout de suite à quoi j'étais occupé. Il répondit à mon regard interrogateur par un sourire, secoua la tête et déclara : « Visiblement, cet homme a travaillé de ses mains à une époque de sa vie, il prise, il est franc-maçon, il est allé en Chine, et ces temps derniers il a fait beaucoup d'écritures. Mais je ne peux rien déduire d'autre que ces évidences. »

M. Jabez Wilson sursauta. Gardant l'index pointé sur le journal, il fixa mon compagnon.

« Ah ça, M. Holmes, comment diable savez-vous tout ça ? Par exemple, comment savez-vous que j'ai travaillé de mes mains ? C'est vrai comme deux et deux font quatre : j'ai débuté comme charpentier à bord d'un bateau.

— Je n'ai qu'à regarder vos mains, cher monsieur. Vous avez la main droite nettement plus développée que la gauche. Vous vous en êtes servi pour travailler, les muscles sont plus forts.

---

dangling : *les bras ballants.*
7. **blazing red** : *roux ardent.* **To blaze** : *flamber, flamboyer.*
8. **his features** : *sa physionomie, les traits de son visage.*
9. **took in my occupation** : **to take in** : *saisir, comprendre.* Nouvel exemple de l'acuité visuelle de Sherlock Holmes.
10. **a considerable amount** : *une quantité considérable.*
11. **I did manual labour** : si Wilson emploie le prétérit là où Holmes avait employé le present perfect, c'est parce que le détective constate le résultat présent de ce travail manuel, tandis que pour son client il appartient à une période révolue.
12. **as true as gospel** : Cf. **gospel truth** : *parole d'évangile.*

"Well, the snuff, then, and the Freemasonry?"

"I won't insult your intelligence by telling you how I read that, especially as, rather against the strict rules of your order, you use an arc-and-compass breastpin[1]."

"Ah, of course, I forgot that. But the writing?"

"What else can be indicated by that right cuff so very shiny for five inches, and the left one with the smooth patch[2] near the elbow where you rest it upon the desk."

"Well, but China?"

"The fish that you have tattooed immediately above your right wrist could only have been done in China. I have made a small study of tattoo marks[3], and have even contributed to the literature of the subject. That trick of staining[4] the fishes' scales of a delicate pink is quite peculiar to China[5]. When, in addition, I see a Chinese coin hanging from your watch-chain, the matter becomes even more simple."

Mr. Jabez Wilson laughed heavily. "Well, I never[6]!" said he. "I thought at first that you had done something clever, but I see that there was nothing in it, after all."

"I begin to think, Watson," said Holmes, "that I make a mistake in explaining. 'Omne ignotum pro magnifico[7],' you know, and my poor little reputation, such as it is, will suffer shipwreck[8] if I am so candid. Can you not find the advertisement, Mr. Wilson?"

---

1. **breastpin**: le terme moderne est **tie-clip** ou **tie-pin**.
2. **the smooth patch**: *la surface lisse*. Selon les contextes, **patch** désigne *une tache, une pièce*, ou *un morceau*.
3. **a small study of tattoo marks**: Holmes a reçu une formation scientifique et ce n'est pas le seul sujet sur lequel il a fait des recherches.
4. **that trick of staining**: m. à m. *cette habitude de colorer*. **A stain**: *une tache*.
5. **peculiar to China**: *propre à la Chine*.
6. **well I never!**: interjection familière : *pas possible!, sans blague!*
7. *Omne ignotum pro magnifico*: *on se fait une haute idée de ce qu'on ne connaît pas*. Il s'agit d'une citation de Tacite, légèrement déformée.

— Bon, mais mon habitude de priser et mon appartenance à la franc-maçonnerie ?

— Je ne vous ferai pas l'offense de vous expliquer comment j'ai vu cela. D'autant plus que, contrairement aux règles de votre ordre, vous avez une épingle de cravate ornée d'un arc et d'un compas.

— Ah oui, bien sûr ! J'avais oublié ce détail. Et les écritures ?

— Que peut bien signifier d'autre cette manchette droite toute lustrée sur une surface de cinq pouces ? Et votre manche gauche est lisse près du coude, là où votre bras a reposé sur le bureau.

— D'accord, mais la Chine ?

— Ce poisson, tatoué juste au-dessus de votre poignet droit, n'a pu être exécuté qu'en Chine. J'ai fait une petite étude sur les tatouages et j'ai même apporté ma contribution à la littérature publiée sur la question. Cet art de mettre une délicate touche de rose sur les écailles des poissons est typiquement chinois. Lorsqu'en plus je vois une pièce de monnaie chinoise accrochée à votre chaîne de montre, cela me facilite grandement la tâche. »

M. Jabez Wilson eut un rire gras. « Ça par exemple ! fit-il. J'avais cru d'abord que vous étiez quelqu'un de très fort mais je m'aperçois qu'en fait c'était simple comme bonjour.

— Vous savez, Watson, dit Holmes, je commence à penser que c'est une erreur de donner des explications. *"Omne ignotum pro magnifico"*, dit-on, et ma pauvre petite réputation — si tant est qu'elle existe — va être anéantie si je parle aussi franchement. Vous n'avez pas trouvé la petite annonce, M. Wilson ?

---

8. **will suffer shipwreck**: littéralement : *va faire naufrage*. Déjà dans *Étude en rouge*, Holmes expliquait à Watson qu'il n'avait pas intérêt à trop dévoiler ses méthodes, sinon son compagnon ne verrait en lui qu'un homme bien ordinaire.

"Yes, I have got it now," he answered, with his thick, red finger[1] planted half-way down the column. "Here it is. This is what began it all. You must read it for yourself, sir."

I took the paper from him, and read as follows:

"To the Red-Headed[2] League: On account of the bequest[3] of the late Ezekiah Hopkins[4], of Lebanon, Pa.[5], U.S.A., there is now another vacancy open which entitles a member of the League to a salary of £4 a week for purely nominal[6] services. All red-headed men who are sound in body and mind, and above the age of twenty-one years, are eligible. Apply[7] in person on Monday, at eleven o'clock, to Duncan Ross, at the offices of the League, 7 Pope's Court, Fleet Street.

"What on earth does this mean?" I ejaculated[8], after I had twice read over the extraordinary announcement.

Holmes chuckled, and wriggled[9] in his chair, as was his habit when in high spirits. "It is a little off the beaten track, isn't it?" said he. "And now, Mr. Wilson, off you go at scratch[10], and tell us all about yourself, your household[11], and the effect which this advertisement had upon your fortunes. You will first make a note, doctor, of the paper and the date."

"It is *The Morning Chronicle*, of April 27, 1890. Just two months ago."

"Very good. Now, Mr. Wilson?"

"Well, it is just as I have been telling you, Mr. Sherlock Holmes," said Jabez Wilson, mopping his forehead;

---

1. **his thick red finger**: nouveau détail déplaisant.
2. **Red-Headed** = red-haired, adj. composé.
3. **the bequest**: cf. **to bequeath**: *léguer, transmettre*.
4. **the late Ezekiah Hopkins**: **late**: qui appartient à une période récente mais révolue, donc « défunt ».
5. **Pa.**: abréviation pour **Pennsylvania**. Une des limites de cet État touche au Lac Erié. Villes principales : Philadelphie et Pittsburg.

La Ligue des Roux

— Si, je l'ai, répondit-il, son gros doigt rouge planté au milieu de la colonne. La voilà. C'est comme ça que tout a commencé. Lisez vous-même, monsieur. »

Lui prenant le journal des mains, je lus ce qui suit : « *À la Ligue des Roux. — Par suite du legs de feu Ezekiah Hopkins de Lebanon, Pennsylvanie, U.S.A., un second poste se trouve vacant pour un membre de la Ligue, donnant droit à un salaire de quatre livres par semaine en échange de menus services. Tous les roux de plus de vingt et un ans sains de corps et d'esprit peuvent faire acte de candidature. Se présenter personnellement lundi à onze heures à M. Duncan Ross, aux bureaux de la Ligue, 7 Pope's Court, Fleet Street.* »

« Qu'est-ce que cela peut bien vouloir dire ? » m'écriai-je, après avoir lu et relu cet avis extraordinaire.

Holmes eut un petit rire et se trémoussa sur sa chaise, comme à son habitude lorsqu'il était d'humeur exubérante.

« Nous voilà hors des sentiers battus, vous ne trouvez pas ? dit-il. Et maintenant, M. Wilson, racontez-nous tout depuis le début sans omettre un détail sur vous, votre famille et les conséquences de cette annonce sur votre destinée. Docteur, voulez-vous noter le titre du journal et la date.

— C'était le *Morning Chronicle* du 27 avril 1890, voici juste deux mois.

— Très bien. Je vous écoute, M. Wilson.

— Eh bien, c'est comme je vous disais, M. Sherlock Holmes, répondit M. Jabez Wilson en s'épongeant le front.

---

6. **nominal**: *insignifiant*. Cf. **a nominal rent**: *un loyer insignifiant*.

7. **to apply for sth.**: *faire une demande, poser sa candidature*.

8. **ejaculated** = **cried out, exclaimed**.

9. **to wriggle**: *remuer, se tortiller*.

10. **off you go at scratch**: on notera la mise en relief de la postposition. Cf. **to start from scratch**: *partir de zéro*.

11. **household**: toutes les personnes qui résident dans une maison, donc *ménage* ou *famille*.

"I have a small pawnbroker's business[1] at Coburg Square, near the City[2]. It's not a very large affair, and of late years it has not done more than just give me a living. I used to be able to keep two assistants, but now I only keep one; and I would have a job to pay him, but that he is willing to come for half wages[3], so as to learn the business."

"What is the name of this obliging youth?" asked Sherlock Holmes.

"His name is Vincent Spaulding, and he's not such a youth, either. It's hard to say his age. I should not wish a smarter assistant[4], Mr. Holmes; and I know very well that he could better himself, and earn twice what I am able to give him. But, after all, if he is satisfied, why should I put ideas in his head?"

"Why, indeed? You seem most fortunate[5] in having an employee who comes under the full market price. It is not a common experience among employers in this age. I don't know that your assistant is not as remarkable as your advertisement."

"Oh, he has his faults, too," said Mr. Wilson. "Never was such a fellow for photography. Snapping away[6] with a camera when he ought to be improving his mind, and then diving down into the cellar like a rabbit into its hole to develop his pictures. That is his main fault; but, on the whole, he's a good worker. There's no vice in him."

---

1. **I have a small pawnbroker's business**: le personnage de Wilson passe maintenant au premier plan. Sa narration sera coupée de loin en loin par les questions de Sherlock Holmes.

2. **the City**: quartier des affaires et de la haute finance qui s'étend au nord de la Tamise entre Temple Bar et Aldgate. On y trouve entre autres : la Banque d'Angleterre, le Stock Exchange (la Bourse), le Royal Exchange (Bourse de Commerce), les bureaux de Lloyd's.

3. **but that he is willing to come for half wages**: m. à m. : *si ce n'est qu'il est disposé à venir pour un demi-salaire.*

4. **a smarter assistant**: smart = clever: *habile, astucieux.*

5. **you seem most fortunate**: cette apparente bonne fortune attire tout

La Ligue des Roux

J'ai un petit bureau de prêteur sur gages à Coburg Square, près de la City. Ce n'est pas une grosse affaire ; ces dernières années elle m'a tout juste rapporté de quoi vivre. Au début j'avais les moyens de prendre deux employés à mon service, mais maintenant je n'en ai plus qu'un. Et j'aurais bien du mal à le payer s'il n'acceptait pas de travailler pour la moitié du salaire habituel, de façon à apprendre le métier.

— Comment s'appelle cet obligeant jeune homme ? demanda Sherlock Holmes.

— Vincent Spaulding, et d'ailleurs il n'est pas tellement jeune. Difficile de préciser son âge,.. On ne pourrait rêver commis plus malin, M. Holmes. Je sais très bien qu'il pourrait améliorer sa condition et gagner deux fois plus. Mais après tout, s'il est content comme ça, pourquoi irais-je lui mettre ces idées-là dans la tête ?

— Pourquoi, en effet ? Vous avez une chance extrême, me semble-t-il, d'avoir un employé qui se contente d'un salaire inférieur à la normale ; de nos jours il n'y a pas beaucoup d'employeurs qui puissent en dire autant. Je commence à penser que votre commis est tout aussi remarquable que la petite annonce que vous m'avez montrée.

— Mais il a quand même des défauts, dit M. Wilson. Pour la photographie, je n'ai jamais vu un bonhomme comme lui. Il n'arrête pas de prendre des instantanés avec son appareil alors qu'il ferait mieux de se cultiver, et ensuite il disparaît dans la cave comme un lapin dans son terrier pour développer ses photos. C'est son principal défaut, mais dans l'ensemble il travaille bien. Il n'a aucun vice.

---

de suite l'attention de Sherlock Holmes.

6. **snapping away**: la postposition **away** a valeur intensive : *sans arrêt, continuellement*. On rapprochera le sens de **to snap** dans ce contexte du subst. **a snap**: *photo d'amateur, instantané*.

"He is still with you, I presume?"

"Yes, sir. He and a girl of fourteen, who does a bit of simple cooking, and keeps the place clean—that's all I have in the house, for I am a widower[1], and never had any family. We live very quietly, sir[2], the three of us; and we keep a roof over our heads, and pay our debts, if we do nothing more[3].

"The first thing that put us out[4] was that advertisement. Spaulding, he came down[5] into the office just this day eight weeks, with this very paper in his hand, and he says[6]:

"'I wish to the Lord[7], Mr. Wilson, that I was a red-headed man.'

"'Why that?' I asks[8].

"'Why,' says he, 'here's another vacancy on the League of the Red-Headed Men. It's worth quite a little fortune to any man who gets it, and I understand that there are more vacancies than there are men, so that the trustees are at their wit's end[9] what to do with the money. If my hair would only change color, here's a nice little crib[10] all ready for me to step into.'

"'Why, what is it, then?' I asked. You see, Mr. Holmes, I am a very stay-at-home man, and as my business came to me instead of my having to go to it, I was often weeks on end without putting my foot over the door-mat. In that way I didn't know much of what was going on outside, and I was always glad of a bit of news.

"'Have you never heard of the League of the Red-Headed Men?' he asked, with his eyes open.

---

1. **a widower**: le masculin est formé sur le mot **widow**: *veuve*.

2. ...**very quietly, sir**: politesse du prêteur à gages, qui accumule les « monsieur ».

3. ...**if we do nothing more**: vie étriquée et manque d'ambition caractérisent le personnage.

4. **the first thing that put us out** = **that inconvenienced us**: m. à m. *la première chose qui nous a dérangés*.

La Ligue des Roux

— Il est toujours avec vous, j'imagine?

— Oui, monsieur. Lui et une gamine de quatorze ans, qui fait le ménage et un peu de cuisine simple. Il n'y a personne d'autre dans la maison car je suis veuf et sans enfants. Nous menons tous les trois une petite vie bien tranquille, monsieur. Nous avons un toit et nous payons nos dettes, c'est déjà ça. Les contrariétés ont commencé avec cette annonce. Il y a huit semaines aujourd'hui voilà Spaulding qui descend au bureau. Il a ce fameux journal à la main et il me dit:

‘‘— Ah, M. Wilson, si seulement j'étais rouquin!''

‘‘— Et pourquoi ça?'' que je lui réponds.

‘‘— Eh bien'', qu'il dit, ‘‘il y a encore un poste vacant à la Ligue des Roux; ça représente une petite fortune pour celui qui l'obtiendra et, si je comprends bien, il y a plus de postes vacants que de candidats. Résultat: le conseil d'administration ne sait plus quoi faire de l'argent. Si seulement mes cheveux voulaient bien changer de couleur, ça me ferait une bonne place bien tranquille''. Alors moi je lui demande de quoi il s'agit. Voyez-vous, M. Holmes, je suis très casanier; comme la clientèle venait à moi sans que j'aie besoin d'aller la chercher, je passais souvent plusieurs semaines de suite sans mettre le nez dehors. Alors je n'étais pas très au courant de ce qui se passait à l'extérieur et j'étais toujours content d'avoir quelques nouvelles... Mais lui il ouvre de grands yeux et me répond: ‘‘Vous n'avez donc jamais entendu parler de la Ligue des Roux?

---

5. **Spaulding, he came down:** ce redoublement du sujet est une structure non conforme à la langue correcte.

6. **and he says:** Wilson avait commencé son récit au prétérit mais il n'est pas très cohérent dans le choix des temps.

7. **I wish to the Lord** = to heaven. Intensif.

8. **I asks:** cet —s à la première personne dénote un parler populaire.

9. **at their wit's end:** m. à m. *à bout d'expédients.*

10. **a nice little crib** = **a soft berth:** *une bonne planque* (argot).

The Red-Headed League

"'Never.'

"'Why[1], I wonder at that[2], for you are eligible yourself for one of the vacancies.'

"'And what are they worth[3]?' I asked.

"'Oh, merely a couple of hundred[4] a year, but the work is slight[5], and it need not[6] interfere very much with one's other occupations.'

"Well, you can easily think that that made me prick up my ears[7], for the business has not been over-good[8] for some years, and an extra couple of hundred would have been very handy[9].

"'Tell me all about it,' said I.

"'Well,' said he, showing me the advertisement, 'you can see for yourself that the League has a vacancy, and there is the address where you should apply for particulars[10]. As far as I can make out[11], the League was founded by an American millionaire, Ezekiah Hopkins, who was very peculiar in his ways[12]. He was himself red-headed, and he had a great sympathy for all red-headed men; so, when he died, it was found that he had left his enormous fortune in the hands of trustees, with instructions to apply the interest to the providing of easy berths to men whose hair is of that color. From all I hear it is splendid pay, and very little to do.'

"'But,' said I, 'there would be[13] millions of red-headed men who would apply[14].'

"'Not so many as you might think," he answered.

---

1. **why**: interjection exprimant ici la surprise: *eh bien!* et dans d'autres contextes une protestation: *mais voyons!*

2. **I wonder at that** = I am surprised at your ignorance.

3. **what are they worth**: m. à m. *ça vaut combien?*

4. **a couple of hundred** = approximately two hundred pounds. "A couple" est moins précis que **two**.

5. **slight** = not much: *léger, négligeable*.

6. **need not**: indique l'absence de nécessité.

7. **prick up my ears** = become suddenly attentive. Métaphore cliché.

8. **not...over-good**: *pas trop bonnes*.

La Ligue des Roux

"— Jamais.

"— Tiens, ça m'étonne, car vous, vous pourriez obtenir un des postes vacants.

"— Et ça rapporte combien?

"— Oh, seulement deux cents livres par an, mais c'est un travail insignifiant qui n'empiète pas trop sur les occupations qu'on peut avoir par ailleurs."

Ma foi, je n'ai pas besoin de vous dire que ça m'a fait dresser l'oreille, car depuis quelques années les affaires sont plutôt calmes, alors deux cents livres de plus, c'était une aubaine.

"— Expliquez-moi de quoi il retourne", lui ai-je dit.

"— Tenez", m'a-t-il répondu en me montrant l'annonce, "voyez vous-même : la Ligue propose un poste vacant, et voilà l'endroit où s'adresser pour avoir tous les renseignements. D'après ce que j'ai compris, elle a été fondée par un millionnaire américain très excentrique, du nom de Ezekiah Hopkins. Comme il avait les cheveux roux et qu'il aimait bien les rouquins, à sa mort il a laissé son immense fortune entre les mains d'exécuteurs testamentaires avec mission d'utiliser les intérêts pour procurer une bonne planque aux hommes qui ont les cheveux de la même couleur. J'ai entendu dire qu'on est très bien payé pour un travail insignifiant.

"— Mais", lui ai-je-dit, "il va y avoir des millions de rouquins qui se présenteront.

"— Non, pas autant que vous croyez", a-t-il répliqué.

---

9. **handy** = useful, convenient. Cf. *that would come in very handy: ça tomberait bien.*

10. **particulars** (en général au pluriel): *détails.* Cf. **full particulars**.

11. **make out** = understand. Cf. *I can't make it out at all: je n'y comprends rien.* Dans d'autres contextes, **make out**: *distinguer.*

12. **very peculiar in his ways**: m. à m. *très bizarre dans ses habitudes.*

13. **there would be...**: c'est prévisible, étant donné la situation.

14. **would apply**: valeur de volonté : *qui seraient prêts à...*

'You see, it is really confined to[1] Londoners, and to grown men. This American had started from London when he was young, and he wanted to do the old town a good turn[2]. Then, again, I have heard it is no use your applying if your hair is light red, or dark red, or anything but real[3] bright, blazing, fiery[4] red. Now[5], if you cared to apply, Mr. Wilson, you would just walk in[6]; but perhaps it would hardly be worth your while to[7] put yourself out of the way for the sake of[8] a few hundred pounds.'

"Now[5], it is a fact, gentlemen, as you may see for yourselves, that my hair is of a very full and rich tint[9], so that it seemed to me that, if there was to be any competition in the matter, I stood as good a chance as any man that I had ever met. Vincent Spaulding seemed to know so much about it that I thought he might prove useful, so I just ordered him to put up the shutters for the day, and to come right away with me. He was very willing to have a holiday, so we shut the business up, and started off for the address that was given us in the advertisement.

"I never hope to see such a sight as that again, Mr. Holmes. From north, south, east, and west every man who had a shade of red in his hair had tramped[10] into the City to answer the advertisement. Fleet Street[11] was choked[12] with red-headed folk, and Pope's Court looked like a coster's orange barrow[13].

---

1. **confined to** = limited, restricted to Londoners.

2. **do the old town a good turn:** to do sb. a good turn: *rendre un service à qqn.* Cf. **to do sb. a bad turn:** *jouer un mauvais tour.*

3. **or anything but real... red** = or any colour except real red.

4. **fiery:** nuance très proche de **blazing.** Les deux adjectifs renvoient à l'image du feu.

5. **now:** n'a pas le sens temporel mais marque une charnière dans l'argumentation. Même valeur au début du § suivant.

6. **you would just walk in:** m. à m. *vous n'auriez qu'à entrer.*

7. **it would hardly be worth your while to...** = it would be a waste of time for you to...

La Ligue des Roux

"Voyez-vous, le poste ne concerne que les Londoniens adultes. Cet Américain avait débuté à Londres quand il était jeune et il voulait faire quelque chose pour cette bonne ville. Et j'ai aussi entendu dire que ce n'est pas la peine de poser sa candidature si on a les cheveux roux clair ou roux foncé. Il faut du vrai roux, du roux ardent, éclatant, du rouge flamme, quoi! Alors, vous, M. Wilson, il suffirait que vous vous présentiez pour qu'on vous accueille à bras ouverts. Mais peut-être que ça ne vaut pas tellement la peine de vous déranger si vous n'en tirez qu'une centaine de livres ou deux."

"Or, c'est un fait, messieurs, que j'ai des cheveux d'une couleur très vive, d'un roux parfait, comme vous pouvez le voir. Alors je me suis dit que s'il devait y avoir de la concurrence pour ce poste, j'avais toutes mes chances. Vincent Spaulding avait l'air tellement au courant que j'ai pensé qu'il pourrait m'être utile. Je lui ai donc dit de fermer la boutique et de m'accompagner. Lui, il ne demandait pas mieux que de prendre un congé. Nous avons donc fermé pour la journée, et nous voilà partis pour l'adresse indiquée par le journal.

"Ah, M. Holmes, c'était un spectacle comme je n'en reverrai jamais! Venus de toutes les directions, nord, sud, est, ouest, tous les hommes un peu roux s'étaient déplacés jusqu'à la City pour répondre à l'annonce. Une foule de rouquins obstruait Fleet Street, et à Pope's Court, on aurait dit une voiture de quatre-saisons pleine d'oranges.

---

8. **for the sake of...** = because of, in order to get... Cf. **for the sake of sb.:** *pour l'amour de, par égard pour qqn.*

9. **a very full and rich tint:** *une teinte chaude magnifique.* On notera toute la fierté que tire Wilson de la couleur de ses cheveux.

10. **tramped:** to tramp suggère une démarche lourde et marquée.

11. **Fleet Street:** va de Ludgate Circus au Strand. Quartier du journalisme.

12. **choked:** to choke: 1) *suffoquer, étouffer,* 2) *boucher.*

13. **a coster's...barrow:** *la charrette d'un marchand des quatre saisons* (**costermonger**). Cf. **wheel-barrow:** *brouette.*

I should not have thought there were so many in the whole country as were brought together by that single advertisement. Every shade of colour they were—straw, lemon, orange, brick, Irish-setter, liver[1], clay[2]; but, as Spaulding said, there were not many who had the real vivid[3] flame-coloured tint. When I saw how many were waiting, I would have given it up in despair[4]; but Spaulding would not hear of it. How he did it[5] I could not imagine, but he pushed and pulled[6] and butted[7] until he got me through the crowd, and right up to the steps which led to the office. There was a double stream[8] upon the stair, some going up in hope, and some coming back dejected[9]; but we wedged in[10] as well as we could, and soon found ourselves in the office."

"Your experience has been a most entertaining[11] one," remarked Holmes, as his client paused and refreshed his memory with a huge pinch of snuff. "Pray continue your very interesting statement."

"There was nothing in the office but a couple of wooden chairs and a deal table, behind which sat a small man, with a head that was even redder than mine. He said a few words to each candidate as he came up, and then he always managed to find some fault in them which would disqualify them. Getting a vacancy did not seem to be such a very easy matter, after all. However, when our turn came, the little man was much more favourable to me than to any of the others,

---

1. **liver**: littéralement : *couleur de foie*.
2. **clay**: *argile, terre glaise*. Elle peut être de couleur blanche, rouge, jaune ou ocre.
3. **vivid** = **bright**: *de couleur vive*. Cf. **a vivid imagination**.
4. **I would have given it up in despair**: m. à m. : *de désespoir, j'aurais bien renoncé*.
5. **How he did it**: cette mise en relief suggère à la fois l'admiration de Wilson et le rôle de premier plan joué par l'employé.
6. **pushed and pulled**: on notera l'allitération.
7. **butted**: **to butt**: *donner un coup de tête*. Cf. **to butt in**: *intervenir*

La Ligue des Roux

Jamais je n'aurais cru qu'il y avait dans ce pays tous les rouquins que je voyais là, réunis par cette unique petite annonce. Il y en avait de toutes les nuances, jaune paille, jaune citron, orange, rouge brique, fauve, lie-de-vin, ocre. Mais, comme Spaulding me l'avait dit, le vrai rouge éclatant couleur flamme était très rare. En voyant cette multitude de gens qui attendaient, j'ai failli tout abandonner, mais Spaulding n'a rien voulu entendre. Je ne pourrais pas vous expliquer comment il s'y est pris, mais à force de pousser, de tirer et de donner des coups de tête, il a fini par me faire traverser la foule et nous sommes arrivés jusqu'aux marches menant au bureau. Dans l'escalier, il y avait deux files : ceux qui montaient pleins d'espoir et ceux qui redescendaient tout découragés. Mais nous nous sommes glissés de notre mieux, et nous nous sommes retrouvés dans le bureau.

— Très amusante, votre aventure, observa Holmes, tandis que son client s'arrêtait pour se rafraîchir la mémoire à l'aide d'une bonne prise de tabac. Continuez votre déclaration, je vous prie ; tout ceci est fort intéressant.

— Dans le bureau, il n'y avait que deux chaises et une table en bois blanc. Derrière était installé un petit homme aux cheveux encore plus roux que les miens. Il disait quelques mots à chacun des candidats, puis s'arrangeait pour leur trouver un défaut qui entraînait leur exclusion. Finalement, ça n'avait pas l'air si facile d'avoir ce poste. Mais quand notre tour est venu, le petit homme m'a accueilli plus aimablement que les autres.

(dans les affaires des autres, la conversation).

8. **a double stream:** *un double courant.*

9. **dejected** = sad, gloomy : *abattu.*

10. **wedged in: to wedge in:** littéralement : *s'introduire en fendant la foule comme un coin* (**wedge**).

11. **most entertaining:** Sherlock Holmes est sensible au côté divertissant du récit en cours.

and he closed the door as we entered, so that he might have a private word with us.

"'This is Mr. Jabez Wilson[1],' said my assistant, 'and he is willing to fill the vacancy in the League.'

"'And he is admirably suited for it[2],' the other answered. 'He has every requirement[3]. I cannot recall[4] when I have seen anything so fine.' He took a step backward, cocked his head[5] on one side, and gazed[6] at my hair until I felt quite bashful[7]. Then suddenly he plunged forward, wrung my hand[8], and congratulated me warmly on my success.

"'It would be injustice to hesitate,' he said. 'You will, however, I am sure, excuse me for taking an obvious precaution.' With that he seized my hair in both his hands, and tugged[9] until I yelled[10] with the pain. 'There is water in your eyes,' said he, as he released me. 'I perceive that all is as it should be. But we have to be careful, for we have twice been deceived[11] by wigs and once by paint. I could tell you tales of cobbler's wax which would disgust you with human nature.' He stepped over to the window[12], and shouted through it at the top of his voice that the vacancy was filled. A groan of disappointment came up from below, and the folk all trooped away in different directions, until there was not a red head to be seen except my own and that of the manager.

---

1. **"This is Mr. Jabez Wilson"**: c'est l'employé qui prend la parole, tandis que le candidat au poste reste muet...

2. **suited for it**: *apte à remplir ce poste*. Cf. **suitable for**...

3. **requirement**: de **to require**: *exiger, nécessiter*. Cf. **to fit the requirements**: *remplir les conditions*.

4. **recall** = recollect, remember.

5. **cocked his head**: **to cock** indique un mouvement tantôt de côté, tantôt vers le haut. Cf. **to cock one's eye at sb.**: *lancer une œillade*.

6. **gazed**: **to gaze** implique un regard fixe et une attention prolongée, surtout sous l'effet de l'admiration ou de l'étonnement.

7. **bashful**: *intimidé, honteux*. Subst. **bashfulness**.

8. **wrung my hand**: prétérit de **to wring**: *serrer, tordre*. Cf. **to wring**

La Ligue des Roux

Il a refermé la porte derrière nous de façon à pouvoir nous parler en particulier.

‟— Voici M. Jabez Wilson", a dit mon employé. ‟Il souhaite occuper le poste vacant à la Ligue.

‟— Mais il est fait pour ça, a répondu l'autre. C'est admirable, il remplit toutes les conditions. Je ne crois pas avoir jamais rien vu d'aussi beau." Il a reculé d'un pas, et, la tête penchée sur le côté, il a contemplé mes cheveux si longtemps que je me suis senti tout gêné. Et puis, soudain, il s'est précipité sur moi et m'a serré longuement la main en me félicitant de mon succès avec chaleur.

‟— Ce serait injuste d'hésiter, m'a-t-il dit. Mais, je dois quand même prendre une précaution élémentaire ; je suis sûr que vous voudrez bien m'excuser." Sur ce, il m'attrape les cheveux à deux mains et il tire dessus si fort que j'en ai hurlé de douleur.

‟— Vous avez les yeux pleins de larmes", a-t-il dit en me relâchant. ‟Je constate que tout est en ordre. Mais nous devons être prudents, car il y a eu des supercheries : à deux reprises, c'étaient des perruques ; une autre fois, de la peinture. Et si je vous racontais certaines histoires de poix de cordonnier, vous seriez dégoûté de la nature humaine !" Il s'est penché par la fenêtre pour crier à tue-tête que le poste était pourvu. On a entendu des murmures de déconvenue monter de la foule massée au-dessous, qui s'est dispersée. Quelques instants plus tard, il ne restait plus que deux rouquins : moi-même et l'administrateur, qui s'est présenté en ces termes :

---

one's hands: *se tordre les mains (de désespoir)*.

9. **tugged = pulled violently. To tug at sth./give sth. a tug:** *tirer sur qqch.* **Tug-of-war:** *lutte à la corde* ; au sens figuré : *lutte acharnée*.

10. **to yell:** *crier*. **To yell with laughter:** *rire aux éclats*.

11. **to deceive** (faux ami) : *tromper, duper*. Subst. **deception:** *tromperie*. Adj. **deceptive:** *trompeur*. *Décevoir :* **to disappoint**.

12. **stepped over to the window:** m. à m. *il a fait quelques pas vers la fenêtre*. (**Over** indique qu'il a franchi un espace).

"'My name,' said he, 'is Mr. Duncan Ross, and I am myself one of the pensioners upon the fund left[1] by our noble benefactor. Are you a married man, Mr. Wilson? Have you a family?'

"I answered that I had not[2].

"His face fell immediately.

"'Dear me!' he said gravely, 'that is very serious indeed! I am sorry to hear you say that. The fund was, of course, for the propagation and spread[3] of the red-heads as well as for their maintenance[4]. It is exceedingly unfortunate that you should be a bachelor.'

"My face lengthened at this, Mr. Holmes, for I thought that I was not to have the vacancy after all; but, after thinking it over for a few minutes, he said that it would be all right.

"'In the case of another,' said he, 'the objection might be fatal, but we must stretch a point[5] in favour of a man with such a head of hair as yours. When shall you be able[6] to enter upon your new duties?'

"'Well, it is a little awkward[7], for I have a business already,' said I.

"'Oh, never mind about that, Mr. Wilson!' said Vincent Spaulding. 'I shall be able to look after that for you.'

"'What would be the hours?' I asked.

"'Ten to two.'

"Now a pawnbroker's business is mostly done of an evening[8], Mr. Holmes, especially Thursday and Friday[9] evening, which is just before pay-day;

---

1. **upon the fund left...**: m. à m.: *qui vivent des fonds laissés par...* On notera la valeur de **upon**. Cf. **to live ON one's salary/capital**.

2. **I answered that I had not**: c'est la première fois que Wilson se risque à ouvrir la bouche.

3. **spread**: *diffusion, progression*. To spread, spread: *se répandre*.

4. **maintenance**: *entretien*. To maintain = to support.

5. **stretch a point**: *faire une exception*. To stretch: *étirer, tendre*. Au sens figuré: *forcer*: **to stretch the truth**.

La Ligue des Roux

"— Je m'appelle Duncan Ross; je bénéficie moi aussi d'une des pensions offertes par notre noble bienfaiteur. Êtes-vous marié, M. Wilson? Avez-vous des enfants?"

J'ai répondu que non. Du coup, son visage s'est assombri. Il a pris un ton sérieux.

"— Ah, mon Dieu! Voilà qui est très grave! Je suis désolé d'apprendre ça. C'est que le fonds était destiné non seulement à subvenir aux besoins des hommes roux, mais également à assurer la propagation de l'espèce. Il est très regrettable que vous soyez célibataire."

"Ma figure s'est allongée en entendant ça, M. Holmes. J'ai cru qu'on allait ne pas me donner le poste. Mais, après quelques minutes de réflexion, il a déclaré qu'on pouvait s'arranger.

"— Pour tout autre que vous, ce serait désastreux, mais il faut bien faire une concession en faveur de quelqu'un qui a des cheveux pareils. Quand pourrez-vous prendre vos nouvelles fonctions?

"— Eh, c'est un peu délicat, car j'ai déjà une petite affaire.

"— Oh, ne vous inquiétez pas pour ça, M. Wilson, dit Vincent Spaulding. Je pourrai m'en occuper à votre place.

"— Quels seraient mes horaires?" ai-je demandé.

"— De dix heures à deux heures."

"Or, il se trouve qu'un prêteur sur gages travaille surtout le soir, particulièrement le jeudi et le vendredi, car ils précèdent le jour de paie.

---

6. **When shall you be able...?**: shall a une valeur de non-autonomie et implique que Wilson n'a pas vraiment le choix. (Rare et désuet).

7. **awkward = inconvenient**: *gênant, malaisé*. Quand le mot s'applique à une personne, il signifie *maladroit, gauche*. Cf. **the awkward age**: *l'âge ingrat*.

8. **of an evening**: expression figée un peu archaïque = **in the evening**.

9. **Thursday and Friday**: en fait, les clients réguliers apportaient la marchandise en début de semaine et la dégageaient le vendredi ou samedi.

so it would suit me very well to earn a little in the mornings. Besides, I knew that my assistant was a good man, and that he would see to[1] anything that turned up[2].

"'That would suit me very well,' said I. 'And the pay?'

"'Is £4 a week.'

"'And the work?'

"'Is purely nominal.'

"'What do you call purely nominal?'

"'Well, you have to be in the office, or at least in the building, the whole time. If you leave, you forfeit[3] your whole position forever. The will is very clear upon that point. You don't comply with[4] the conditions if you budge[5] from the office during that time.'

"'It's only four hours a day, and I should not think of leaving,' said I.

"'No excuse will avail[6],' said Mr. Duncan Ross; 'neither sickness nor business nor anything else. There you must stay, or you lose your billet[7].'

"'And the work?'

"'Is to copy out the "Encyclopædia Britannica[8]." There is the first volume of it in that press. You must find your own ink, pens, and blotting-paper, but we provide this table and chair. Will you be ready tomorrow?'

"'Certainly,' I answered.

"'Then, good-bye, Mr. Jabez Wilson, and let me congratulate you once more on the important position which you have been fortunate enough to gain.'

---

1. **see to sth.** = **deal with**: *s'occuper de, veiller à...* **To see to everything**: *avoir l'œil à tout.*

2. **to turn up**: *survenir.* Quand il s'agit d'une personne : *arriver à l'improviste, faire son apparition.*

3. **forfeit**: terme juridique. **To forfeit a right**: être déchu d'un droit. Subst. **forfeiture**: *perte (par confiscation).*

4. **comply with**: *se conformer à.*

5. **budge** = **move**. Le mot vient du français *bouger.*

6. **avail**: *servir, être efficace* (sens désuet). On trouve dans la langue

Cela me convenait donc très bien de gagner un peu d'argent le matin. De plus, je savais que mon employé était sérieux et qu'il réglerait tous les problèmes qui se présenteraient.

"— Cela m'irait très bien, ai-je dit. Et le salaire ?

"— Vous gagnerez quatre livres par semaine.

"— Pour quel travail ?

"— Le travail est insignifiant.

"— Qu'entendez-vous par insignifiant ?

"— Eh bien, il faut que vous soyez au bureau, ou du moins dans l'immeuble, pendant ces heures-là. Si vous partez, vous perdez définitivement votre poste. Le testament est très clair sur ce point : vous cessez de remplir les conditions si vous bougez du bureau à ce moment-là.

"— Ça ne fait que quatre heures par jour, et je n'aurais pas idée de sortir", ai-je dit.

"— On n'admettra aucune excuse, a précisé M. Duncan Ross, ni maladie, ni motif professionnel. Rien. Vous devez rester au bureau, sinon vous perdez votre place.

"— Et en quoi consiste le travail ?

"— À recopier l'*Encyclopaedia Britannica*. Voilà le premier volume dans cette armoire. Vous devez acheter vous-même l'encre, les plumes et le papier buvard, mais nous vous fournissons la table et la chaise que voici. Serez-vous prêt pour commencer demain ?

"— Certainement", ai-je répondu.

"— Alors, au revoir, M. Jabez Wilson. Encore une fois, toutes mes félicitations pour le poste important que vous avez eu la chance d'obtenir."

---

contemporaine **to avail oneself of an opportunity**: *saisir une occasion*.

7. **billet**: *emploi*. Cf. **a cushy billet** (très familier) : *une planque*. À l'origine, terme militaire : *billet de logement* (chez l'habitant).

8. **the Encyclopaedia Britannica**: or Dictionary of Arts & Sciences. Imprimée à Édimbourg et achevée en 1771. Cette première édition comportait 3 volumes. Conan Doyle a vu sortir la 9e édition en 24 volumes avec un index, publiée de 1875 à 1889.

He bowed me out of the room[1], and I went home with my assistant, hardly knowing what to say or do, I was so pleased at my own good fortune.

"Well, I thought over the matter all day, and by evening I was in low spirits[2] again; for I had quite persuaded myself that the whole affair must be some great hoax[3] or fraud[4], though what its object might be[5] I could not imagine. It seemed altogether past belief[6] that anyone could make such a will, or that they would pay such a sum for doing anything so simple as copying out the 'Encyclopædia Britannica.' Vincent Spaulding did what he could to cheer me up[7], but by bedtime I had reasoned myself out of the whole thing. However, in the morning I determined to have a look at it anyhow, so I bought a penny bottle of ink, and with a quill-pen[8], and seven sheets of foolscap[9] paper, I started off for Pope's Court.

"Well, to my surprise and delight, everything was as right as possible. The table was set out ready for me, and Mr. Duncan Ross was there to see that I got fairly to work. He started me off upon the letter A, and then he left me; but he would drop in[10] from time to him to see that all was right with me. At two o'clock he bade me good-day[11], complimented me upon the amount that I had written, and locked the door of the office after me.

"This went on day after day, Mr. Holmes, and on Saturday the manager came in and planked down four golden sovereigns for my week's work.

---

1. **bowed me out of the room**: structure résultative. **To bow**: *s'incliner*.

2. **in low spirits = depressed**: *découragé, accablé* ≠ **in high spirits**.

3. **hoax**: *farce, canular*. To play a hoax on sb.: *faire une farce à qqn*.

4. **fraud = criminal deception**: *escroquerie, manœuvre frauduleuse*.

5. **what its object might be**: *quelle pouvait bien en être l'utilité*. On notera la permutation, avec la proposition complétive en tête de phrase. La question essentielle, c'est le motif de toute cette mise en scène, d'où la mise en relief.

6. **past belief = beyond belief, incredible**.

La Ligue des Roux

"Il m'a reconduit jusqu'à la porte avec force saluts, et je suis rentré chez moi en compagnie de mon employé. Je ne savais plus que dire, ni que faire, tant j'étais heureux de cette aubaine. Mais ensuite, j'ai passé la journée à réfléchir à tout ça, et, le soir venu, j'étais assez abattu, car je m'étais persuadé que derrière toute cette histoire, il devait y avoir quelque énorme supercherie ou mystification, dont je ne voyais pas le but. Car enfin, il me semblait parfaitement incroyable qu'on puisse faire pareil testament ou qu'on soit disposé à payer un travail aussi simple que de recopier l'*Encyclopaedia Britannica*. Vincent Spaulding a fait de son mieux pour me réconforter mais, à force de raisonner, quand l'heure est venue d'aller me coucher, j'étais prêt à tout laisser tomber. Le lendemain matin, pourtant, j'ai décidé d'aller voir quand même ; alors j'ai acheté une bouteille d'encre et, armé d'une plume d'oie et de sept feuilles de papier ministre, j'ai pris le chemin de Pope's Court.

"Là, à ma grande surprise, j'ai eu la joie de trouver tout parfaitement en ordre. On avait préparé la table pour moi et M. Duncan Ross était venu s'assurer que je me mettais bien au travail. Il m'a fait commencer par la lettre A, puis il m'a laissé à ma besogne ; mais de temps à autre, il passait vérifier si tout allait bien. À deux heures, il a pris congé, en me félicitant de tout ce que j'avais déjà écrit, et il a verrouillé la porte du bureau derrière moi.

"Ceci s'est répété tous les jours, M. Holmes. Le samedi, le directeur est venu me remettre quatre souverains en or pour mon travail de la semaine.

---

7. **to cheer me up** = **comfort me. To cheer sb. up:** *consoler, remonter le moral.* "**Cheer up!**": *courage !*

8. **quill:** désigne le tuyau d'une plume d'oiseau.

9. **foolscap:** renvoie à un format de papier (33 x 20 cm).

10. **would drop in:** forme dite « fréquentative ».

11. **bade me good-day:** prétérit de **to bid, bade, bidden:** *ordonner ; dire.* Cf. **to bid sb. farewell:** *dire au revoir à qqn.*

It was the same next week, and the same the week after. Every morning I was there at ten, and every afternoon I left at two. By degrees[1] Mr. Duncan Ross took to coming in[2] only once of a morning, and then, after a time, he did not come in at all. Still[3], of course, I never dared to leave the room for an instant, for I was not sure when he might come, and the billet was such a good one, and suited me so well, that I would not risk[4] the loss of it.

"Eight weeks passed away like this, and I had written about Abbots and Archery and Armor and Architecture and Attica, and hoped with diligence[5] that I might get on to the B's before very long. It cost me something in foolscap[6], and I had pretty nearly filled a shelf with my writings. And then suddenly the whole business came to an end."

"To an end[7]?"

"Yes, sir. And no later than this morning[8]. I went to my work as usual at ten o'clock[9], but the door was shut and locked, with a little square of card-board hammered on to[10] the middle of the panel with a tack. Here it is, and you can read for yourself."

He held up a piece of white card-board about the size of a sheet of note-paper. It read in this fashion:

THE RED-HEADED LEAGUE
IS
DISSOLVED
October 9, 1890

---

1. **by degrees** = little by little, gradually.

2. **took to coming in**: m. à m. *prit l'habitude de passer me voir*... Cf. **to take to drink(ing)**: *se mettre à boire*.

3. **still** = and yet. Still conjonction marque l'opposition.

4. **would not risk**: valeur de volonté.

5. **diligence** = steady effort. Le prêteur à gages se montre très assidu et consciencieux.

6. **it cost me something in foolscap**: to cost, cost: *coûter*.

Même manège au cours des deux semaines suivantes. Tous les matins, j'arrivais à dix heures; tous les après-midi, je partais à deux heures. Peu à peu, Duncan Ross a espacé ses visites: il ne passait plus qu'une seule fois le matin, et finalement, il ne venait plus du tout. Mais, bien entendu, je n'ai jamais osé quitter la pièce, car je ne pouvais pas savoir quand il viendrait. Et cet emploi était si avantageux, il me convenait si bien que je ne voulais pas risquer de le perdre.

"Huit semaines se sont écoulées ainsi. J'avais recopié tous les articles sur Abbé, Archer, Armure, Architecture, et Attique. J'espérais, à force de zèle, m'attaquer bientôt au B. J'avais dépensé une somme coquette pour acheter le papier ministre, et mes pages d'écriture remplissaient presque une étagère, lorsque soudain, tout s'est arrêté

"— Arrêté?

"— Oui, monsieur, et pas plus tard que ce matin. Je suis allé au travail à dix heures, comme d'habitude, mais j'ai trouvé la porte fermée à clef; au milieu du panneau, on avait fixé avec un clou un petit carré de carton. Le voici. Lisez vous-même.»

Il nous tendit un morceau de carton blanc, de la taille d'une feuille de papier à lettres, sur lequel était écrit:

LA LIGUE DES ROUX
EST DISSOUTE,
9 OCTOBRE 1890

---

7. **to an end?:** Holmes reprend les derniers mots de son client avec autant de surprise que d'intérêt, et attend une explication.

8. **...this morning:** Wilson n'a pas perdu de temps pour venir consulter Holmes.

9. **I went to my work as usual at ten o'clock:** le prêteur à gages a pris son contrat très au sérieux et s'acquitte de son «travail» avec ponctualité.

10. **hammered on to:** littéralement: *fixé à coups de marteau* (**hammer**).

The Red-Headed League

Sherlock Holmes and I surveyed[1] this curt[2] announcement and the rueful[3] face behind it, until the comical side of the affair so completely overtopped[4] every other consideration that we both burst out into a roar of laughter.

"I cannot see that there is anything very funny," cried our client, flushing up to the roots of his flaming head. "If you can do nothing better than laugh at me, I can go elsewhere[5]."

"No, no," cried Holmes, shoving him back[6] into the chair from which he had half risen[7]. "I really wouldn't miss your case for the world. It is most refreshingly unusual. But there is, if you will excuse my saying so, something just a little funny about it. Pray what steps did you take[8] when you found the card upon the door?"

"I was staggered[9], sir. I did not know what to do. Then I called at the offices round, but none of them seemed to know anything about it. Finally, I went to the landlord, who is an accountant living on the ground-floor, and I asked him if he could tell me what had become of the Red-Headed League. He said that he had never heard of any such body[10]. Then I asked him who Mr. Duncan Ross was. He answered that the name was new to him.

"'Well,' said I, 'the gentleman at No.4.'

"'What, the red-headed man?'

"'Yes.'

---

1. **surveyed**: to survey: *embrasser du regard*. To survey the situation: *faire un tour d'horizon, examiner la situation*.

2. **curt**: *brusque, sec*. In a curt voice: *d'un ton cassant*.

3. **rueful**: *triste*. L'adjectif vient du verbe to rue (littéraire): *regretter amèrement*. Cf. the Knight of the Rueful Countenance: *le Chevalier à la Triste Figure* (Don Quichotte).

4. **to overtop**: *dépasser, surpasser*. M. à m.: *jusqu'à ce que le côté comique de l'affaire l'emporte sur tous les autres aspects*.

5. **"I can go elsewhere"**: Wilson est susceptible et dépourvu de tout humour.

6. **shoving him back** = pushing him back vigorously.

7. **from which he had half risen**: m. à m.: *d'où il s'était levé à moitié*.

Il nous suffit, à Sherlock Holmes et à moi, d'un coup d'œil sur ce bref avis et sur le lugubre visage penché dessus pour ne plus voir que l'aspect comique de l'affaire, au détriment de tous les autres. Et nous voilà tous deux partis d'un immense éclat de rire.

« Moi, je ne vois pas ce qu'il y a de si drôle là-dedans », s'écria notre client, qui avait rougi jusqu'à la racine de ses cheveux roux. « Si vous ne trouvez rien de mieux à faire que de vous moquer, je peux aller ailleurs. » Et il fit mine de se lever.

« Oh non, non ! s'écria Holmes, en le poussant pour le faire rasseoir. Pour rien au monde, je ne voudrais manquer votre affaire. Son côté insolite a une fraîcheur bien réconfortante. Mais elle comporte — pardonnez ma franchise — des aspects assez amusants. Veuillez nous expliquer quelles dispositions vous avez prises en trouvant ce carton sur la porte.

— Ah, monsieur, j'étais atterré ! Je ne savais que penser. Alors j'ai fait le tour des bureaux voisins, mais apparemment personne n'était au courant. Finalement, je suis allé voir le propriétaire — un comptable qui habite le rez-de-chaussée. Je lui ai demandé s'il savait ce qui était arrivé à la Ligue des Roux ; il m'a déclaré qu'il n'avait jamais entendu parler d'une telle association. Je lui ai demandé qui était M. Duncan Ross. Il m'a répondu qu'il ne connaissait pas ce nom.

"— Mais voyons", ai-je dit, c'est le monsieur du numéro 4.

"— Ah ! le rouquin ?

"— Oui.

---

8. **what steps did you take?: to take steps:** *faire des démarches.*

9. **staggered: to stagger** peut être tantôt intransitif, avec le sens de *chanceler* (cf. p. 83, note 6, "**staggered back**"), tantôt, comme ici, transitif. Il signifie alors *faire chanceler*, d'où *stupéfier, bouleverser.*

10. **body:** ici : *organisme.*

" 'Oh,' said he, 'his name was William Morris[1]. He was a solicitor[2], and was using my room as a temporary convenience[3] until his new premises[4] were ready. He moved out yesterday.'

" 'Where could I find him?'

" 'Oh, at his new offices. He did tell me[5] the address. Yes, 17 King Edward Street, near St. Paul's[6].'

"I started off, Mr. Holmes, but when I got to that address it was a manufactory of artificial knee-caps, and no one in it had ever heard of either Mr. William Morris or Mr. Duncan Ross."

"And what did you do then?" asked Holmes.

"I went home to Saxe-Coburg Square[7], and I took the advice of my assistant. But he could not help me in any way. He could only say that if I waited I should hear by post. But that was not quite good enough, Mr. Holmes. I did not wish to lose such a place without a struggle, so, as I had heard that you were good enough to give advice to poor folk[8] who were in need of it, I came right away to you."

"And you did very wisely," said Holmes. "Your case is an exceedingly remarkable one, and I shall be happy to look into it. From what you have told me I think that it is possible that graver issues hang from it[9] than might at first sight appear."

---

1. **William Morris:** ce nom évoquera sans doute pour certains lecteurs celui de l'écrivain et artiste préraphaélite. William Morris (1834-1896) joua un grand rôle dans la renaissance des arts décoratifs.

2. **a solicitor:** le **"solicitor"** cumule plusieurs fonctions. Il joue le rôle de notaire auprès des familles et des sociétés, dont il est le conseiller juridique. Il sert de trait d'union entre le public et le **"barrister"**, dont il prépare les dossiers.

3. **a temporary convenience:** m. à m. *une solution provisoire commode*.

4. **premises** (toujours au pluriel): *local*. **On the premises:** *sur les lieux*.

5. **he did tell me:** forme dite « emphatique ». Ce **"did"** est là pour contredire ce qu'il y avait de vague dans la phrase précédente.

La Ligue des Roux

"— Il s'appelle William Morris. C'est un avoué; il utilisait la pièce en attendant que ses nouveaux locaux soient prêts. Il a déménagé hier.

"— Où pourrais-je le trouver?

"— Eh bien, à sa nouvelle étude. Au fait, il m'a donné l'adresse. Oui, c'est au 17 King Edward Street, près de St Paul's Cathedral."

Alors je suis parti là-bas, M. Holmes, mais une fois arrivé, j'y ai trouvé une manufacture de rotules artificielles, où personne n'avait entendu parler ni de M. William Morris ni de M. Duncan Ross.

— Qu'avez-vous fait ensuite? demanda Holmes.

— Je suis rentré chez moi, à Saxe-Coburg Square, et j'ai demandé conseil à mon employé. Mais il ne pouvait pas m'aider; il s'est contenté de me suggérer d'attendre, car j'aurais sûrement des nouvelles par courrier. Ça n'était pas très satisfaisant comme solution, M. Holmes. Je ne voulais pas perdre une si belle place sans me bagarrer, et comme j'avais entendu dire que vous étiez assez bon pour donner des conseils aux pauvres gens qui en ont besoin, je suis venu tout droit ici.

— Sage décision, en effet, fit Holmes. Votre affaire est tout à fait hors du commun et je serai heureux de m'en occuper. D'après votre récit, il est très possible que tout cela aboutisse à des événements plus graves qu'on ne le croirait *a priori*.

---

6. **St Paul's:** la Cathédrale St Paul, au cœur de la City, édifiée par Christopher Wren après le Grand Incendie de 1666.
7. **Saxe-Coburg Square:** après la mort du prince Albert — prince de Saxe-Cobourg-Gotha — en 1861, on donna son nom à un certain nombre de rues, places, etc.
8. **good enough to give advice to poor folk:** Holmes n'est pas intéressé. **Advice:** toujours singulier et indénombrable.
9. **graver issues hang from it:** m. à m. *des conséquences plus graves en découlent*.

"Grave enough!" said Mr. Jabez Wilson. "Why, I have lost four pounds a week[1]."

"As far as you are personally concerned," remarked Holmes, "I do not see that you have any grievance[2] against this extraordinary league. On the contrary, you are, as I understand, richer by some £30[3], to say nothing of the minute knowledge[4] which you have gained on every subject which comes under the letter A. You have lost nothing by them."

"No, sir. But I want to find out about them, and who they are, and what their object was in playing this prank[5]—if it was a prank—upon me. It was a pretty expensive joke[6] for them, for it cost them two and thirty pounds."

"We shall endeavour to clear up these points for you. And, first, one or two questions, Mr. Wilson. This assistant of yours[7] who first called your attention to the advertisement—how long had he been with you?"

"About a month then."

"How did he come?"

"In answer to an advertisement."

"Was he the only applicant[8]?"

"No, I had a dozen."

"Why did you pick him?"

"Because he was handy[9], and would come cheap[10]."

"At half-wages, in fact."

"Yes."

---

1. **...lost four pounds a week:** on remarquera l'esprit de lucre qui s'ajoute chez Wilson à la fierté blessée.
2. **grievance = ground for complaint:** *sujet de plainte, doléance.*
3. **richer by some £ 30:** on notera cette valeur de **by**. Cf. **broader by a metre**.
4. **the minute knowledge: minute**, adj. = **detailed:** *minutieux, détaillé.* Cf. **in minute detail:** *par le menu.* **Knowledge** est toujours singulier et indénombrable. — La remarque de Holmes est pleine d'humour.
5. **To play a prank on sb.:** *faire une farce à qqn.*
6. **it was a pretty expensive joke:** *c'était une plaisanterie assez coûteuse*

La Ligue des Roux

— C'est déjà assez grave comme ça, répliqua Jabez Wilson. Voyons, j'ai perdu un salaire de quatre livres par semaine.

— En ce qui vous concerne, observa Holmes, je ne vois pas quel grief vous pourriez avoir contre cette Ligue extraordinaire. Au contraire, d'après ce que je comprends, vous avez gagné une trentaine de livres dans l'opération, sans parler des connaissances si précises que vous avez acquises sur tous les sujets dont l'intitulé commence par un A. Vous n'avez rien perdu par leur faute.

— Non, c'est vrai. Mais je tiens à découvrir la vérité sur ces gens, qui ils sont, et pourquoi ils m'ont joué un pareil tour, si c'en était un. La plaisanterie leur a quand même coûté la coquette somme de trente-deux livres !

— Nous allons nous efforcer de faire la lumière sur ces problèmes. Mais commençons par quelques questions, M. Wilson. Cet employé qui a attiré votre attention sur l'annonce, depuis combien de temps était-il à votre service ?

— À l'époque, ça faisait presque un mois.

— Comment l'avez-vous engagé ?

— À la suite d'une petite annonce.

— Était-il le seul candidat ?

— Non, j'en ai eu une douzaine.

— Pourquoi est-ce lui que vous avez choisi ?

— Parce qu'il était disponible et qu'il me reviendrait moins cher.

— En acceptant, en fait, la moitié du salaire habituel ?

— Oui.

---

pour eux. **Pretty**, adverbe = **rather**.

7. **this assistant of yours**: on notera la mise en relief. Pour Sherlock Holmes, c'est l'élément le plus important de toute cette affaire.

8. **applicant** = **one who applies (for a job)**.

9. **handy** = **available**. Autre sens : *adroit*.

10. **come cheap** = **come cheaper**. **Come** suivi d'un adjectif a la valeur de **become**. Cf. **come expensive**. **Come true**: *se réaliser*.

"What is he like, this Vincent Spaulding?"

"Small, stout-built, very quick in his ways, no hair on his face, though he's not short of thirty. Has a white splash[1] of acid upon his forehead."

Holmes sat up in his chair in considerable excitement. "I thought as much[2]," said he. "Have you ever observed that his ears are pierced for ear-rings?"

"Yes, sir. He told me that a gypsy had done it for him when he was a lad[3]."

"Hum!" said Holmes, sinking back in deep thought. "He is still with you?"

"Oh yes, sir; I have only just left him."

"And has your business been attended to in your absence?"

"Nothing to complain of, sir. There's never very much to do of a morning."

"That will do[4], Mr. Wilson. I shall be happy to give you an opinion upon the subject in the course of a day or two. To-day is Saturday, and I hope that by Monday[5] we may come to a conclusion."

"Well, Watson," said Holmes, when our visitor had left us, "what do you make of it all?"

"I make nothing of it[6]," I answered, frankly. "It is a most mysterious business."

"As a rule," said Holmes, "the more bizarre a thing is the less mysterious it proves to be. It is your commonplace[7], featureless crimes which are really puzzling[8], just as a commonplace face is the most difficult to identify. But I must be prompt over this matter."

---

1. **a white splash:** cf. **to splash:** *éclabousser*.
2. **I thought as much:** *c'est bien ce que je pensais*.
3. **a lad** = a boy, a young man.
4. **That will do:** ces mots indiquent que Sherlock Holmes n'a plus d'autres questions à poser. L'exposition s'achève.
5. **by Monday:** *avant lundi*. Cf. **sell-by-date:** *date limite de vente*.
6. **I make nothing of it:** comme le lecteur, Watson est incapable de proposer la moindre interprétation des événements racontés par Wilson.

La Ligue des Roux

— Comment est-il, ce Vincent Spaulding ?

— Petit, de forte carrure, très vif, le visage glabre, bien qu'il n'ait pas loin de trente ans. Et sur le front, il a une tache blanche d'acide. »

Holmes se redressa sur sa chaise, très agité.

« Ça ne m'étonne pas, dit-il. Avez-vous déjà remarqué qu'il a les oreilles percées comme pour porter des boucles d'oreille ?

— Oui, c'est exact. Il m'a expliqué que cela date de sa jeunesse et que c'est le travail d'une bohémienne.

— Hum ! fit Holmes en retombant dans ses pensées. Est-il encore chez vous ?

— Mais oui, monsieur, je viens de le quitter.

— Et il s'est occupé de votre affaire pendant votre absence ?

— Je n'ai pas à m'en plaindre, monsieur. D'ailleurs il n'y a jamais grand-chose à faire le matin.

— Cela nous suffira, M. Wilson. Je me ferai un plaisir de vous donner mon opinion là-dessus d'ici un jour ou deux. Nous sommes aujourd'hui samedi. J'espère que nous serons parvenus à une conclusion lundi.

— Eh bien, Watson, me dit Holmes, une fois notre visiteur parti. Que pensez-vous de tout cela ? »

Ma réponse fut franche : « Je n'en pense rien du tout. C'est une affaire très mystérieuse.

— En règle générale, déclara Holmes, plus une affaire est bizarre, moins elle recèle de mystère. Ce sont les crimes ordinaires, sans traits distinctifs, qui sont de vrais casse-tête, de même qu'un visage banal est extrêmement difficile à identifier. Mais, cette fois-ci, je dois agir vite.

---

7. **commonplace**: *banal*. Déjà dans *Étude en rouge*, Holmes affirmait que le crime le plus banal est souvent des plus mystérieux, car l'absence de particularités marquantes empêche toute déduction.

8. **really puzzling**: *vraiment embarrassants*. **To puzzle**: *rendre perplexe, intriguer*.

"What are you going to do, then?" I asked.

"To smoke," he answered. "It is quite a three-pipe problem[1], and I beg that you won't speak to me for fifty minutes." He curled himself up in his chair, with his knees drawn up to his hawk-like[2] nose, and there he sat with his eyes closed and his black clay pipe thrusting out like the bill of some strange bird. I had come to the conclusion that he had dropped asleep, and indeed was nodding[3] myself, when he suddenly sprang[4] out of his chair with the gesture of a man who has made up his mind, and put his pipe down upon the mantel-piece.

"Sarasate[5] plays at the St. James's Hall[6] this afternoon," he remarked. "What do you think, Watson? Could your patients spare you for a few hours?"

"I have nothing to do to-day. My practice[7] is never very absorbing."

"Then put on your hat and come. I am going through the City first, and we can have some lunch on the way. I observe that there is a good deal of German music on the programme, which is rather more to my taste than Italian or French. It is introspective, and I want to introspect. Come along!"

We travelled by the Underground[8] as far as Aldersgate[9]; and a short walk took us to Saxe-Coburg Square, the scene[10] of the singular story which we had listened to in the morning.

---

1. **a three-pipe problem:** la pipe, emblème de Sherlock Holmes, est « comme une conseillère » (« Une affaire d'identité ») qui l'aide à réfléchir. Elle se transforme ici en unité de temps.

2. **hawk-like:** cette comparaison avec un faucon (**hawk**) évoque la supériorité de Holmes.

3. **nodding:** de **to nod:** 1) *incliner, hocher la tête*, 2) *sommeiller*.

4. **sprang:** prétérit de **to spring, sprang, sprung:** *bondir*.

5. **Sarasate** Y Navascues: violoniste espagnol né en 1844 et mort en 1908 à Biarritz. Il donna son premier concert à Londres en 1861. La Symphonie Espagnole de Lalo et le 2ᵉ Concerto de Max Bruch ont été écrits pour lui.

La Ligue des Roux

— Et qu'allez-vous faire ?

— Fumer, répondit-il. C'est bien un problème de trois pipes, et je vous prie de ne pas m'adresser la parole pendant cinquante minutes. »

Il se pelotonna dans son fauteuil, ses genoux maigres touchant presque son nez aquilin, et demeura assis dans cette position, les yeux fermés. La pipe en terre noire qui dépassait de sa bouche évoquait le bec de quelque étrange oiseau. Je finis par m'imaginer qu'il s'était endormi et je commençais moi aussi à somnoler lorsque soudain, il se leva d'un bond, l'air résolu, et posa sa pipe sur la cheminée :

« Sarasate joue cet après-midi à St James's Hall. Qu'en pensez-vous, Watson ? Vos malades pourraient-ils se passer de vous quelques heures ?

— Aujourd'hui, je n'ai rien à faire. Ma clientèle ne me prend jamais beaucoup de temps.

— Eh bien alors, mettez votre chapeau et venez. Je vais d'abord passer par la City et nous pourrons déjeuner en chemin. À ce que je vois, le programme comporte beaucoup de musique allemande, ce qui me convient mieux que la musique italienne ou française. Il y a du recueillement dans la musique allemande, et j'ai besoin de me recueillir. »

Nous prîmes le métro jusqu'à Aldersgate ; un court trajet à pied nous suffit ensuite pour gagner l'endroit où s'étaient déroulés les événements du récit singulier que nous avions écouté le matin.

---

6. **St. James's Hall:** située à Piccadilly, c'était dans les années 1890 la salle de concert la plus en vogue à Londres. Elle a été démolie en 1904.

7. **my practice:** *mon cabinet*. **Practice:** 1) *pratique*, 2) *entraînement*.

8. **the Underground:** le premier métro du monde a été ouvert à Londres en 1863. La première ligne coïncidait en gros avec la Metropolitan Line.

9. **Aldersgate:** cette station s'appelle maintenant **Barbican**.

10. **scene** = place of event. Cf. **the scene of the crime/accident.**

It was a pokey[1], little, shabby-genteel[2] place[3], where four lines of dingy[4] two-storied brick houses looked out into a small railed-in enclosure[5], where a lawn of weedy[6] grass and a few clumps[7] of faded laurel-bushes made a hard fight against a smoke-laden[8] and uncongenial[9] atmosphere. Three gilt balls[10] and a brown board with "Jabez Wilson" in white letters, upon a corner house, announced the place where our red-headed client carried on his business. Sherlock Holmes stopped in front of it with his head on one side, and looked it all over, with his eyes shining brightly between puckered lids. Then he walked slowly up the street, and then down again to the corner, still looking keenly at the houses. Finally he returned to the pawnbroker's, and, having thumped[11] vigorously upon the pavement with his stick two or three times, he went up to the door and knocked. It was instantly opened by a bright-looking, clean-shaven young fellow, who asked him to step in.

"Thank you," said Holmes, "I only wished to ask you how you would go from here to the Strand[12]."

"Third right, fourth left," answered the assistant promptly, closing the door.

"Smart fellow, that," observed Holmes, as we walked away. "He is, in my judgment, the fourth smartest man in London, and for daring I am not sure that he has not a claim to be third. I have known something of him before."

---

1. **pokey:** *suggère à la fois un espace exigu et un aspect misérable.*

2. **shabby-genteel:** *pauvre mais digne.* **Shabby:** *usé, élimé* (vêtement); *pauvrement vêtu.* **Genteel:** *distingué, élégant.*

3. **place:** *endroit, lieu.* Mais **a square:** *une place.*

4. **dingy:** *terne et sale.*

5. **a railed-in enclosure:** m. à m. *un enclos entouré d'une grille.*

6. **weedy:** *couvert de mauvaises herbes.* **A weed:** *une mauvaise herbe.*

7. **clumps** = groups, clusters. A clump of trees: *un bouquet d'arbres.*

8. **smoke-laden:** *chargée de fumée.* Laden est le participe passé de **to lade:** *charger* (rare à l'inf.). **Heavy-laden:** *lourdement chargé.*

Saxe-Coburg Square était une petite place misérable, où l'on s'efforçait encore de sauver les apparences. Quatre sombres rangées de maisons de brique à deux étages donnaient sur une pelouse exiguë entourée d'une grille. Les mauvaises herbes qui l'avaient envahie et les rares massifs de lauriers fanés y livraient un dur combat contre une atmosphère enfumée bien malsaine. À l'un des angles, trois boules dorées et un panneau marron avec "Jabez Wilson" en lettres blanches nous signalèrent la maison où s'était établi notre client aux cheveux roux.

Sherlock Holmes s'arrêta devant la façade. La tête penchée de côté, les paupières plissées, il l'examina avec attention; ses yeux brillaient. Ensuite il remonta la rue à pas lents, puis la redescendit jusqu'au coin en continuant à regarder les maisons. Enfin, il retourna jusqu'à la boutique du prêteur sur gages et là, après avoir vigoureusement martelé le trottoir de sa canne à deux ou trois reprises, il frappa à la porte. Elle s'ouvrit aussitôt, et un jeune homme au visage glabre et à l'air fort intelligent l'invita à entrer.

« Merci, dit Holmes. Je voulais seulement vous demander le chemin d'ici au Strand.

— Troisième rue à droite, puis quatrième à gauche, répondit immédiatement l'employé en refermant la porte.

— Voilà un garçon très astucieux, remarqua Holmes en s'éloignant. À mon avis, il n'y a que trois hommes à Londres qui soient plus astucieux que lui. Et pour l'audace, je me demande s'il ne pourrait pas prétendre lui-même à la troisième place. J'ai déjà entendu parler de lui.

---

9. **uncongenial:** *peu favorable, hostile.* Quand il s'agit d'une personne: *peu sympathique.*

10. **three gilt balls:** c'était l'emblème traditionnel des prêteurs à gages. **Gilt** est un des deux participes passés de **to gild**: *dorer.* Cf. **gilt-edged:** *doré sur tranches.* **Gilded youth:** *la jeunesse dorée.*

11. **thumped** = beaten heavily. To thump: *cogner, taper.*

12. **the Strand:** grande artère située hors de la City, bordée d'hôtels et de restaurants. Elle va de Fleet Street à Charing Cross.

"Evidently," said I, "Mr. Wilson's assistant counts for a good deal in this mystery of the Red-Headed League. I am sure that you inquired your way merely in order that you might see him."

"Not him."

"What then?"

"The knees of his trousers[1]."

"And what did you see?"

"What I expected to see."

"Why did you beat the pavement[2]?"

"My dear doctor, this is a time for observation, not for talk[3]. We are spies in an enemy's country. We know something of Saxe-Coburg Square. Let us now explore the paths[4] which lie behind it."

The road in which we found ourselves as we turned round the corner from the retired Saxe-Coburg Square[5] presented as great a contrast to it as the front of a picture does to the back. It was one of the main arteries which convey[6] the traffic of the City to the north and west. The roadway was blocked with the immense stream of commerce flowing in a double tide[7] inward and outward, while the footpaths[8] were black with the hurrying swarm[9] of pedestrians. It was difficult to realize as we looked at the line of fine shops and stately[10] business premises that they really abutted on[11] the other side upon the faded and stagnant square which we had just quitted.

---

1. **his trousers**: trousers est toujours pluriel, même quand il n'y a qu'un seul pantalon. Même phénomène pour **jeans, shorts, pyjamas.** *Un pantalon:* a pair of trousers.

2. **why did you beat the pavement?**: c'est bien ce que nous nous sommes demandé un peu plus haut. Watson accumule les questions et n'a reçu jusqu'ici que des réponses énigmatiques.

3. **...not for talk**: cette fois, Watson se fait rappeler à l'ordre d'un ton à la fois condescendant et amical.

4. **the paths = pathways**: *trottoirs.* Le mot **path** désigne en général un *sentier.*

5. **the retired Saxe-Coburg Square**: *la place retirée, peu fréquentée.*

La Ligue des Roux 137

— De toute évidence, dis-je, l'employé de M. Wilson joue un rôle très important dans cette mystérieuse affaire de la Ligue des Roux. Je suis sûr que si vous avez demandé votre chemin, c'était pour le voir.

— Pas pour le voir lui.

— Pour voir quoi, alors ?

— Les genoux de son pantalon.

— Et qu'avez-vous vu ?

— Ce que j'escomptais.

— Pourquoi avez-vous frappé sur le trottoir avec votre canne ?

— Cher docteur, c'est l'heure d'observer, non de parler. Nous sommes des espions en territoire ennemi. Nous savons un certain nombre de choses sur Saxe-Coburg Square. Maintenant, explorons les trottoirs qui se situent derrière. »

Le contraste entre la rue où nous nous sommes retrouvés après avoir tourné l'angle et la petite place retirée était si marqué qu'on aurait dit les deux faces d'un tableau. Cette rue était une des artères principales empruntées par la circulation de la City pour gagner le nord et l'ouest. La chaussée était bloquée car l'immense flot attiré par le négoce formait un double courant, l'un montant et l'autre descendant. Les trottoirs étaient noirs d'une foule de gens pressés. En regardant les beaux magasins et les locaux commerciaux imposants qui bordaient cette rue, nous avions peine à croire que de l'autre côté ils donnaient sur la place morne et endormie que nous venions de quitter.

---

6. **convey** = carry. To convey: *transporter, transmettre*.

7. **tide**: *la marée*. Sens figuré : *courant*.

8. **footpaths**: cf. note 4. Le terme moderne est **pavement** (GB) ou **sidewalk** (US).

9. **swarm**: *essaim, nuée*. Le mot suggère une rue grouillant de monde.

10. **stately**: *majestueux, plein de dignité*.

11. **to abut on**: *être contigu à, aboutir à*.

"Let me see," said Holmes, standing at the corner, and glancing along the line, "I should like just to remember the order of the houses here. It is a hobby of mine to have an exact knowledge of London[1]. There is Mortimer's, the tobacconist, the little newspaper shop, the Coburg branch of the City and Suburban Bank, the Vegetarian Restaurant, and McFarlane's carriage-building depot. That carries us right on to the other block. And now, doctor, we've done our work, so it's time we had some play[2]. A sandwich and a cup of coffee, and then off to violin-land, where all is sweetness and delicacy and harmony, and there are no red-headed clients to vex[3] us with their conundrums."

My friend was an enthusiastic musician, being himself not only a very capable performer, but a composer of no ordinary merit. All the afternoon he sat in the stalls wrapped[4] in the most perfect happiness, gently waving his long, thin fingers in time to the music, while his gently smiling face and his languid, dreamy eyes were as unlike those of Holmes, the sleuth-hound[5], Holmes the relentless[6], keen-witted, ready-handed criminal agent, as it was possible to conceive. In his singular character the dual nature alternately asserted itself[7], and his extreme exactness and astuteness represented, as I have often thought, the reaction against the poetic and contemplative mood which occasionally predominated in him. The swing[8] of his nature took him from extreme languor to devouring energy;

---

1. **it is a hobby of mine...London**: cette connaissance minutieuse de Londres est une des caractéristiques de Sherlock Holmes. Elle donne au cycle une valeur documentaire au-delà du pittoresque.

2. **our work...some play**: référence implicite à un proverbe qui n'a pas d'équivalent français : "All work and no play makes Jack a dull boy" = *on ne peut pas toujours travailler sans se délasser*.

3. **to vex** = **irritate**: *fâcher, contrarier*. *Vexer* : to offend.

4. **wrapped**: m. à m. : *plongé dans le bonheur*. To wrap: *envelopper*.

5. **the sleuth-hound**: métaphore cliché récurrente qui renvoie à la

Holmes s'arrêta à l'angle pour observer la perspective.

« Voyons, dit-il, j'aimerais pouvoir me rappeler dans quel ordre sont ces maisons. Apprendre à connaître parfaitement Londres est un de mes passe-temps favoris. Voilà le magasin Mortimer, puis le bureau de tabac, la boutique du marchand de journaux, la succursale de la City & Suburban Bank, le restaurant végétarien et l'entrepôt de carrosserie Mc Farlane. Cela nous mène jusqu'à l'autre pâté de maisons. Et maintenant que nous avons fait notre travail, docteur, il est temps de nous divertir un peu. Après un sandwich et une tasse de café, en route pour le pays du violon, où tout est douceur, délicatesse et harmonie ; aucun client aux cheveux roux ne viendra nous y importuner avec quelque énigme. »

Mon ami était un mélomane d'autant plus enthousiaste qu'il jouait lui-même fort bien et composait aussi des œuvres non dépourvues de mérite. Il passa tout l'après-midi assis à l'orchestre, jouissant visiblement du bonheur le plus parfait. Ses longs doigts minces battaient doucement la mesure. Son visage souriant, ses yeux pleins de langueur et de rêves étaient bien différents de ceux de Holmes le limier, Holmes l'implacable, dont l'acuité d'esprit et les réactions promptes faisaient un détective hors pair. Son singulier caractère lui permettait cette dualité. J'ai souvent pensé que sa rigueur et sa pénétration étaient une sorte de réaction de défense contre cette humeur à laquelle il laissait parfois libre cours et qui le portait vers la poésie et la contemplation. L'équilibre de sa nature le faisait passer d'une langueur extrême à l'énergie la plus frénétique.

---

fonction du personnage dans les récits, à son aspect technique.

6. **relentless:** *inflexible.* **To relent:** *se laisser fléchir.*

7. **...alternately asserted itself:** *(les deux pôles) s'affirmaient tour à tour.*

8. **the swing:** évoque l'image du mouvement d'un pendule. Dans ce passage clef sur la dualité de Holmes, Conan Doyle donne la primauté au côté artiste, sensible et non rationnel de son héros.

and, as I knew well, he was never so truly formidable as when, for days on end[1], he had been lounging in his armchair amid[2] his improvisations and his black-letter editions. Then it was that the lust[3] of the chase[4] would[5] suddenly come upon him, and that his brilliant reasoning power would[5] rise to the level of intuition, until those who were unacquainted with his methods would look askance[6] at him as on a man whose knowledge was not that of other mortals[7]. When I saw him that afternoon so enwrapped[8] in the music at St. James's Hall I felt that an evil time might be coming upon those whom he had set himself to hunt down[9]."

"You want to go home, no doubt, doctor," he remarked, as we emerged.

"Yes, it would be as well."

"And I have some business to do which will take some hours. This business at Coburg Square is serious."

"Why serious?"

"A considerable crime is in contemplation[10]. I have every reason to believe that we shall be in time to stop it. But today being Saturday rather complicates matters. I shall want your help to-night."

"At what time?"

"Ten will be early enough."

"I shall be at Baker Street at ten."

"Very well. And I say, doctor, there may be some little danger, so kindly put your army revolver[11] in your pocket."

---

1. **for days on end**: *jour après jour*. **For two hours on end**: *pendant deux heures d'affilée*.
2. **amid/amidst**: *au milieu de, parmi*.
3. **lust**: 1) *luxure, lubricité*. 2) *désir effréné, soif*: **lust for power**.
4. **the chase**: *la poursuite* (d'un gibier).
5. **would**: forme dite « fréquentative ».
6. **look askance (at sb)**: *regarder de travers, d'un œil désapprobateur*.
7. **a man whose knowledge was not that of other mortals**: *un homme dont les connaissances étaient différentes de celles des autres mortels*. Watson souligne ici l'aspect héroïque de son ami, à qui bien des gens

Je savais très bien qu'il n'était jamais aussi redoutable que lorsqu'il était resté plusieurs jours de suite dans son fauteuil à se prélasser entouré de ses improvisations et de ses éditions en caractères gothiques. Alors l'appétit de la chasse s'emparait soudain de lui et sa logique si remarquable se haussait au niveau de l'intuition, si bien que ceux qui ne connaissaient pas ses méthodes le regardaient avec méfiance, comme un homme qui savait des choses ignorées du commun des mortels. En le voyant cet après-midi-là, à St James's Hall, envoûté par la musique, je sentis que de funestes événements se préparaient pour ceux qu'il avait entrepris de traquer.

« Sans doute voulez-vous rentrer chez vous, docteur, me dit-il en sortant du concert.

— Oui, j'aimerais autant.

— Et moi, les problèmes que j'ai à régler vont me prendre quelques heures. Cette affaire de Saxe-Coburg Square est grave.

— Pourquoi ?

— Un grand crime se prépare. J'ai tout lieu de croire que nous arriverons à temps pour l'empêcher. Mais nous sommes aujourd'hui samedi, ce qui complique les choses. J'aurai besoin de votre aide ce soir.

— À quelle heure ?

— Dix heures. Ce sera assez tôt.

— Je serai à Baker Street à dix heures.

— Très bien. Mais vous savez, docteur, il y aura peut-être du danger. Alors mettez votre revolver d'ordonnance dans votre poche, voulez-vous. »

---

attribuent une nature surhumaine.

8. **enwrapped:** cf. plus haut : *wrapped* (p. 139, note 4).

9. **set himself to hunt down:** to set oneself to do sth.: *se donner pour tâche de* ... **Hunt down:** *mettre aux abois.*

10. **in contemplation** = being contemplated: *en projet.* **To contemplate doing sth.:** *envisager, projeter qqch.*

11. **your army revolver:** Watson était jadis médecin militaire.

142   *The Red-Headed League*

He waved his hand, turned on his heel, and disappeared in an instant among the crowd.

I trust that I am not more dense¹ than my neighbours, but I was always oppressed with a sense of my own stupidity in my dealings² with Sherlock Holmes. Here I had heard what he had heard, I had seen what he had seen, and yet from his words it was evident that he saw clearly not only what had happened, but what was about to happen³, while to me the whole business was still confused and grotesque. As I drove home to my house in Kensington⁴ I thought over it all, from the extraordinary story of the red-headed copier of the "Encyclopædia" down to the visit to Saxe-Coburg Square, and the ominous⁵ words with which he had parted from me. What was this nocturnal expedition, and why should I go armed? Where were we going, and what were we to do? I had the hint from Holmes that⁶ this smooth-faced pawnbroker's assistant was a formidable man—a man who might play a deep game⁷. I tried to puzzle it out⁸, but gave it up⁹ in despair, and set the matter aside¹⁰ until night should bring an explanation.

It was a quarter past nine when I started from home and made my way across the Park, and so through Oxford Street to Baker Street. Two hansoms were standing at the door, and, as I entered the passage, I heard the sound of voices from above.

---

1. **dense** = **stupid** (familier); également *dense: dense fog, forest*.
2. **my dealings** = **my relationship**. **To have dealings with sb.**: *avoir des rapports avec qqn*.
3. **what was about to happen**: *ce qui était sur le point de se passer*.
4. **Kensington**: quartier résidentiel situé entre Knightsbridge et Holland Park.
5. **ominous** = **of bad omen**: *de mauvais augure*.
6. **I had the hint from Holmes that** = **he had dropped me a hint that...**: *il m'avait fait comprendre que...* **Hint**: *allusion*.
7. **play a deep game** = **play for high stakes**. Cf. **to play deep**: *jouer gros jeu*.

La Ligue des Roux

Il me fit signe de la main, tourna les talons et disparut aussitôt dans la foule.

Je ne me crois pas plus sot qu'un autre ; pourtant, au cours de mes relations avec Sherlock Holmes, j'ai toujours été pénétré du sentiment accablant de ma propre stupidité. Dans le cas présent, j'avais entendu ce qu'il avait entendu, j'avais vu ce qu'il avait vu ; néanmoins ses paroles me montraient à l'évidence qu'il voyait clairement non seulement ce qui s'était produit mais encore ce qui n'allait pas tarder à se produire ; tandis que, moi, j'avais encore une vision confuse de toute cette affaire, qui me paraissait grotesque. En regagnant mon domicile à Kensington, je repensais à tous ces épisodes, depuis le récit extraordinaire du scribe roux qui avait recopié l'Encyclopédie jusqu'à notre visite à Saxe-Coburg Square et aux paroles inquiétantes prononcées par mon ami avant de nous séparer. Quelle était la nature de cette expédition nocturne ? Pourquoi devais-je m'y rendre armé ? Où irions-nous et pour faire quoi ? Holmes m'avait laissé entendre que l'employé du prêteur sur gages, avec son visage glabre, était un personnage redoutable capable de jouer gros jeu. Je m'efforçai d'élucider ce mystère mais, désespérant d'y parvenir, je résolus de n'y plus penser jusqu'à ce que la nuit m'apportât une explication.

Il était neuf heures un quart lorsque je partis de chez moi. Je traversai Hyde Park, puis Oxford Street et gagnai Baker Street, où je trouvai deux fiacres rangés devant la porte. En passant dans le couloir, j'entendis un bruit de voix au-dessus.

---

8. **I tried to puzzle it out:** les efforts de Watson pour y voir clair marquent une pause entre l'exposition et l'action. Il tente — dans la mesure de ses moyens — de faire le point sur les données de l'intrigue et s'interroge en notre nom sur la suite des événements.

9. **gave it up: to give up:** *renoncer, abandonner.*

10. **set the matter aside:** m. à m. : *je mis le problème de côté.*

On entering his room, I found Holmes in animated conversation with two men, one of whom I recognized as Peter Jones[1], the official police agent, while the other was a long, thin, sad-faced[2] man, with a very shiny hat and oppressively respectable frock-coat.

"Ha! our party[3] is complete," said Holmes, buttoning up his pea-jacket, and taking his heavy hunting crop from the rack. "Watson, I think you know Mr. Jones, of Scotland Yard? Let me introduce you to Mr. Merryweather[4], who is to be our companion in to-night's adventure."

"We're hunting in couples again, doctor, you see," said Jones, in his consequential way. "Our friend here is a wonderful man for starting a chase. All he wants is an old dog to help him to do the running down[5]."

"I hope a wild goose[6] may not prove to be the end of our chase," observed Mr. Merryweather gloomily.

"You may place considerable confidence in Mr. Holmes, sir," said the police agent loftily[7]. "He has his own little methods, which are, if he won't mind my saying so, just a little too theoretical and fantastic, but he has the makings of a detective in him. It is not too much to say that once or twice, as in that business of the Sholto murder and the Agra treasure[8], he has been more nearly correct than the official force."

"Oh, if you say so, Mr. Jones, it is all right," said the stranger, with deference. "Still, I confess that I miss my rubber. It is the first Saturday night for seven-and-thirty years that I have not had my rubber."

---

1. **one of whom I recognized as Peter Jones:** l'inspecteur Jones, de Scotland Yard, a déjà joué un rôle dans *La Marque des Quatre* (1890).

2. **sad-faced:** *à la triste figure.*

3. **party:** *groupe.*

4. **Mr. Merryweather:** Conan Doyle a mis quelque ironie à choisir ce nom aux consonances joyeuses pour un personnage aussi peu jovial.

5. **do the running down:** Jones file la métaphore de la chasse, en se donnant le beau rôle.

6. **wild goose:** référence à l'expression figée: **wild goose chase:**

Dans le bureau, je trouvai Holmes en conversation animée avec deux hommes. J'en reconnus un aussitôt : c'était Peter Jones, de la police officielle. L'autre, long et maigre, faisait triste mine ; son chapeau reluisait et sa redingote suggérait le comble de la respectabilité.

« Ha ! nous voilà au complet, observa Holmes, en boutonnant son caban et en prenant son lourd stick de chasse. Watson, vous connaissez déjà M. Jones, de Scotland Yard, je crois. Permettez-moi de vous présenter M. Merryweather, qui va nous accompagner dans notre expédition nocturne.

— Nous revoilà partis pour une chasse à deux, comme vous voyez, docteur, fit Jones avec sa suffisance habituelle. Notre ami n'a pas son pareil pour se lancer sur une piste. Ensuite il n'a besoin que d'un vieux chien pour l'aider à mettre le gibier aux abois.

— J'espère que nous n'allons pas revenir bredouilles de notre expédition, remarqua M. Merryweather d'une voix morne.

— Vous pouvez faire toute confiance à M. Holmes, monsieur, dit le policier avec condescendance. Il a ses petites méthodes à lui qui sont, s'il veut bien me pardonner, un peu trop théoriques et excentriques, mais il a l'étoffe d'un détective. Sans exagérer, on peut dire qu'une ou deux fois, par exemple dans cette affaire du trésor d'Agra et de l'assassinat de M. Sholto, il a vu plus clair que la police officielle.

— Si vous avez si haute opinion de lui, M. Jones, tout va bien, dit l'inconnu avec déférence. Mais je dois vous avouer que ma partie de cartes me manque. En trente-sept ans, c'est le premier samedi soir où je ne la fais pas.

---

poursuite vaine, expédition infructueuse.

7. **loftily**: *avec hauteur*. **Lofty**, adj. : *élevé, hautain*.
8. **the Sholto murder... treasure**: allusion aux données principales de l'intrigue dans *La Marque des Quatre*. Procédé de feuilleton.

"I think you will find," said Sherlock Holmes, "that you will play for a higher stake[1] to-night than you have ever done yet, and that the play will be more exciting. For you, Mr. Merryweather, the stake will be some £30,000; and for you, Jones, it will be the man upon whom you wish to lay your hands."

"John Clay, the murderer, thief, smasher[2], and forger[3]. He's a young man, Mr. Merryweather, but he is at the head of his profession, and I would rather have my bracelets[4] on him than on any criminal[5] in London. He's a remarkable man, is young John Clay[6]. His grandfather was a royal duke, and he himself has been to Eton and Oxford[7]. His brain is as cunning[8] as his fingers, and though we meet signs of him at every turn, we never know where to find the man himself. He'll crack a crib[9] in Scotland one week, and be raising money[10] to build an orphanage in Cornwall the next. I've been on his track for years, and have never set eyes on him yet."

"I hope that I may have the pleasure of introducing you to-night. I've had one or two little turns also with Mr. John Clay, and I agree with you that he is at the head of his profession. It is past ten, however, and quite time that we started. If you two will take the first hansom, Watson and I will follow in the second."

Sherlock Holmes was not very communicative during the long drive, and lay back in the cab humming the tunes which he had heard in the afternoon.

---

1. **stake:** *enjeu* (aux courses ou au jeu). **To play for high stakes** s'emploie aussi bien au sens littéral qu'au figuré.

2. **smasher:** expression populaire ayant pour origine **smash:** *pièce fausse.* Aucun rapport avec l'emploi moderne *(formidable, sensationnel).*

3. **forger:** cf. **to forge:** *contrefaire.* **Forgery:** *contrefaçon, faux.*

4. **bracelets** = **handcuffs.** Terme argotique.

5. **I would rather...on any criminal:** m. à m. : *j'aimerais mieux lui passer les menottes à lui plutôt qu'à tout autre criminel...*

6. **is young John Clay:** structure de la langue populaire (c'est l'inspecteur Jones qui parle).

— Vous allez probablement découvrir que vous n'avez jamais joué aussi gros jeu que ce soir, répliqua Sherlock Holmes, et qu'il s'agit d'une partie bien plus passionnante. Pour vous, M. Merryweather, l'enjeu se monte à près de trente mille livres. Pour vous, Jones, cet enjeu, c'est l'homme dont vous voulez vous emparer.

— John Clay, assassin, voleur, faux-monnayeur et faussaire. Vous savez, M. Merryweather, malgré sa jeunesse il n'a pas son pareil dans le métier et à Londres, il n'y a pas un criminel à qui je passerais les menottes avec plus de plaisir. C'est un personnage tout à fait remarquable, ce John Clay. Il a pour grand-père un prince du sang ; lui-même a fait ses études à Eton et Oxford. Il a le cerveau aussi agile que les doigts ; nous avons beau repérer sa trace régulièrement, jamais nous ne parvenons à lui mettre la main dessus. Il est du genre à faire un casse en Écosse un beau matin et à rassembler des fonds en Cornouailles la semaine suivante pour édifier un orphelinat. Voici des années que je suis sur sa piste et jamais encore je n'ai réussi à le voir de mes yeux.

— J'espère avoir le plaisir de vous le présenter ce soir. Moi aussi, j'ai eu maille à partir avec M. John Clay une ou deux fois et je suis de votre avis : c'est un as dans le métier. Mais il est dix heures passées, c'est l'heure de partir. Prenez tous deux le premier fiacre, si vous voulez bien. Nous suivrons dans le second, Watson et moi. »

Pendant le long trajet, Sherlock Holmes se montra fort peu expansif. Confortablement installé dans la voiture, il fredonnait les airs entendus l'après-midi.

---

7. **Eton and Oxford:** public school cotée et université prestigieuse, c'est de tradition pour un aristocrate.
8. **cunning:** *malin, rusé.* **Cunning,** subst. : *astuce.*
9. **crack a crib** (argot): *faire un fric-frac, cambrioler.*
10. **to raise money:** *se procurer de l'argent.*

The Red-Headed League

We rattled through[1] an endless labyrinth of gas-lit streets until we emerged into Farringdon Street[2].

"We are close there[3] now," my friend remarked. "This fellow Merryweather is a bank director, and personally interested in the matter. I thought it as well to have Jones[4] with us also. He is not a bad fellow, though an absolute imbecile[5] in his profession. He has one positive virtue. He is as brave as a bull-dog, and as tenacious as a lobster if he gets his claws upon anyone. Here we are, and they are waiting for us."

We had reached the same crowded thoroughfare[6] in which we had found ourselves in the morning. Our cabs were dismissed[7], and, following the guidance of Mr. Merryweather, we passed down a narrow passage and through a side door, which he opened for us. Within[8] there was a small corridor, which ended in a very massive iron gate. This also was opened, and led down a flight of winding[9] stone steps[10], which terminated at another formidable gate. Mr. Merryweather stopped to light a lantern, and then conducted us down a dark, earth-smelling passage, and so, after opening a third door, into a huge vault[11] or cellar, which was piled all round with crates and massive boxes.

"You are not very vulnerable from above," Holmes remarked, as he held up the lantern and gazed about him.

---

1. **we rattled through:** to rattle suggère le bruit de ferraille produit par le véhicule.
2. **Farringdon Street:** grande artère qui traverse une partie de la City dans le sens nord-sud et aboutit à Ludgate Circus.
3. **close there** = near the place.
4. **I thought it as well to have Jones** = I thought we might as well have Jones: *j'ai pensé que nous ferions aussi bien d'emmener Jones.*
5. **an imbecile** = a fool. Voilà un jugement catégorique.
6. **thoroughfare:** *voie de communication, artère.* "No thoroughfare": « *Passage interdit* ».
7. **dismissed** = sent away. To dismiss: *renvoyer, congédier.*

La Ligue des Roux

Après avoir parcouru à vive allure un interminable labyrinthe de rues où les becs de gaz s'étaient allumés, notre fiacre déboucha dans Farringdon Street.

« Maintenant nous sommes tout près, observa mon ami. Ce Merryweather est directeur de banque et cette affaire l'intéresse personnellement. J'ai pensé qu'il serait souhaitable d'avoir aussi Jones avec nous. Ce n'est pas un mauvais bougre, bien que, dans son métier, il se comporte comme le dernier des imbéciles. Il a quand même une qualité indéniable : il a quelque chose du bouledogue par son courage à toute épreuve, et du homard par sa ténacité une fois qu'il tient quelqu'un dans ses pinces. Mais nous voilà arrivés ; ils nous attendent. »

Nous avions atteint la rue encombrée que nous avions explorée le matin même. Nos fiacres repartirent et, sous la conduite de M. Merryweather, nous suivîmes un étroit passage. Puis il nous ouvrit une porte latérale donnant sur un petit couloir fermé par une énorme grille de fer. Une fois ouverte, celle-ci débouchait sur un escalier de pierre en colimaçon qui se terminait par une deuxième porte très impressionnante. Après s'être arrêté pour allumer une lanterne sourde, M. Merryweather nous fit descendre le long d'un corridor obscur où l'on sentait l'odeur de la terre. Puis il ouvrit une troisième porte et nous introduisit dans une immense cave voûtée, pleine de caisses et de coffres volumineux empilés le long des murs.

« D'en haut, on ne peut pas dire que vous soyez vulnérables, observa Holmes en soulevant la lanterne pour regarder autour de lui.

---

8. **within:** *à l'intérieur.*

9. **winding:** *tournant, en spirale.* **Winding road:** *route sinueuse.*

10. **led down a flight of steps:** *(la porte) menait à un escalier.* **To lead, led:** *mener, conduire.* **Flight of steps/stairs:** *volée d'escalier.*

11. **vault:** 1) *voûte.* 2) *cave, caveau, chambre-forte.* On notera dans ce § la lourdeur de la syntaxe et les répétitions, qui suggèrent l'accumulation des obstacles à franchir et la lenteur du processus.

The Red-Headed League

"Nor from below[1]," said Mr. Merryweather, striking his stick upon the flags[2] which lined the floor[3]. "Why, dear me[4], it sounds quite hollow!" he remarked, looking up in surprise.

"I must really ask you to be a little more quiet," said Holmes, severely. "You have already imperilled[5] the whole success of our expedition. Might I beg[6] that you would have the goodness to sit down upon one of those boxes, and not to interfere?"

The solemn Mr. Merryweather perched himself upon a crate[7], with a very injured[8] expression upon his face, while Holmes fell upon his knees upon the floor, and, with the lantern and a magnifying lens[9], began to examine minutely[10] the cracks between the stones. A few seconds sufficed to satisfy him, for he sprang to his feet again, and put his glass in his pocket.

"We have at least an hour[11] before us," he remarked; "for they can hardly take any steps until the good pawnbroker is safely in bed. Then they will not lose a minute, for the sooner they do their work the longer time they will have for their escape. We are at present, doctor— as no doubt you have divined[12]—in the cellar of the City branch of one of the principal London banks. Mr. Merryweather is the chairman of directors, and he will explain to you that there are reasons why the more daring criminals of London should take a considerable interest in this cellar at present."

---

1. **nor from below** = nor are we vulnerable from below. **Nor/neither** en tête de phrase : *et... non plus.*

2. **flags** = flagstones: *dalles.*

3. **which lined the floor:** m. à m. : *dont le sol était recouvert.* **To line:** *doubler, tapisser, revêtir.*

4. **dear me** = **oh dear!:** *mon Dieu ; pas possible !* Exprime la surprise.

5. **imperilled: to imperil** (littéraire) : *mettre en péril, exposer.*

6. **might I beg...:** *pourrais-je vous demander d'avoir la bonté...* Toutes ces formules de politesse contrastent avec le ton sévère de Holmes et prennent un relief ironique.

La Ligue des Roux

— D'en bas non plus, répondit M. Merryweather en frappant les dalles de sa canne. Tiens, ça sonne le creux, constata-t-il tout surpris.

— Je dois vous demander de faire un peu moins de bruit, fit Holmes d'un ton sévère. Vous avez déjà compromis le succès de notre expédition. Si vous vouliez bien vous asseoir sur une de ces caisses sans vous mêler de rien, je vous en serais très obligé. »

Le grave M. Merryweather prit une expression de dignité offensée et se jucha sur une caisse tandis que Holmes s'agenouillait par terre. À l'aide de la lanterne et d'un verre grossissant, il se mit à examiner minutieusement les fentes entre les dalles. Quelques secondes lui suffirent car il se releva d'un bond et remit sa loupe dans sa poche.

« Nous avons une bonne heure devant nous, déclara-t-il. Ils ne peuvent rien entreprendre avant que ce brave prêteur sur gages ne soit couché. Mais quand ils auront le champ libre, ils ne perdront pas une seconde, car plus tôt ils auront fini leur travail, plus ils auront de temps pour filer. Sans doute avez-vous deviné, docteur, que nous nous trouvons actuellement dans la cave d'une succursale de l'une des principales banques de Londres — la succursale de la City, bien sûr. M. Merryweather est président du conseil d'administration ; il va vous expliquer qu'il y a en ce moment de bonnes raisons pour que les criminels les plus audacieux de la capitale s'intéressent très vivement à cette cave.

---

7. **crate:** *caisse à claire-voie.*

8. **injured = offended. To injure:** *blesser* (au sens propre et figuré). **The injured:** *les blessés. Injurier :* **to abuse, insult.**

9. **a magnifying lens = a magnifying glass. A lens** (pluriel : **lenses**) : *une lentille.*

10. **minutely = carefully.** Cf. **minute,** adj. : 1) *minuscule,* 2) *détaillé.*

11. **at least an hour:** *au moins une heure.*

12. **as no doubt you have divined = guessed.** Y aurait-il une nuance d'ironie dans cette incise ?

The Red-Headed League

"It is our French gold," whispered the director. "We have had several warnings that an attempt might be made upon it."

"Your French gold?"

"Yes. We had occasion some months ago to strengthen[1] our resources, and borrowed, for that purpose, 30,000 napoleons[2] from the Bank of France. It has become known that we have never had occasion to unpack the money, and that it is still lying in our cellar. The crate upon which I sit contains 2000 napoleons packed between layers[3] of lead foil[4]. Our reserve of bullion[5] is much larger at present than is usually kept in a single branch office, and the directors have had misgivings[6] upon the subject."

"Which were very well justified," observed Holmes. "And now it is time that we arranged our little plans. I expect that within an hour matters will come to a head[7]. In the meantime[8], Mr. Merryweather, we must put the screen over that dark lantern[9]."

"And sit in the dark?"

"I am afraid so. I had brought a pack of cards in my pocket, and I thought that, as we were a *partie carrée*[10], you might have your rubber after all. But I see that the enemy's preparations have gone so far that we cannot risk the presence of a light. And, first of all, we must choose our positions. These are daring men, and though we shall take them at a disadvantage, they may do us some harm unless we are careful.

---

1. **to strengthen:** littéralement : *renforcer* (formé sur **strength**).
2. **napoleons:** un napoléon est une pièce d'or de vingt francs à l'effigie de Napoléon Ier.
3. **layers:** *des couches.* De **to lay:** *étendre.*
4. **foil** = metal sheet: *feuille ou lame de métal.* Cf. **kitchen foil:** *papier d'aluminium.*
5. **bullion:** *or (ou argent) en barres ou en lingots.*
6. **misgivings** (généralement au plur.): *inquiétudes.* Vient de l'expression ancienne : **my heart misgives me:** *j'ai de mauvais pressentiments.*

— C'est à cause de notre or français, chuchota le président. On nous a avertis à plusieurs reprises qu'il pourrait y avoir une tentative de cambriolage.

— Votre or français?

— Oui. Voici quelques mois, les circonstances nous ont amenés à consolider nos ressources et nous avons emprunté trente mille napoléons à la Banque de France à cet effet. On a su que nous n'avions pas eu à ouvrir les caisses et que l'or se trouvait toujours dans nos caves. La caisse sur laquelle je suis assis contient deux mille napoléons rangés avec une feuille de plomb entre chaque couche. Notre réserve d'or fin est actuellement bien supérieure à ce qui est entreposé d'habitude dans une seule succursale et le conseil d'administration a des appréhensions à ce sujet.

— Tout à fait justifiées, renchérit Holmes. Et maintenant il est temps de nous organiser. D'après mes prévisions, la situation va devenir critique d'ici une heure. En attendant, M. Merryweather, il faut fermer le volet de cette lanterne sourde.

— Et rester dans l'obscurité?

— Hélas! oui. J'avais emporté un jeu de cartes, croyant que, puisque nous serions quatre, vous pourriez quand même faire votre petite partie. Mais je m'aperçois que les préparatifs de l'ennemi sont si avancés que nous ne pouvons prendre le risque de laisser une lumière allumée. Et pour commencer, il faut choisir nos positions respectives. Ces hommes sont audacieux; nous aurons beau les prendre au dépourvu, ils peuvent fort bien nous donner un mauvais coup faute de précautions de notre part.

---

7. **matters will come to a head**: *les choses vont arriver au point critique*. Au sens propre, **come to a head**: *mûrir (abcès)*.

8. **in the meantime** = **meanwhile**: *dans l'intervalle*.

9. **dark lantern**: lanterne dont on peut cacher la lumière à volonté à l'aide d'une sorte d'*écran* (**screen**).

10. **partie carrée**: s'applique surtout à un groupe de deux hommes et de deux femmes. On dit aussi **"a foursome"**.

I shall stand behind this crate, and do you conceal yourselves[1] behind those. Then, when I flash a light upon them, close in[2] swiftly. If they fire, Watson, have no compunction about shooting them down."

"I placed my revolver, cocked, upon the top of the wooden case behind which I crouched. Holmes shot the slide across the front of his lantern, and left us in pitch darkness[3]—such an absolute darkness as I have never before experienced. The smell of hot metal remained to assure us that the light was still there, ready to flash out at a moment's notice[4]. To me, with my nerves worked up[5] to a pitch of expectancy[6], there was something depressing and subduing[7] in the sudden gloom, and in the cold, dank[8] air of the vault.

"They have but one retreat," whispered Holmes. "That is back through the house into Saxe-Coburg Square[9]. I hope that you have done what I asked you, Jones?"

"I have an inspector and two officers waiting at the front door."

"Then we have stopped all the holes. And now we must be silent and wait."

What a time it seemed! From comparing notes[10] afterward it was but an hour and a quarter, yet it appeared to me that the night must have almost gone, and the dawn be breaking above us. My limbs were weary and stiff[11], for I feared to change my position;

---

1. **do you conceal yourselves:** *impératif emphatique désuet.* (En anglais contemporain : **you conceal yourselves**).

2. **to close in on sb.:** *envelopper, cerner qqn.*

3. **pitch darkness:** *une obscurité complète.* **Pitch** *(la poix)* s'emploie couramment dans l'expression : **it's pitch dark** = *il fait noir comme dans un four.*

4. **at a moment's notice:** *à l'instant, sur-le-champ.*

5. **worked up:** *exacerbés.* Cf. **to be worked up:** *être dans tous ses états.*

6. **to a pitch of expectancy: pitch:** *degré d'élévation, hauteur (de la voix).* M. à m. : *au paroxysme de l'attente.*

La Ligue des Roux   155

Je vais me poster derrière cette caisse, et vous, cachez-vous derrière celles-là. Quand je dirigerai ma lampe sur eux, cernez-les immédiatement. S'ils tirent, Watson, n'ayez aucun scrupule à les abattre. »

Je posai mon revolver, armé, sur la caisse en bois derrière laquelle je m'accroupis. Holmes ferma le volet de sa lanterne, nous plongeant ainsi dans l'obscurité. Une obscurité comme je n'en avais jamais connu d'aussi totale. Seule l'odeur du métal chaud nous indiquait que la lumière était toujours là, prête à jaillir au moment propice. Pour moi, à qui l'angoisse de l'attente avait mis les nerfs à vif, ces ténèbres soudaines et l'atmosphère froide et humide de la cave avaient quelque chose de lugubre, et j'avais perdu tout mon entrain.

« Ils n'ont qu'une seule retraite : elle consiste à regagner la maison de Saxe-Coburg Square et la place, chuchota Holmes. J'espère que vous avez fait ce que je vous avais demandé, Jones.

— J'ai envoyé un inspecteur et deux agents faire le guet à la porte.

— Nous leur avons donc fermé toutes les issues. Il ne nous reste plus qu'à nous taire et attendre. »

Que le temps me sembla long ! En confrontant nos impressions par la suite, je m'aperçus que notre attente n'avait duré qu'une heure et quart. Cependant j'avais l'impression que la nuit devait être presque terminée et que le jour se levait au-dessus de nous. Las de rester dans la même position, j'avais des courbatures, car je n'osais bouger.

---

7. **subduing**: to subdue : *subjuguer* (un pays), *contenir* (une passion), *atténuer* (une lumière). **Subduing** est ici très proche de **depressing**.

8. **dank**: *froid et humide*.

9. **back...into Saxe-Coburg Square**: pour regagner la place, il leur faut d'abord traverser **(through)** la maison de Jabez Wilson.

10. **comparing notes**: sens figuré : *échanger ses impressions*.

11. **my limbs...and stiff**: *j'avais les membres fatigués et ankylosés*.

yet my nerves were worked up to the highest pitch of tension, and my hearing was so acute[1] that I could not only hear the gentle breathing of my companions, but I could distinguish the deeper, heavier in-breath of the bulky[2] Jones from the thin, sighing note of the bank director. From my position I could look over the case in the direction of the floor. Suddenly my eyes caught the glint[3] of a light.

At first it was but a lurid[4] spark upon the stone pavement. Then it lengthened out until it became a yellow line, and then, without any warning or sound, a gash[5] seemed to open and a hand appeared; a white, almost womanly hand, which felt about in the center of the little area of light. For a minute or more the hand, with its writhing[6] fingers, protruded[7] out of the floor. Then it was withdrawn as suddenly as it appeared, and all was dark again save the single lurid spark which marked a chink[8] between the stones.

Its disappearance, however, was but momentary. With a rending[9], tearing sound, one of the broad, white stones turned over upon its side, and left a square, gaping[10] hole, through which streamed the light of a lantern. Over the edge there peeped[11] a clean-cut[12], boyish face, which looked keenly about it[13], and then, with a hand on either side of the aperture, drew itself shoulder-high and waist-high, until one knee rested upon the edge. In another instant he stood at the side of the hole,

---

1. **my hearing was so acute**: Watson n'a jamais eu l'oreille aussi fine. Toutes ces notations de bruits et d'odeurs donnent l'illusion du vécu.

2. **bulky**: *volumineux, gros*. Conan Doyle ne donne ici aucun détail sur l'aspect de Jones, mais il avait été décrit dans *La Marque des Quatre* comme un homme très corpulent et rougeaud.

3. **glint** = gleam, flash: *trait de lumière, reflet*.

4. **lurid**: 1) *affreux, terrible*. 2) *rougeoyant*. 3) *livide, sinistre*.

5. **gash**: *entaille, balafre, déchirure*. **To gash**: *entailler, balafrer*.

6. **writhing: to writhe**: *se tordre, se tortiller, frémir*.

La Ligue des Roux 157

Mais mes nerfs étaient tendus à l'extrême et mon ouïe affinée par l'angoisse me permettait d'entendre nettement le bruit léger que faisaient mes compagnons en respirant. Je parvenais même à distinguer les inspirations plus profondes, plus lourdes du gros Jones, des petits soupirs du directeur de la banque. De ma place, je voyais le sol par-dessus la caisse. Soudain, j'aperçus une lueur.

Ce ne fut d'abord qu'une étincelle blafarde sur le dallage. Puis elle s'allongea, et devint une ligne jaune. Alors tout à coup, sans le moindre bruit, une sorte d'entaille s'ouvrit et une main apparut. Blanche, presque féminine, elle avait surgi au centre de la petite surface éclairée et se mit à tâtonner. Pendant une minute ou deux, cette main aux doigts crispés émergea du sol. Puis elle se retira aussi subitement qu'elle était venue; tout redevint noir, à l'exception de cette seule étincelle blafarde qui marquait une fente entre les dalles.

Cependant, la main ne disparut que pour peu de temps. Un bruit se fit entendre comme si quelque chose se déchirait et l'une des grandes dalles blanches fut retournée sur le côté, laissant apparaître une cavité béante, un carré d'où jaillissait la lumière d'une lanterne. Par-dessus le rebord, surgit un visage d'adolescent aux traits nets. Il regarda autour de lui d'un œil vif, puis, posant une main de chaque côté de l'ouverture, il se hissa peu à peu, d'abord jusqu'aux épaules, ensuite jusqu'à la taille et il finit par mettre un genou sur le rebord. En un éclair il se retrouva debout à côté du trou,

---

7. **protruded**: to protrude: *dépasser*.
8. **chink**: *fissure, interstice*.
9. **rending**: to rend, rent: *déchirer*. Cf. **heart-rending**: *qui fend le cœur*.
10. **gaping**: *béant*. To gape: 1) *ouvrir la bouche toute grande, bailler; être béant*. 2) to gape at sth.: *rester bouche bée*.
11. **to peep (at sb./sth.)**: *regarder furtivement*. **Peeping Tom**: *voyeur*.
12. **clean-cut**: *clair, bien délimité*. **Clean outlines**: *des contours nets*.
13. **it**: renvoie à **face**, antécédent de **which**.

The Red-Headed League

and was hauling[1] after him a companion, lithe[2] and small like himself, with a pale face and a shock of very red hair[3].

"It's all clear[4]," he whispered. "Have you the chisel and the bags. Great Scott[5]! Jump, Archie, jump, and I'll swing for it[6]!"

Sherlock Holmes had sprung out and seized the intruder by the collar. The other dived down the hole, and I heard the sound of rending cloth[7] as Jones clutched[8] at his skirts. The light flashed[9] upon the barrel of a revolver, but Holmes's hunting crop came down on the man's wrist, and the pistol clinked[10] upon the stone floor.

"It's no use, John Clay," said Holmes, blandly[11]. "You have no chance at all."

"So I see," the other answered, with the utmost[12] coolness. "I fancy[13] that my pal is all right, though I see you have got his coat-tails[14]."

"There are three men waiting for him at the door," said Holmes.

"Oh, indeed! You seem to have done the thing very completely. I must compliment you."

"And I you," Holmes answered. "Your red-headed idea was very new and effective."

"You'll see your pal again presently[15]," said Jones. "He's quicker at climbing down holes than I am. Just hold out while I fix the derbies[16]."

---

1. **hauling** = **pulling**. **To haul**: *tirer, traîner*. Cf. français : *haler*.

2. **lithe**: *souple, agile*.

3. **shock of hair**: *tignasse*.

4. **clear** = **free of obstacles**: *dégagé, sans dangers*. Cf. **the coast is clear**: *le champ est libre*.

5. **Great Scott**: euphémisme pour "**great God!**".

6. **I'll swing for it** = **be hanged for it**: *on me mettra la corde au cou pour cela*. **To swing, swung**: *se balancer*.

7. **cloth**: *tissu* (toile ou drap). Mais **table-cloth**: *nappe*.

8. **to clutch at sth.**: *se cramponner à...* Cf. **to clutch at a straw**: *se raccrocher à n'importe quoi*.

tirant derrière lui un compagnon, petit et agile également, qui avait le teint très pâle et une tignasse rousse.

« La voie est libre, chuchota-t-il. As-tu le ciseau et les sacs ? Ah, grand Dieu ! Saute, Archie, saute. Moi, je suis bon pour la potence. »

Sherlock Holmes avait bondi et empoigné l'intrus par le col. L'autre s'engouffra dans le trou. J'entendis le bruit d'une étoffe qui se déchirait, car Jones s'était agrippé à ses basques. Dans le faisceau de lumière, on vit luire le canon d'un revolver, mais le stick de Holmes s'abattit sur le poignet de l'homme et l'on entendit le tintement de l'arme sur les dalles. « C'est inutile, John Clay, fit Holmes d'un ton narquois. Vous n'avez aucune chance de vous en tirer.

— Je le vois bien, répondit l'autre avec un sang-froid extrême. Mais mon copain s'en est sorti, lui, même si vous avez les basques de sa jaquette entre les mains.

— Il y a trois hommes postés à la porte pour l'attendre, répliqua Holmes.

— Ah bon. Vous avez pensé à tout, semble-t-il. Je ne peux que vous féliciter.

— Et moi de même, fit Holmes. Car les rouquins, c'était une idée neuve et très efficace.

— Vous allez revoir votre copain tout à l'heure, dit Jones. Pour descendre dans les trous, il va plus vite que moi. Allons, tendez-moi vos mains, que je vous passe les bracelets.

---

9. **flashed**: désigne une lumière vive et soudaine. Cf. **a flash of lightning**: *un éclair*.

10. **to clink**: *tinter*. To clink glasses with sb.: *trinquer avec qqn*.

11. **blandly**: implique un ton doucereux légèrement moqueur.

12. **utmost**: adj. = greatest.

13. **I fancy...**: *je crois bien, j'imagine que mon copain s'en est tiré*.

14. **coat-tails** = **skirts** (of frock-coat): *basques (de redingote)*.

15. **presently**: *bientôt* (GB). Mais = **now** (US).

16. **the derbies** = **the bracelets** (p. 146). Termes d'argot pour **handcuffs**.

The Red-Headed League

"I beg that you will not touch me with your filthy[1] hands," remarked our prisoner, as the handcuffs clattered[2] upon his wrists. "You may not be aware that I have royal blood in my veins. Have the goodness, also, when you address me always to say 'sir' and 'please.'"

"All right," said Jones, with a stare[3] and a snigger[4]. "Well, would you please, sir, march upstairs, where we can get a cab to carry your highness to the police-station?"

"That is better," said John Clay serenely. He made a sweeping bow[5] to the three of us, and walked quietly off in the custody[6] of the detective.

"Really, Mr. Holmes," said Mr. Merryweather, as we followed them from the cellar, "I do not know how the bank can thank you or repay[7] you. There is no doubt that you have detected and defeated in the most complete manner one of the most determined[8] attempts at bank robbery[9] that have ever come within my experience."

"I have had one or two little scores of my own to settle[10] with Mr. John Clay," said Holmes. "I have been at some small expense[11] over this matter, which I shall expect the bank to refund, but beyond that I am amply repaid[12] by having had an experience which is in many ways unique, and by hearing the very remarkable narrative of the Red-Headed League."

---

1. **filthy**: *dégoûtant*. Mot très fort qui exprime le mépris du jeune aristocrate pour le roturier.
2. **to clatter**: suggère le cliquetis ou le fracas d'objets entrechoqués.
3. **a stare**: regard fixe, qui traduit toute la surprise et la curiosité impertinente de Jones. Cf. **to stare at sb**.
4. **snigger** = snicker: *ricanement*. **To snigger (at)**: *pouffer de rire*.
5. **a sweeping bow**: to sweep *(balayer)* désigne un geste large, un mouvement circulaire ou majestueux. **To make a bow**: *saluer*.
6. **custody**: 1) *garde*, 2) *détention*.
7. **to repay (sb. for sth.)**: *payer de retour, rembourser, récompenser*.
8. **determined**: *décidé, résolu*. **To be determined to...**: *être décidé à...*
9. **attempts at bank robbery**: peut-être ce récit a-t-il été inspiré à Conan Doyle par quelque fait divers concernant un bâtiment dont la situation topographique avait suscité une tentative analogue.

La Ligue des Roux

— Veuillez vous abstenir de me toucher avec vos mains crasseuses, lança notre prisonnier, et j'entendis le cliquetis des menottes qui se refermaient sur ses poignets. Vous ignorez peut-être que j'ai du sang royal dans les veines. Et quand vous me parlez, ayez la bonté de ne jamais oublier de dire "monsieur" et "s'il vous plaît".

— Entendu, répondit Jones avec un petit rire moqueur, en le dévisageant. Eh bien, voudriez-vous s'il vous plaît, monsieur, monter l'escalier. Là-haut nous trouverons un fiacre pour mener Votre Altesse au poste de police.

— Voilà qui est mieux », dit John Clay avec sérénité. Nous adressant un profond salut, il s'éloigna tranquillement sous la garde du policier. Tandis que nous remontions de la cave derrière eux, M. Merryweather s'adressa à mon compagnon :

« Vraiment, M. Holmes, je ne sais comment la banque pourra vous remercier et s'acquitter envers vous. Sans aucun doute, vous avez découvert et mis en échec une des tentatives les plus audacieuses jamais ourdies, à ma connaissance, par des cambrioleurs de banque résolus.

— J'avais moi-même quelques petits comptes à régler avec M. John Clay, répondit Holmes. Cette affaire m'a occasionné quelques frais, et je pense que la banque me les remboursera. Mais, par ailleurs, je suis largement récompensé par l'aventure exceptionnelle que j'ai vécue — sans parler du privilège d'avoir entendu le très remarquable récit de la Ligue des Roux. »

---

10. **scores of my own to settle:** *des dettes à régler*. Ce sens de **score** a son origine dans une coutume ancienne : les aubergistes faisaient des *marques* (**scores**) à la craie pour faire le compte des dettes d'un client en boisson. **To run up a score** = *avoir une ardoise à une taverne*.

11. **expense:** *dépense, frais*. **At little expense:** *à peu de frais*.

12. **amply repaid:** Sherlock Holmes n'est pas intéressé et attache plus d'importance à la capture du gentleman cambrioleur qu'il vient de prendre sur le fait. Il est sensible, comme nous, à tout le comique involontaire de la mésaventure racontée par Jabez Wilson.

The Red-Headed League

"You see, Watson," he explained, in the early hours of the morning, as we sat over a glass of whisky-and-soda in Baker Street[1], "it was perfectly obvious from the first that the only possible object of this rather fantastic[2] business of the advertisement of the League, and the copying of the 'Encyclopædia,' must be to get this not over-bright[3] pawnbroker out of the way for a number of hours every day. It was a curious way of managing it[4], but, really, it would be difficult to suggest a better. The method was no doubt suggested to Clay's ingenious mind by the color of his accomplice's hair. The £4 a week was[5] a lure[6] which must draw him, and what was it to them, who were playing for thousands? They put in the advertisement, one rogue[7] has the temporary office, the other rogue[7] incites the man to apply for it, and together they manage to secure[8] his absence every morning in the week. From the time that I heard of the assistant having come for half wages, it was obvious to me that he had some strong motive for securing[8] the situation."

"But how could you guess what the motive was?"

"Had there been women in the house, I should have suspected a mere vulgar intrigue. That, however, was out of the question. The man's business was a small one, and there was nothing in his house which could account for such elaborate preparations, and such an expenditure as they were at. It must then be something out of the house. What could it be?

---

1. **in the early hours...in Baker Street:** de la City, où se déroulait l'épisode précédent, retour immédiat à Baker Street sur le terrain de Holmes — cette fois triomphant — pour expliquer à son « associé » tout ce que celui-ci n'avait pas encore percé à jour.

2. **fantastic:** *extraordinaire, inouï, grotesque.*

3. **not over-bright:** m. à m.: *qui ne brille pas par un excès* (over) *d'intelligence* (bright). Par cette litote — joli exemple d'**understatement** — Holmes fait ressortir la naïveté de Jabez Wilson, dont la bêtise n'a d'égale que la platitude.

4. **a curious way of managing it:** *un moyen curieux d'y parvenir.*

La Ligue des Roux 163

« Voyez-vous, Watson, m'expliqua-t-il à Baker Street au petit matin, devant un verre de whisky-soda, c'était l'évidence même dès le début. Cette histoire invraisemblable de l'annonce publiée par la Ligue et l'obligation de recopier l'*Encyclopaedia* ne pouvait avoir qu'un seul but : se débarrasser tous les jours pendant plusieurs heures de ce prêteur sur gages, pas bien malin au demeurant. Le procédé utilisé était singulier, mais il serait difficile d'en imaginer un meilleur. Sans aucun doute, l'idée de cette méthode est venue à l'esprit ingénieux de Clay à cause de la couleur des cheveux de son complice. Les quatre livres par semaine étaient un leurre qui ne pouvait manquer d'attirer le bonhomme ; et qu'était-ce pour eux, quand l'enjeu se montait à des milliers de livres ? Ils font donc paraître l'annonce ; l'un de ces gredins occupe provisoirement le bureau, l'autre pousse le prêteur sur gages à poser sa candidature et à eux deux ils parviennent à l'éloigner tous les matins sans difficulté. Dès que j'ai su que l'employé s'était contenté d'un demi-salaire, il m'a paru évident qu'il avait un mobile très puissant pour occuper cet emploi.

— Mais comment avez-vous pu deviner de quel mobile il s'agissait ?

— S'il y avait eu des femmes dans la maison, j'aurais pensé à quelque intrigue grossière, rien de plus. Mais cette possibilité était exclue. Le bonhomme avait une petite affaire assez minable, et rien dans la maison ne pouvait justifier des préparatifs aussi compliqués ni de pareils frais. Par conséquent, c'était hors de la maison qu'il fallait chercher. De quoi pouvait-il bien s'agir ?

---

5. **the £ 4... was: four pounds** est considéré comme une entité, un bloc, d'où le verbe au singulier.
6. **lure:** *appât, piège.* Cf. **to lure sb. away:** *éloigner qqn par la ruse.*
7. **rogue** = **scoundrel:** *vaurien, coquin, chenapan.*
8. **to secure sth.:** *se procurer, obtenir, s'assurer qqch.*

I thought of the assistant's fondness for photography, and his trick[1] of vanishing into the cellar. The cellar! There was the end of this tangled[2] clue[3]. Then I made inquiries as to this mysterious assistant, and found that I had to deal with one of the coolest[4] and most daring criminals in London. He was doing something in the cellar—something which took many hours a day for months on end[5]. What could it be, once more? I could think of nothing save that[6] he was running a tunnel to[7] some other building.

"So far I had got[8] when we went to visit the scene of action. I surprised you by beating upon the pavement with my stick. I was ascertaining[9] whether the cellar stretched out in front or behind. It was not in front. Then I rang the bell, and, as I hoped, the assistant answered it. We have had some skirmishes[10], but we had never set eyes upon each other before. I hardly looked at his face. His knees were what I wished to see. You must yourself have remarked how worn, wrinkled[11], and stained they were. They spoke of those hours of burrowing[12]. The only remaining point was what they were burrowing for. I walked round the corner, saw that the City and Suburban Bank abutted on our friend's premises, and felt that I had solved my problem. When you drove home after the concert I called upon Scotland Yard, and upon the chairman of the bank directors, with the result that you have seen."

---

1. **trick:** 1) *ruse, tour.* 2) —— of doing sth.: *habitude, particularité*.
2. **tangled:** *enchevêtré, inextricable.* To get into a tangle: *s'embrouiller*.
3. **clue:** *indice, indication, fil directeur*.
4. **coolest:** superlatif de **cool**: *calme, que rien ne démonte*.
5. **for months on end:** *pendant des mois d'affilée*.
6. **...nothing save that...:** *je ne trouvai aucune réponse, sauf que...*
7. **running a tunnel to...:** to run a ici sa valeur d'organiser et de faire fonctionner qqch. Cf. **to run the car into the garage:** *rentrer la voiture*.
8. **so far I had got:** Holmes vient de résumer le schéma inductif qui a précédé sa visite et ses observations à Saxon-Coburg Square.
9. **to ascertain a fact:** *établir, vérifier un fait*.

La Ligue des Roux

Je pensais à cette prédilection de l'employé pour la photographie, à sa manie de disparaître dans la cave. La cave ! Voilà l'endroit où aboutissait cette piste embrouillée. Alors, en posant quelques questions sur ce mystérieux employé, je m'aperçus que j'avais affaire à l'un des criminels les plus audacieux de Londres, connu pour son sang-froid. Il était occupé à quelque chose dans la cave, quelque chose qui lui prenait plusieurs heures par jour pendant des mois et des mois. Une fois de plus, je me demandais de quoi il s'agissait. Une solution et une seule s'imposa à mon esprit : il creusait un tunnel qui menait à un autre immeuble.

J'en étais là quand nous nous sommes rendus sur les lieux. Je vous ai étonné en frappant le trottoir de ma canne. C'était pour voir si la cave était située devant ou derrière la maison. Ce n'était pas devant. Alors, je sonnai à la porte et, comme je l'espérais, l'employé vint ouvrir. Nous avions déjà eu quelques petites escarmouches, mais jamais nous ne nous étions rencontrés. Je regardais à peine son visage. C'était ses genoux que je voulais voir. Vous avez dû remarquer vous-même que son pantalon était très usé et taché aux genoux, qu'il faisait des plis à cet endroit. C'était la preuve indubitable de toutes ces heures qu'il avait passées à creuser la terre. Il restait à découvrir où menait le tunnel. Après avoir tourné à l'angle du pâté de maisons, je m'aperçus que la City & Suburban Bank et le local de notre ami étaient contigus, ce qui me fournit la solution du problème. Quand vous êtes rentré chez vous après le concert, je suis passé à Scotland Yard et j'ai rendu visite au président du conseil d'administration de la banque. Vous avez vu vous-même le résultat de ces démarches.

---

10. **skirmishes**: a skirmish (terme militaire) : *un accrochage*.
11. **wrinkled** (de to wrinkle) : 1) *ridé, ratatiné*, 2) *plissé, froncé*.
12. **to burrow**: *creuser*. A **burrow**: *un terrier*.

"And how could you tell that they would make their attempt to-night[1]?" I asked.

"Well, when they closed their League offices that was a sign that they cared no longer about Mr. Jabez Wilson's presence—in other words, that they had completed their tunnel. But it was essential that they should use it soon, as it might be discovered, or the bullion might be removed. Saturday would suit them better than any other day, as it would give them two days for their escape. For all these reasons I expected them to come to-night[2]."

"You reasoned it out beautifully," I exclaimed, in unfeigned admiration. "It is so long a chain, and yet every link rings true[3]."

"It saved me from ennui[4]," he answered, yawning. "Alas! I already feel it closing in upon me. My life is spent in one long effort to escape from the commonplaces of existence[5]. These little problems help me to do so."

"And you are a benefactor of the race[6]," said I.

He shrugged his shoulders. "Well, perhaps, after all, it is of some little use," he remarked. "*L'homme c'est rien—l'œuvre c'est tout*[7], as Gustave Flaubert wrote to George Sand."

---

1. **how could you tell...to-night:** Holmes vient de mettre en lumière les différentes étapes qui constituent sa « méthode », mais il n'a élucidé que les données topographiques sur lesquelles il a raisonné. Cette question va amener les explications nécessaires sur l'autre élément important : le moment.

2. **to come to-night:** Wilson est venu consulter Holmes le matin précédent. On notera la brièveté de l'action et la rapidité du détective pour raisonner et agir.

3. **every link rings true:** littéralement : *tous les chaînons sonnent juste*. Watson file la métaphore de la chaîne du raisonnement.

4. **ennui:** le mot français figure dans le Concise Oxford Dictionary, avec le sens de « *lassitude morale* ».

5. **escape from the commonplaces of existence:** Holmes se plaint souvent de la platitude de l'existence et même de la banalité du crime. Son esprit se rebelle contre toute stagnation. Ses recherches, certaines de ses enquêtes, et l'usage de la cocaïne lui permettent d'y échapper.

— Et comment saviez-vous qu'ils feraient leur coup cette nuit ?

— Eh bien, quand ils ont fermé le bureau de la Ligue, cela voulait dire que la présence de M. Jabez Wilson ne les gênait plus, en d'autres termes que le tunnel était terminé. Mais il fallait absolument qu'ils l'utilisent sans tarder, car il pouvait être découvert et l'or, transporté ailleurs. On pouvait prévoir que le samedi serait le jour qui leur conviendrait le mieux, car cela leur donnerait deux jours pour filer. Telles sont les raisons qui m'ont amené à les attendre cette nuit.

— Quel bel exemple de votre logique ! m'écriai-je avec une admiration non feinte. La chaîne de votre raisonnement est bien longue, mais chaque maillon tient solidement.

— Cela m'a sauvé de l'ennui, répondit-il en bâillant. Hélas, je le sens déjà qui me cerne. Ma vie est un long effort pour échapper aux banalités de l'existence. Ces petits problèmes m'aident à y parvenir.

— Et vous êtes un bienfaiteur de l'humanité », ajoutai-je.

Il haussa les épaules.

« Eh bien, peut-être que cela sert à quelque chose en fin de compte. "L'homme c'est rien — l'œuvre c'est tout", comme Flaubert l'écrivait à George Sand. »

---

6. **a benefactor of the race:** tout au long du cycle, Holmes apparaît en effet comme le champion des valeurs morales et le défenseur de l'ordre social. Ici il a mis hors d'état de nuire un criminel qui représentait une menace redoutable pour la classe nantie.

7. Conan Doyle a un peu modifié la citation, extraite d'une lettre datée de décembre 1875. « L'homme n'est rien, l'œuvre tout », écrivait Flaubert.

The Adventure of the Copper Beeches

Les Hêtres rouges

"To the man who loves art[1] for its own sake," remarked Sherlock Holmes, tossing aside the advertisement sheet of *The Daily Telegraph*, "it is frequently in its least important and lowliest manifestations[2] that the keenest pleasure is to be derived. It is pleasant to me to observe, Watson, that you have so far grasped this truth that in these little records[3] of our cases which you have been good enough to draw up, and, I am bound to say, occasionally to embellish, you have given prominence not so much to the many *causes célèbres*[4] and sensational trials in which I have figured, but rather to those incidents which may have been trivial in themselves, but which have given room for those faculties of deduction and of logical synthesis which I have made my special province[5]."

"And yet," said I, smiling, "I cannot quite hold myself absolved from the charge[6] of sensationalism which has been urged against my records."

"You have erred, perhaps," he observed, taking up a glowing cinder with the tongs, and lighting with it the long cherry-wood pipe which was wont to[7] replace his clay[8] when he was in a disputatious, rather than a meditative mood—

1. **The man who loves art...:** Sherlock Holmes fait partie de ces gens très sensibles aux œuvres d'art. C'est un homme de goût, fort cultivé, et mélomane, comme nous l'avons vu.

2. **its least important...manifestations:** m. à m. : *ses manifestations les moins importantes*. **Lowliest:** superlatif de *lowly: modeste, humble*.

3. **records:** *annales, mémoires*. Holmes met en valeur le sens historique de Watson et le rôle de chroniqueur qu'il joue.

4. **causes célèbres:** nouvel exemple de la prédilection de Sherlock Holmes — partagée par son créateur — pour les expressions françaises.

« Les fervents de l'art pour l'art, déclara Holmes en reposant la page d'annonces du *Daily Telegraph*, tirent souvent un vif plaisir de ses manifestations les plus insignifiantes, les plus humbles. Je me réjouis de constater que vous, Watson, vous êtes convaincu de la vérité de ce principe puisque, dans ces petites chroniques de nos enquêtes que vous avez eu la bonté de rédiger — en les embellissant parfois, je dois le dire —, au lieu de mettre au premier plan toutes ces causes célèbres, ces procès à sensation où j'ai tenu un rôle, vous avez préféré donner la vedette à des épisodes, mineurs sans doute, mais qui m'ont permis d'exercer ces facultés de déduction et de synthèse logique dont j'ai fait mon domaine réservé.

— Pourtant, répondis-je en souriant, ce n'est peut-être pas sans raison qu'on m'a accusé de rechercher le sensationnel dans mes récits.

— Il se peut que vous ayez commis une erreur », dit-il. Et il saisit avec les pincettes un charbon incandescent pour allumer la longue pipe de merisier qu'il avait l'habitude de fumer à la place de sa pipe en terre lorsque son humeur le portait plus à la discussion qu'à la méditation.

Celle-ci se trouve d'ailleurs dans le Concise Oxford Dictionary.

5. **my special province:** Holmes tient à apparaître avant tout comme un logicien expert en criminologie, et non comme une vedette.

6. **I cannot quite hold myself absolved...:** m. à m. : *je ne peux pas me considérer comme entièrement disculpé de l'accusation portée...*

7. **to be wont to do...** = **accustomed to do** (archaïque et littéraire).

8. **his clay:** c'est la pipe en terre noire qui avait servi de sablier à Holmes pour réfléchir à l'aventure de Wilson dans la Ligue des Roux (p. 132).

"you have erred perhaps in attempting to put color and life into each of your statements[1], instead of confining yourself to the task of placing upon record that severe reasoning from cause to effect which is really the only notable feature about the thing."

"It seems to me that I have done you full justice in the matter," I remarked, with some coldness, for I was repelled[2] by the egotism which I had more than once[3] observed to be a strong factor in my friend's singular character.

"No, it is not selfishness or conceit[4]," said he, answering, as was his wont[5], my thoughts rather than my words. "If I claim full justice for my art, it is because it is an impersonal thing—a thing beyond myself. Crime is common. Logic is rare. Therefore it is upon the logic rather than upon the crime that you should dwell. You have degraded what should have been a course of lectures into a series of tales[6]."

It was a cold morning of the early spring, and we sat after breakfast on either side of a cheery fire in the old room at Baker Street. A thick fog[7] rolled down between the lines of dun-coloured houses, and the opposing windows loomed[8] like dark, shapeless blurs[9] through the heavy yellow wreaths[10]. Our gas was lit, and shone on the white cloth and glimmer of china and metal, for the table had not been cleared yet.

---

1. **put colour and life into...your statements**: Holmes reprend ici en termes différents la critique déjà adressée à Watson au début de *La Marque des Quatre*. Il lui reprochait d'avoir donné dans le romanesque dans son compte rendu de l'affaire Jefferson Hope *(Étude en rouge)*.

2. **I was repelled**: *j'éprouvais de la répulsion*.

3. **more than once**: *plus d'une fois*.

4. **conceit** = **personal vanity**. Cf. conceited, adj.: *prétentieux, vaniteux*.

5. **as was his wont**: tournure littéraire un peu archaïque.

6. **a series of tales**: series est une forme invariable, ici au singulier.

Les Hêtres rouges

« Il se peut que vous ayez commis une erreur en essayant de donner couleur et vie à vos témoignages au lieu de vous borner à consigner par écrit la marche austère du raisonnement de la cause à l'effet, car voilà la seule chose importante.

— Je vous ai rendu entièrement justice sur ce point, il me semble », ripostai-je avec une certaine froideur. En effet j'étais exaspéré par l'égocentrisme de mon ami, défaut assez prononcé chez lui, comme je l'avais souvent remarqué en observant ce singulier personnage.

« Non, je n'y mets ni égoïsme ni vanité », reprit-il, répondant ainsi, selon sa coutume, à mes pensées et non à mes paroles. « Si je revendique pleine justice pour mon art, c'est qu'il s'agit d'une chose impersonnelle qui me dépasse moi-même. Le crime est banal. La logique est rare. C'est donc sur la logique que vous devriez insister, et non sur le crime. Vous avez ravalé ce qui aurait dû être une série de conférences au rang d'un livre de contes. »

Ceci se passait dans notre vieil appartement de Baker Street, par une froide matinée au début du printemps. Après le petit déjeuner, nous nous étions installés devant un feu qui réjouissait le cœur. Dehors, un brouillard épais s'étirait entre les sombres rangées de maisons ; les fenêtres d'en face se dessinaient vaguement en taches noires, informes, à travers les lourdes volutes jaunes. Chez nous, le gaz était allumé ; il avivait la blancheur de la nappe et faisait luire la porcelaine et les couverts, car la table n'était pas encore desservie.

"Tales" connote souvent le fictif et l'étrange, alors que, poussé par ses exigences didactiques, Holmes choisit la froideur scientifique.

7. **a thick fog:** le brouillard est fréquemment associé aux activités de Holmes, parce que c'est une donnée du climat londonien, et aussi parce qu'il est perçu comme l'élément maléfique qui convient au crime.

8. **to loom:** *apparaître indistinctement, surgir.*

9. **blur:** *tache floue, indistincte.* Cf. **blurred picture:** *image floue.*

10. **wreath:** *guirlande, couronne (de fleurs).*

The Adventure of the Copper Beeches

Sherlock Holmes had been silent all the morning, dipping[1] continuously into the advertisement columns of a succession of papers until at last, having apparently given up his search, he had emerged in no very sweet temper to lecture[2] me upon my literary shortcomings[3].

"At the same time," he remarked, after a pause, during which he had sat puffing at his long pipe and gazing down into the fire, "you can hardly be open to a charge of[4] sensationalism, for out of these cases which you have been so kind as to interest yourself in, a fair proportion do not treat of crime, in its legal sense[5], at all. The small matter in which I endeavoured to help the King of Bohemia, the singular experience of Miss Mary Sutherland[6], the problem connected with the man with the twisted lip[7], and the incident of the noble bachelor[7], were all matters which are outside the pale of the law. But in avoiding the sensational, I fear that you may have bordered on the trivial."

"The end may have been so," I answered, "but the methods I hold to have been novel[8] and of interest."

"Pshaw, my dear fellow, what do the public, the great unobservant public, who could hardly tell a weaver by his tooth or a compositor by his left thumb, care about the finer shades of analysis and deduction! But, indeed, if you are trivial, I cannot blame you, for the days of the great cases are past. Man, or at least criminal man, has lost all enterprise and originality.

---

1. **to dip**: 1) *plonger*, 2) *baisser, descendre*. **To dip into a book**: *feuilleter un livre*.

2. **to lecture**: transitif : *réprimander*. Intrans.: *faire une conférence*.

3. **shortcomings**: *défauts*.

4. **you can hardly be open to a charge of...**: m. à m.: *vos récits ne prêtent guère le flanc à l'accusation de...*

5. **do not treat of crime in its legal sense**: le mot **"crime"** désigne en effet toute violation grave de la loi. Assassinats et effusions de sang sont assez rares dans le cycle. Holmes s'intéresse autant, sinon plus, à tous les « petits » problèmes qui stimulent également son esprit.

Les Hêtres rouges

Sherlock Holmes était resté silencieux toute la matinée ; il n'avait pas cessé de parcourir les colonnes d'annonces de quantité de journaux, jusqu'à ce qu'enfin, ayant semble-t-il abandonné des recherches qui l'avaient laissé d'assez méchante humeur, il se mît à me sermonner sur mes imperfections littéraires.

« En même temps », poursuivit-il après un silence occupé à tirer quelques bouffées de sa longue pipe et à regarder les flammes, « on aurait tort si l'on vous accusait de rechercher le sensationnel car, parmi les affaires auxquelles vous avez eu la bonté de vous intéresser, beaucoup ne sont pas des affaires criminelles au sens légal du mot. La petite affaire où j'ai essayé d'aider le roi de Bohême, la singulière aventure de Miss Mary Sutherland, le problème relatif à l'homme à la lèvre tordue ainsi que l'épisode de l'aristocrate célibataire, tout cela se situait hors du strict domaine de la loi. Mais en évitant le sensationnel, je crains que vous n'ayez frôlé le banal.

— Peut-être la fin est-elle banale, répondis-je, mais en ce qui concerne les méthodes décrites, j'estime que leur nouveauté suscite l'intérêt.

— Allons donc, mon cher ami, le public, le grand public est si peu observateur qu'il est incapable de reconnaître un tisserand à sa dent ou un typographe à son pouce gauche. Alors, comment voulez-vous que ces gens se soucient des nuances subtiles de l'analyse et de la déduction ? Mais si vous êtes banal, je ne saurais vous en blâmer, car l'époque des grandes affaires est révolue. L'homme, le criminel du moins, a perdu toute audace, toute originalité.

---

6. **Miss Mary Sutherland :** héroïne de « Une affaire d'identité », qui figure dans *Les Aventures de Sherlock Holmes*.
7. « L'Homme à la lèvre tordue » et « Un aristocrate célibataire » en font aussi partie. « Les Hêtres Rouges » clôt le livre.
8. **novel,** adj. : *neuf, original.* **A novel :** *un roman.*

As to my own little practice[1], it seems to be degenerating into an agency for recovering lost lead pencils[2] and giving advice[3] to young ladies from boarding-schools. I think that I have touched bottom at last, however. This note[4] I had this morning marks my zero-point, I fancy[5]. Read it!" He tossed[6] a crumpled[7] letter across to me.

It was dated from Montague Place[8] upon the preceding evening, and ran thus:

"DEAR MR. HOLMES,—I am very anxious to consult you as to whether I should or should not accept a situation which has been offered to me as governess. I shall call at half-past ten to-morrow, if I do not inconvenience you[9].

"Yours faithfully[10],

Violet Hunter."

"Do you know the young lady?" I asked.
"Not I."
"It is half-past ten now."
"Yes, and I have no doubt that is her ring."
"It may turn out to be of more interest than you think. You remember that the affair of the blue carbuncle[11], which appeared to be a mere whim[12] at first, developed into a serious investigation. It may be so in this case also."

---

1. **my own little practice**: Holmes passe de considérations générales sur la banalité du crime aux conséquences de ce phénomène sur son expérience personnelle. On notera l'habitude qu'il a de toujours minimiser ses activités en employant le mot **"little"** (cf. the Red-Headed League, p. 94 **"my own little adventures"** et p. 100 **"my poor little reputation"**). **Practice** peut désigner l'*exercice* d'une profession libérale, la *clientèle* (d'un médecin ou d'un avocat), ou encore le *cabinet* où ils travaillent.

2. **lead pencils**: m. à m. : *crayons à la mine de plomb*
3. **advice**: indénombrable et toujours singulier.
4. **note** = informal letter: *mot*.
5. **I fancy** = I think.
6. **to toss**: *lancer*. Cf. **to toss a coin**: *jouer à pile ou face*.

Les Hêtres rouges

Quant à mon modeste cabinet, il semble se transformer en agence pour retrouver les crayons égarés et donner des conseils aux jeunes filles à la sortie du pensionnat. Je crois même que j'ai fini par toucher le fond de la banalité. À lire le message que j'ai reçu ce matin, on dirait que j'ai atteint mon point zéro. Regardez ! » Et il me jeta une lettre froissée.

Elle avait été écrite à Montague Place la veille au soir et était rédigée en ces termes :

Cher Monsieur,
Je souhaite vivement vous consulter pour savoir si je dois ou non accepter un emploi de gouvernante qu'on m'a proposé. Je viendrai demain à dix heures et demie, si cela ne vous dérange pas.
Veuillez agréer mes salutations distinguées.

Violet Hunter.

« Connaissez-vous cette jeune fille ? demandai-je.
— Pas que je sache.
— Il est juste dix heures et demie.
— Oui, et c'est certainement elle qui sonne.
— Son problème va peut-être se révéler plus intéressant que vous ne le pensez. Rappelez-vous l'affaire de l'escarboucle bleue : au début, on aurait cru qu'il s'agissait d'un petit incident saugrenu, mais il a débouché sur une enquête très sérieuse. Il est bien possible que ce soit le cas cette fois encore.

---

7. **crumpled:** *chiffonné, fripé.*
8. **Montague Place:** rue située dans le quartier de Bloomsbury, tout à côté du British Museum. Conan Doyle y avait logé.
9. **if I do not inconvenience you** = **if it is not inconvenient (to you).**
10. **Yours faithfully:** formule consacrée pour terminer une lettre d'affaires.
11. **the blue carbuncle:** allusion à une nouvelle qui porte ce titre et figure dans le même recueil.
12. **a mere whim:** m. à m. : *une simple lubie.*

The Adventure of the Copper Beeches

"Well, let us hope so. But our doubts will very soon be solved, for here, unless I am much mistaken, is the person in question."

As he spoke the door opened and a young lady entered the room. She was plainly[1] but neatly[2] dressed, with a bright[3], quick[4] face, freckled[5] like a plover's egg, and with the brisk[6] manner of a woman who has had her own way to make[7] in the world.

"You will excuse my troubling you, I am sure," said she, as my companion rose to greet[8] her; "but I have had a very strange experience, and as I have no parents or relations[9] of any sort from whom I could ask advice, I thought that perhaps you would be kind enough to tell me what I should do."

"Pray take a seat, Miss Hunter. I shall be happy to do anything that I can to serve you."

I could see that Holmes was favourably impressed by the manner and speech of his new client. He looked her over[10] in his searching fashion[11], and then composed himself, with his lids drooping and his finger-tips together, to listen to her story.

"I have been a governess for five years," said she, "in the family of Colonel Spence Munro, but two months ago the colonel received an appointment at Halifax, in Nova Scotia[12], and took his children over to America with him, so that I found myself without a situation.

---

1. **plainly...dressed**: *sobrement habillée*. Mais dans d'autres contextes **plainly** = *clairement*. **To speak plainly**: *parler sans détours*.

2. **neatly**: 1) = **tidily**: *soigneusement*. 2) = **skilfully**: *habilement, adroitement*.

3. **bright** = **cheerful and happy**. A bright smile: *un sourire radieux*.

4. **quick** = **lively**: *vif*.

5. **freckled**: adj. Cf. **freckles**, subst.: *taches de rousseur*.

6. **brisk**: *vif, rapide*. Conan Doyle accumule les adjectifs qui suggèrent une énergie certaine.

7. **who has had her own way to make**: m. à m.: *qui a dû faire son chemin toute seule*.

Les Hêtres rouges

— Eh bien, espérons-le. Mais nos incertitudes vont bientôt être levées car, si je ne me trompe, la voici en personne. »

Il parlait encore que la porte s'ouvrit et une jeune fille entra. Elle était vêtue simplement mais avec soin ; son visage gai et éveillé était couvert de taches de rousseur comme un œuf de pluvier. Et elle avait la vivacité d'une femme qui a été obligée de ne compter que sur elle pour subsister.

« Vous voudrez bien m'excuser si je vous dérange, dit-elle à mon compagnon qui se levait pour l'accueillir. Mais il m'est arrivé une aventure très étrange et, comme je n'ai ni père ni mère ni famille à qui je puisse demander conseil, j'ai pensé que vous auriez peut-être la bonté de me dire ce que je dois faire.

— Asseyez-vous, je vous prie, Miss Hunter. Je serai heureux de tout faire pour vous rendre service. »

Il était clair que l'attitude et le langage de sa nouvelle cliente faisaient bonne impression sur Holmes. Il l'examina avec attention de la tête aux pieds, selon son habitude. Puis, les paupières baissées et les extrémités des doigts jointes, il se disposa à écouter son récit.

« J'ai été gouvernante cinq ans dans la famille du Colonel Spence Munro, commença-t-elle. Mais voici deux mois, le Colonel a reçu une affectation à Halifax, en Nouvelle-Écosse. Il a donc emmené ses enfants avec lui en Amérique, si bien que je me suis retrouvée sans situation.

---

8. **to greet:** *saluer, accueillir.*
9. **no parents or relations:** "parents" désigne les parents au sens restreint, alors que **"relation/relative"** renvoie à toute personne avec laquelle il existe un lien de parenté.
10. **looked her over:** la postposition indique le parcours opéré par le regard, qui toise le personnage.
11. **in his searching fashion:** = **manner:** *avec la minutie qui le caractérise.* **To search:** *fouiller, scruter.*
12. **Halifax, in Nova Scotia:** il s'agit de la capitale de la Nouvelle-Écosse, une des provinces « maritimes » du Canada, sur l'Atlantique.

The Adventure of the Copper Beeches

I advertised, and I answered advertisements, but without success. At last the little money which I had saved began to run short[1], and I was at my wits' end[2] as to[3] what I should do.

"There is a well-known agency for governesses in the West End called Westaway's, and there I used to call[4] about once a week in order to see whether anything had turned up[5] which might suit me. Westaway was the name of the founder of the business, but it is really managed by Miss Stoper. She sits in her own little office, and the ladies who are seeking employment[6] wait in an ante-room, and are then shown in one by one, when[7] she consults her ledgers, and sees whether she has anything which would suit them.

"Well, when I called last week I was shown into the little office as usual, but I found that Miss Stoper was not alone. A prodigiously stout[8] man with a very smiling face, and a great heavy chin[9] which rolled down in fold upon fold over his throat, sat at her elbow with a pair of glasses on his nose, looking very earnestly[10] at the ladies who entered. As I came in he gave quite a jump in his chair, and turned quickly to Miss Stoper:

"'That will do,' said he; 'I could not ask for anything better. Capital! capital[11]!' He seemed quite enthusiastic, and rubbed his hands together in the most genial[12] fashion. He was such a comfortable-looking man that it was quite a pleasure to look at him.

"'You are looking for a situation, miss?' he asked.

---

1. **began to run short**: m. à m.: *commença à manquer..*
2. **at my wits'end**: *à bout d'expédients, aux abois.*
3. **as to** = with respect to, concerning.
4. **I used to call**: used to marque l'aspect révolu.
5. **whether anything had turned up**: *si une occasion s'était présentée.*
6. **the ladies who are seeking employment**: m. à m.: *les dames qui cherchent un emploi.*
7. **when**: est ici relatif: *et à ce moment.*

J'ai fait paraître des annonces, j'ai répondu à d'autres, mais en vain. Enfin le peu d'argent que j'avais économisé s'est épuisé, et je ne savais plus comment me tirer d'affaire.

Il existe dans le West End une agence de placement pour gouvernantes très connue, l'agence Westaway. Je m'y rendais régulièrement une fois par semaine pour voir s'ils avaient un emploi susceptible de me convenir. Westaway est le nom de celui qui a fondé la maison, mais en fait c'est Miss Stoper qui gère l'affaire. Elle est installée dans son petit bureau ; les candidates attendent dans une antichambre, puis sont introduites une par une. Elle consulte alors ses registres pour voir si elle a quelque chose qui conviendrait.

Lorsque je suis passée à l'agence la semaine dernière, je fus introduite dans le petit bureau comme d'habitude, mais Miss Stoper n'était pas seule. À côté d'elle était assis un homme d'un embonpoint prodigieux, au visage souriant ; sa gorge disparaissait dans tous les plis et replis de son énorme double menton. Il portait des lunettes et regardait avec attention les personnes qui entraient. À mon entrée, il sursauta et se tourna aussitôt vers Miss Stoper en disant : "Voilà ce qu'il me faut. Je ne pourrais pas souhaiter mieux. Épatant ! Épatant !" Il débordait d'enthousiasme et se frottait les mains d'un air qui suggérait une extrême cordialité. Il semblait si parfaitement à l'aise qu'il faisait plaisir à voir. "Vous cherchez un emploi, mademoiselle ?" demanda-t-il.

---

8. **stout:** *gros, corpulent.*

9. **a great heavy chin:** great ne décrit pas une propriété objective mais exprime l'appréciation (surprise, admiration, etc.) de l'énonciateur. Il a ici une valeur intensive. Cf. **great big:** *immense.*

10. **earnestly:** *consciencieusement.* **Earnest:** *sérieux, sincère.*

11. **capital** (démodé, appartient à la langue parlée de l'époque) : *fameux.*

12. **genial:** *bienveillant, sympathique, aimable.*

" 'Yes, sir.'

" 'As governess?'

" 'Yes, sir.'

" 'And what salary[1] do you ask?'

" 'I had £4 a month in my last place with Colonel Spence Munro.'

" 'Oh, tut, tut! sweating[2]—rank[3] sweating!' he cried, throwing his fat hands out into the air like a man who is in a boiling passion[4]. 'How could anyone offer so pitiful a sum to a lady with such attractions and accomplishments[5]?'

" 'My accomplishments, sir, may be less than you imagine,' said I. 'A little French, a little German, music, and drawing—'

" 'Tut, tut!' he cried. 'This is all quite beside the question[6]. The point is, have you or have you not the bearing[7] and deportment[8] of a lady? There it is in a nutshell[9]. If you have not, you are not fitted for the rearing[10] of a child who may some day play a considerable part in the history of the country. But if you have, why, then, how could any gentleman ask you to condescend to accept anything under the three figures? Your salary with me, madam, would commence at £100 a year.'

"You may imagine, Mr. Holmes, that to me, destitute[11] as I was, such an offer seemed almost too good to be true. The gentleman, however, seeing perhaps the look of incredulity upon my face, opened a pocket-book and took out a note.

---

1. **salary** est le mot employé pour un traitement mensuel, alors que **wages** désigne un salaire horaire ou hebdomadaire.

2. **sweating**: *to sweat*: *suer*. Peut aussi être transitif, avec le sens de *faire transpirer, exploiter*. Cf. **sweated labour**: *main-d'œuvre exploitée*.

3. **rank**: 1) *luxuriant*. 2) *fétide*. 3) *flagrant*.

4. **passion**: *emportement*. **To be in a passion**: *être furieux*.

5. **accomplishments** (au pluriel): *arts d'agrément*.

Les Hêtres rouges

"— Oui, monsieur.

"— En qualité de gouvernante?

"— Oui, monsieur.

"— Et quel salaire désirez-vous?

"— J'avais quatre livres par mois chez le Colonel Spence Munro, ma dernière place.

"— Allons donc! c'est de l'exploitation, de l'exploitation pure et simple!" s'écria-t-il en levant au ciel ses bras énormes, comme on fait dans un accès de colère violente. "Comment a-t-on pu proposer une somme aussi pitoyable à une personne si distinguée, si attirante, et qui possède de pareils talents?

"— Mes talents, monsieur, ne sont peut-être pas aussi brillants que vous l'imaginez", répondis-je. "Un peu de français, un peu d'allemand, de musique et de dessin...

"— Allons! Allons! fit-il, cela n'a rien à voir. Une seule chose compte: avez-vous, oui ou non, l'allure et le maintien d'une dame? Voilà l'essentiel. Si vous ne les avez pas, vous n'êtes pas en mesure d'élever un enfant qui peut jouer plus tard un rôle considérable dans l'histoire de ce pays. Mais si vous les avez, eh bien alors, comment un gentleman pourrait-il vous demander de vous abaisser au point d'accepter un salaire inférieur à cent livres? Chez moi, mademoiselle, vous débuteriez à cent livres par an."

Vous devinez, M. Holmes, que, dans le dénuement où j'étais, une telle proposition m'a paru presque trop belle pour être vraie. Cependant le monsieur, peut-être en voyant l'incrédulité se peindre sur mon visage, ouvrit son portefeuille et en tira un billet.

---

6. **beside the question** = **beside the point**: *à côté de la question.*

7. **bearing:** 1) *port, maintien.* 2) *rapport, aspect.* 3) *position.*

8. **deportment:** *tenue; conduite.* **To deport oneself:** *se comporter.*

9. **nutshell:** littéralement: *coquille de noix.* **To put the matter in a nutshell:** *résumer l'affaire en deux mots.*

10. **rearing** = **bringing up. To rear:** 1) *élever.* 2) *relever (la tête).*

11. **destitute:** *sans ressources.* **The destitute:** *les indigents.*

"'It is also my custom,' said he, smiling in the most pleasant fashion until his eyes were just two little shining slits[1] amid the white creases[2] of his face, 'to advance to my young ladies half their salary beforehand, so that they may meet any little expenses of their journey and their wardrobe.'

"It seemed to me that I had never met so fascinating and so thoughtful[3] a man. As I was already in debt to my tradesmen, the advance was a great convenience[4], and yet there was something unnatural about the whole transaction which made me wish to know a little more before I quite committed myself[5].

"'May I ask where you live, sir?' said I.

"'Hampshire[6]. Charming rural place. The Copper Beeches, five miles on the far side[7] of Winchester. It is the most lovely country, my dear young lady, and the dearest old country-house[8].'

"'And my duties, sir? I should be glad to know what they would be.'

"'One child—one dear little romper[9] just six years old. Oh, if you could see him killing cockroaches with a slipper! Smack! smack! smack! Three gone before you could wink!' He leaned back in his chair and laughed his eyes into his head again.

"I was a little startled[10] at the nature of the child's amusement, but the father's laughter made me think that perhaps he was joking.

---

1. **slits**: a slit: *une fente*. De **to slit, slit**: *fendre*. **Slit-eyed**: *aux yeux bridés*.
2. **creases** = folds. **Creased**: *froissé, chiffonné*.
3. **thoughtful**: 1) *pensif, réfléchi.* 2) *prévenant*.
4. **a great convenience** = very convenient: *très commode*.
5. **committed myself**: to commit oneself: *s'engager*. A **committed writer**: *un écrivain engagé*.
6. **Hampshire**: comté (**county**: division administrative) situé au sud de l'Angleterre entre le Sussex et le Dorset. Winchester en est le chef-lieu (**county-town**) et Southampton la ville principale.

Les Hêtres rouges 185

"— J'ai aussi une habitude", reprit-il avec son sourire le plus charmant, si bien qu'on ne voyait plus que deux petits yeux bridés luire au milieu de tous les plis blancs de son visage. "J'avance toujours à mes jeunes demoiselles la moitié de leur salaire, pour leur permettre de faire face aux petites dépenses de leur voyage et de leur garde-robe."

Je me suis dit que jamais je n'avais rencontré un personnage aussi fascinant ni aussi attentionné. Comme je devais déjà de l'argent à mes commerçants attitrés, cette avance tombait fort à propos. Toutefois ces propositions avaient quelque chose d'anormal, et je voulais en savoir davantage avant de m'engager. Je lui demandai donc où il habitait.

"— Dans le Hampshire. Un coin charmant à la campagne : les Hêtres Rouges, à cinq miles de l'autre côté de Winchester. C'est le plus joli des vieux manoirs, chère mademoiselle, dans un paysage ravissant.

"— Et mes fonctions, monsieur ? Je voudrais savoir en quoi elles consisteraient.

"— Il y a un seul enfant, un amour de petit garçon, débordant d'énergie. Il vient d'avoir six ans. Ah, si vous le voyiez tuer les cafards à coups de pantoufle ! Et vlan ! Et vlan ! Et vlan ! Trois d'écrasés en un clin d'œil !"

Se renversant en arrière, il partit d'un grand éclat de rire qui fit encore disparaître ses yeux dans les plis de son visage.

La nature des jeux de cet enfant me surprit désagréablement, mais le rire de son père me fit penser que c'était peut-être une plaisanterie.

---

7. **on the far side:** par rapport à Londres, où cette scène se passe.

8. **the dearest old country-house:** langage parlé. Cf. **what a dear little dress!:** *quelle ravissante petite robe !*

9. **one dear little romper:** même valeur de **dear. Romper:** subst. formé sur **to romp:** *jouer bruyamment, s'ébattre.*

10. **startled:** *alarmée.* **To startle:** *faire sursauter, alarmer.*

"'My sole duties[1], then,' I asked, 'are to take charge of a single child[2]?'

"'No, no, not the sole, not the sole, my dear young lady,' he cried. 'Your duty would be, as I am sure your good sense would suggest, to obey any little commands my wife might give, provided always that[3] they were such commands as a lady might with propriety[4] obey. You see no difficulty, heh[5]?'

"'I should be happy to make myself useful.'

"'Quite so. In dress now, for example. We are faddy[6] people, you know—faddy but kind-hearted. If you were asked to wear any dress which we might give you, you would not object to our little whim[7]. Heh?'

"'No,' said I, considerably astonished at his words.

"'Or to sit here[8], or sit there, that would not be offensive[9] to you?'

"'Oh, no.'

"'Or to cut your hair quite short before you come to us?'

"I could hardly believe my ears. As you may observe, Mr. Holmes, my hair is somewhat luxuriant, and of a rather peculiar tint[10] of chestnut. It has been considered artistic. I could not dream of sacrificing it in this off-hand fashion[11].

"'I am afraid that that is quite impossible,' said I.

---

1. my sole duties = my only duties.
2. a single child = only one child. Mais si la jeune fille s'était préoccupée de la composition de la famille où elle allait travailler, elle aurait dit : "an only child": *un enfant unique*.
3. provided...(that): *pourvu que*.
4. propriety = decency: *convenances*. To observe the proprieties: *respecter les convenances*. Cf. proper: *comme il faut, correct*.
5. heh: interjection exprimant l'interrogation.
6. faddy: *capricieux, maniaque*. Mais he's a maniac!: *il est fou à lier!* Fad, subst. : *marotte, manie*.
7. whim: *caprice, fantaisie*. To be full of whims: *être capricieux*. Cf. whimsy, subst. et whimsical, adj.

Les Hêtres rouges

"— Mes fonctions se bornent donc à m'occuper d'un seul enfant?" demandai-je.

"— Non, non! Ce n'est pas tout, chère mademoiselle. Vos fonctions consisteraient — et là, je suis sûr qu'il vous suffirait d'écouter votre bon sens — à exécuter les ordres de ma femme, quels qu'ils soient, à condition qu'il s'agisse toujours d'ordres auxquels une femme bien élevée puisse obéir en toute bienséance. Vous n'y voyez pas d'inconvénient, hein?

"— Je serais heureuse de me rendre utile.

"— Exactement! Par exemple, en ce qui concerne les vêtements. Nous avons nos petites manies, vous savez, mais ces manies ne nous empêchent pas d'avoir bon cœur. Si l'on vous demandait de mettre telle ou telle robe que nous vous donnerions, vous ne vous opposeriez pas à cette lubie, hein?

"— Non", répondis-je, stupéfaite.

"— Ou bien de vous asseoir à tel ou tel endroit? cela ne vous paraîtrait pas trop déplaisant?

"— Oh non!

"— Ou encore de vous couper les cheveux très court avant de venir chez nous?"

Je n'en croyais pas mes oreilles. Comme vous voyez, M. Holmes, j'ai une chevelure assez luxuriante, d'une nuance de châtain peu commune. On m'a dit qu'elle avait quelque chose d'artistique. Je ne pouvais me résoudre à la sacrifier d'un cœur aussi léger.

"— Je suis désolée, mais c'est absolument impossible", lui dis-je.

---

8. **or to sit here** = or if you were asked to sit here.
9. **offensive** = **unpleasant. Offensive language**: *propos choquants*. L'adjectif est formé sur le subst. **offence: to cause offence to sb.**: *déplaire à qqn*.
10. **a rather peculiar tint**: m. à m.: *une teinte assez singulière*.
11. **in this off-hand fashion** = so casually. **Off-hand**, adj.: *cavalier, désinvolte*. **Off-hand**, adv.: *spontanément, à l'improviste*.

188 *The Adventure of the Copper Beeches*

He had been watching me eagerly[1] out of his small eyes, and I could see a shadow pass over his face as I spoke.

"'I am afraid that it is quite essential[2],' said he. 'It is a little fancy[3] of my wife's[4], and ladies' fancies, you know, madam, ladies' fancies must be consulted. And so you won't cut your hair?'

"'No, sir, I really could not,' I answered, firmly[5].

"'Ah, very well; then that quite settles the matter. It is a pity, because in other respects you would really have done[6] very nicely. In that case, Miss Stoper, I had best inspect a few more of your young ladies.'

"The manageress had sat all this while busy with her papers without a word to either of us, but she glanced at me now with so much annoyance[7] upon her face that I could not help suspecting that she had lost a handsome commission through my refusal.

"'Do you desire your name to be kept upon the books?' she asked.

"'If you please, Miss Stoper.'

"'Well, really[8], it seems rather useless, since you refuse the most excellent offers in this fashion,' said she sharply[9]. 'You can hardly expect us to exert ourselves[10] to find another such opening[11] for you. Good day to you, Miss Hunter.' She struck[12] a gong upon the table, and I was shown out by the page.

1. **eagerly:** suggère un mélange d'impatience et d'avidité, car le gros homme a jeté son dévolu sur Miss Hunter et souhaite vivement s'assurer ses services.

2. **I am afraid that it is quite essential:** le personnage met une certaine ironie à reprendre la même structure pour dire le contraire.

3. **a little fancy:** *une petite fantaisie.* Synonyme de **fad** et **whim**.

4. **of my wife's:** de même que, tout à l'heure, le gros homme avait évoqué les ordres de sa femme, et non les siens propres, c'est encore elle qu'il utilise comme écran.

5. **firmly:** cette réponse catégorique marque en effet une progression par rapport à "**I am afraid...**" (p. 186).

6. **you would really have done...:** cf. plus haut p. 180: "**That will do**", comme s'il s'agissait d'une marchandise. Cf. aussi "**inspect**".

Les Hêtres rouges

Depuis quelques instants ses petits yeux m'observaient avec avidité et je vis passer une ombre sur son visage en entendant ma réponse.

"— Je suis désolé, mais c'est absolument indispensable, répliqua-t-il. C'est un caprice de ma femme et les caprices des dames, vous le savez bien, doivent être pris en considération. Alors, vous ne voulez pas vous couper les cheveux ?

"— Non, monsieur. Cela ne m'est vraiment pas possible", répondis-je d'un ton ferme.

"— Bon, très bien. L'affaire est donc réglée. C'est dommage, car vous nous auriez très bien convenu à d'autres égards. Dans ce cas, Miss Stoper, je ferais mieux d'examiner d'autres personnes parmi vos jeunes filles."

Pendant cet échange la gérante était restée plongée dans ses papiers sans nous adresser un mot, mais elle me lança alors un regard empreint d'une si vive contrariété que j'en conclus que mon refus lui avait fait perdre une commission assez coquette.

"— Désirez-vous que nous conservions votre nom sur nos registres ?" m'a-t-elle demandé. Et comme je répondais par l'affirmative, elle me dit d'un ton acerbe : "Franchement, cela ne me paraît pas très utile, puisque vous refusez de cette façon des offres exceptionnelles. Ne vous attendez pas à ce que nous nous donnions du mal pour vous trouver une occasion comme celle-ci. Au revoir, Miss Hunter." Elle donna un coup de gong et le groom me raccompagna jusqu'à la porte.

---

7. **annoyance**: *mécontentement, déplaisir.* **Ennui** (*désœuvrement*) : boredom. **To be bored**: *s'ennuyer.*
8. **well, really**: exclamation qui annonce une réprimande.
9. **sharply** = **harshly**: *sévèrement, sèchement.*
10. **exert ourselves**: to exert oneself to do sth.: *s'appliquer à, s'efforcer de.* **Exertion**, subst. : *effort.*
11. **opening** = **opportunity**: *débouché, poste vacant.*
12. **struck**: prétérit de **to strike** : *frapper.*

The Adventure of the Copper Beeches

"Well, Mr. Holmes, when I got back to my lodgings and found little enough in the cupboard, and two or three bills upon the table, I began to ask myself whether I had not done a very foolish[1] thing. After all, if these people had strange fads, and expected obedience on the most extraordinary matters, they were at least ready to pay for their eccentricity. Very few governesses in England are getting £100 a year[2]. Besides, what use was my hair to me? Many people are improved by wearing it short[3], and perhaps I should be among the number. Next day I was inclined to think that I had made a mistake, and by the day after I was sure of it. I had almost overcome[4] my pride[5], so far as to go back to the agency and inquire whether the place was still open[6], when I received this letter from the gentleman himself. I have it here, and I will read it to you:

"'The Copper Beeches, near Winchester.

"'DEAR MISS HUNTER,—Miss Stoper has very kindly given me your address, and I write from here to ask you whether you have reconsidered your decision. My wife is very anxious that you should come, for she has been much attracted by my description of you. We are willing to give[7] £30 a quarter[8], or £120 a year, so as to recompense you for[9] any little inconvenience which our fads may cause you. They are not very exacting, after all. My wife is fond of a particular shade of electric blue, and would like you to wear such a dress indoors in the morning.

---

1. **foolish** = silly: *idiot, bête*. **A fool**: *un imbécile*.

2. **are getting a hundred a year**: la forme progressive marque qu'il ne s'agit pas d'une caractéristique permanente, mais d'une constatation sur les salaires actuels des gouvernantes.

3. **improved by wearing it short**: m. à m.: *embellies en les portant courts*. **To improve**: *améliorer*. **Hair**: singulier et indénombrable.

4. **overcome**: *dominer, surmonter*.

5. **pride** = self-respect: *orgueil, fierté*. **Proud**, adj.: *fier*.

Eh bien, M. Holmes, une fois rentrée chez moi, en trouvant le buffet presque vide et deux ou trois factures sur la table, je commençai à me demander si je n'avais pas fait une grosse bêtise. Après tout, si ces gens avaient d'étranges manies et comptaient être obéis dans leurs exigences les plus singulières, ils étaient quand même prêts à payer généreusement leurs excentricités. En Angleterre, très peu de gouvernantes gagnent cent livres par an. Par ailleurs, à quoi me servaient mes cheveux longs ? Je faisais peut-être partie de ces femmes — assez nombreuses au demeurant — qui sont plus jolies avec les cheveux courts. Le lendemain, je commençais à croire que j'avais fait une grave erreur ; le surlendemain, j'en étais certaine. J'avais presque réussi à vaincre suffisamment mon amour-propre pour retourner à l'agence demander si l'emploi était toujours vacant lorsque je reçus une lettre du monsieur en personne. Je l'ai apportée et je vais vous la lire :

"Les Hêtres Rouges, par Winchester,

Chère Mademoiselle,

Miss Stoper m'a très aimablement communiqué votre adresse et je vous écris d'ici pour vous demander si vous avez reconsidéré votre décision. Ma femme souhaite vivement que vous veniez, car elle a été séduite par la description que je lui ai faite de votre personne. Nous sommes prêts à vous donner trente livres par trimestre, soit 120 livres par an, afin de compenser tous les petits désagréments que nos manies peuvent vous occasionner. Tout compte fait, nous ne sommes pas si exigeants. Ma femme a un faible pour une certaine nuance de bleu électrique et aimerait que, le matin à la maison, vous portiez une robe de cette couleur.

---

6. **still open** = not filled. Cf. p. 188 : **another such opening**.
7. **willing to give** = ready to give. **Willingly**, adv. : *volontiers*.
8. **a quarter** : le quart d'une année, donc *un trimestre*. Cf. **a quarter's rent** : *un terme (de loyer)*.
9. **recompense you for...** : *vous dédommager de... Récompenser :* to reward.

You need not, however, go to the expense of purchasing new[1], as we have one belonging to my dear daughter Alice (now in Philadelphia), which would, I should think, fit you[2] very well. Then, as to sitting here or there, or amusing yourself in any manner indicated, that need cause you no inconvenience. As regards your hair, it is no doubt a pity, especially as I could not help remarking its beauty[3] during our short interview, but I am afraid that I must remain firm upon this point, and I only hope that the increased salary may recompense you for the loss. Your duties, as far as the child is concerned, are very light. Now do try to come, and I shall meet you with the dog-cart[4] at Winchester. Let me know your train.

Yours faithfully,

JEPHRO RUCASTLE.'

"That is the letter which I have just received, Mr. Holmes, and my mind is made up that I will accept it. I thought, however, that before taking the final step[5] I should like to submit the whole matter to your consideration."

"Well, Miss Hunter, if your mind is made up, that settles the question[6]," said Holmes, smiling.

"But you would not advise me to refuse?"

"I confess that it is not the situation which I should like to see a sister of mine[7] apply for."

"What is the meaning of it all, Mr. Holmes?"

"Ah, I have no data[8]. I cannot tell. Perhaps you have yourself formed some opinion?"

---

1. **of purchasing new:** to purchase: *acheter*. M. à m. : *d'en acheter une neuve*.
2. **would...fit you:** *elle serait tout à fait à votre taille*.
3. **its beauty: hair** singulier et indénombrable (= chevelure.)
4. **dog-cart:** *charrette anglaise* (petite voiture à deux roues).
5. **taking the final step:** m. à m. : *faire la démarche décisive*.
6. **that settles the question:** Holmes le logicien fait preuve d'indul-

Cependant vous n'aurez pas besoin d'en faire la dépense car nous en avons une qui appartient à ma chère fille Alice (elle vit maintenant à Philadelphie) et elle vous irait parfaitement, je crois. D'autre part, si nous vous demandons de vous asseoir à tel ou tel endroit, ou de vous occuper de telle ou telle manière, cela ne devrait pas vous causer de désagrément. Pour vos cheveux, c'est dommage. Je l'admets d'autant plus volontiers que je n'ai pu m'empêcher de remarquer leur beauté pendant notre brève entrevue, mais hélas! je suis obligé de rester ferme sur ce point. J'ose espérer que l'augmentation de salaire pourra vous dédommager de cette perte. En ce qui concerne l'enfant, vos responsabilités seront légères. Allons, tâchez de venir et donnez-moi l'heure de votre train pour que j'aille vous chercher à Winchester en voiture.

Veuillez agréer mes salutations distinguées.

Jephro Rucastle.

Voilà la lettre que je viens de recevoir, M. Holmes, et ma décision est prise : j'accepte. Cependant, je me suis dit qu'avant de m'engager de manière irréversible, il valait mieux vous soumettre cette affaire.

— Eh bien, Miss Hunter, si votre décision est prise, le problème est réglé, répondit Holmes avec un sourire.

— Mais vous ne me conseilleriez pas de refuser ?

— J'avoue que, si j'avais une sœur et qu'elle se présente pour cet emploi, cela ne me dirait rien de bon.

— Qu'est-ce que tout cela signifie, M. Holmes ?

— Ah, il me manque les données du problème. Je ne peux rien dire. Mais peut-être vous êtes-vous fait une opinion là-dessus, vous ?

---

gence amusée pour la contradiction qui ressort des derniers mots de sa nouvelle cliente.

7. **a sister of mine:** pour l'instant, le détective se borne à donner quelques conseils fraternels.

8. **no data:** en effet le récit de Miss Hunter et la lettre de M. Rucastle n'ont fourni à Holmes qu'une connaissance indirecte du problème.

"Well, there seems to me to be only one possible solution. Mr. Rucastle seemed to be a very kind, good-natured man[1]. Is it not possible that his wife is a lunatic[2], that he desires to keep the matter quiet for fear she should be taken[3] to an asylum, and that he humours her fancies[4] in every way in order to prevent an outbreak[5]."

"That is a possible solution—in fact, as matters stand, it is the most probable one. But in any case it does not seem to be a nice household[6] for a young lady."

"But the money, Mr. Holmes, the money!"

"Well, yes, of course the pay is good—too good. That is what makes me uneasy[7]. Why should they give you £120 a year, when they could have their pick[8] for £40? There must be some strong reason behind."

"I thought that if I told you the circumstances you would understand afterwards if I wanted your help. I should feel so much stronger if I felt that you were at the back of me."

"Oh, you may carry that feeling away with you. I assure you that your little problem promises to be the most interesting which has come my way for some months. There is something distinctly novel[9] about some of the features. If you should find yourself[10] in doubt or in danger—"

"Danger! What danger do you foresee?"

Holmes shook his head gravely. "It would cease to be a danger if we could define it," said he.

---

1. **a very kind good-natured man**: *un homme prévenant et facile à vivre*. Au début de son récit, Miss Hunter avait insisté sur la bonne impression produite par le personnage.
2. **a lunatic** = **an insane person**. Terme médical: *dément (e)*. *Être lunatique*: to be temperamental.
3. **for fear she should be taken...**: should s'emploie pour exprimer une crainte après **in case (that), for fear (that)**, et dans les phrases exprimant un but négatif (**so that...not**).
4. **he humours her fancies**: *il lui passe toutes ses fantaisies*.
5. **an outbreak**: marque le déclenchement de quelque chose de

Les Hêtres rouges 195

— Eh bien pour moi, il n'y a qu'une seule explication possible. M. Rucastle m'a semblé un brave homme, très accommodant. Voilà mon hypothèse : sa femme est folle, il désire dissimuler son état de peur qu'on ne l'envoie dans un asile d'aliénés et il fait tout pour se prêter à ses lubies afin d'éviter un accès de folie. Qu'en pensez-vous ?

— C'est une possibilité. En fait, d'après votre compte rendu, c'est l'explication la plus vraisemblable. Mais en tout cas, cette maison n'a pas l'air très agréable pour une jeune fille.

— Mais l'argent, M. Holmes, l'argent !

— Eh oui, bien sûr, le salaire est élevé, trop élevé même. C'est ce qui m'inquiète. Pourquoi vous donneraient-ils cent vingt livres par an alors qu'avec quarante, ils auraient l'embarras du choix ? Il doit y avoir quelque puissant motif là-dessous.

— J'avais pensé que, si je vous exposais la situation, vous comprendriez sans peine mes difficultés, au cas où j'aurais besoin de votre aide plus tard. Je me sentirais tellement plus forte si je vous savais prêt à m'aider.

— Oh ! vous pouvez partir tranquillisée sur ce point. Croyez-moi, votre petit problème nous réserve des surprises et je n'ai rien eu d'aussi intéressant depuis plusieurs mois. Il y a là des éléments tout à fait nouveaux. Si par hasard vous vous trouviez dans l'incertitude, ou bien en danger...

— En danger ! Quel danger prévoyez-vous donc ? »

Holmes secoua la tête d'un air grave : « Ce ne serait plus un danger si nous pouvions le définir.

---

violent : **the outbreak of war, of a disease**...
  6. **household:** désigne les personnes qui vivent dans une maison.
  7. **uneasy** = worried. **To be uneasy about sth.:** *s'inquiéter*.
  8. **have their pick:** *faire leur choix*. **To pick** = to choose.
  9. **novel:** adj. : *neuf, original*. Subst. : **novelty**.
  10. **if you should find yourself: should** renforce la valeur hypothétique.

The Adventure of the Copper Beeches

"But at any time, day or night, a telegram would bring me down to your help."

"That is enough." She rose briskly[1] from her chair with the anxiety all swept[2] from her face. "I shall go down to Hampshire quite easy in my mind now. I shall write to Mr. Rucastle at once, sacrifice my poor hair to-night, and start for Winchester to-morrow." With a few grateful words to Holmes she bade us both good-night[3] and bustled off[4] upon her way.

"At least," said I, as we heard her quick, firm step[5] descending the stairs, "she seems to be a young lady who is very well able to take care of herself."

"And she would need to be," said Holmes, gravely; "I am much mistaken[6] if we do not hear from her before many days are past."

It was not very long before my friend's prediction was fulfilled. A fortnight went by, during which I frequently found my thoughts turning in her direction, and wondering what strange side-alley[7] of human experience this lonely woman had strayed[8] into. The unusual salary, the curious conditions, the light duties, all pointed to something abnormal, though whether a fad or a plot, or whether the man were a philanthropist or a villain, it was quite beyond my powers to determine[9]. As to Holmes, I observed that he sat frequently for half an hour on end,

---

1. **briskly:** *vivement.* To walk briskly: *marcher d'un bon pas.*

2. **swept:** part. passé de **to sweep**, *balayer.* Métaphore cliché.

3. **bade us good-night:** prétérit de **to bid:** 1) *ordonner.* 2) *dire, offrir.*

4. **bustled off:** to bustle: *s'affairer, s'agiter.* En effet la jeune fille a une journée chargée en perspective.

5. **her quick firm step:** Conan Doyle insiste encore sur le caractère décidé de Miss Hunter.

6. **mistaken:** part. passé de **to mistake:** *se tromper.* If I am not mistaken: *si je ne me trompe...* Holmes emploie la tournure inverse : *ça m'étonnerait beaucoup que nous n'ayons pas de ses nouvelles...*

7. **side-alley:** alley désigne *une ruelle, un passage* et connote souvent un quartier sordide. **Side-** suggère un endroit peu fréquenté.

Mais si vous m'envoyez un télégramme à n'importe quelle heure du jour ou de la nuit, je viendrai à votre secours.

— Cela me suffit. » Elle se leva d'un mouvement vif ; son visage n'exprimait plus la moindre appréhension. « Maintenant je vais partir pour le Hampshire sans me faire de souci. Je vais écrire tout de suite à M. Rucastle, ce soir je sacrifierai mes pauvres cheveux, et demain je prendrai le train de Winchester. » Elle adressa quelques mots de remerciement à Holmes, nous dit au revoir, et s'éloigna d'un pas alerte.

« Au moins, dis-je, tandis que nous l'entendions descendre l'escalier de sa démarche rapide et assurée, voilà une jeune fille qui semble très capable de se débrouiller toute seule.

— Et il y a tout lieu de croire qu'elle va en avoir besoin, fit Holmes d'un ton grave. Si je ne me trompe, nous aurons de ses nouvelles d'ici peu. »

La prédiction de mon ami ne tarda pas à se réaliser. Il s'écoula une quinzaine de jours pendant lesquels mes pensées allaient souvent vers elle ; je me demandais en quel lieu étrange et écarté les chemins de la destinée avaient bien pu mener cette jeune femme solitaire. Le salaire singulièrement élevé, les conditions bizarres qu'on lui avait imposées, les responsabilités légères, tout cela indiquait à l'évidence quelque chose d'anormal. Mais s'agissait-il d'une lubie ou d'un complot ? Cet homme était-il un philanthrope ou un scélérat ? J'étais bien incapable de me prononcer. Quant à Holmes, je remarquais qu'il demeurait souvent immobile sur sa chaise une demi-heure d'affilée,

---

8. **strayed:** to stray : s'égarer.
9. **though...determine:** permutation et structure elliptique : **though it was beyond my powers to determine whether it was a fad or a plot, or whether...** L'exposition s'achève cette fois sans dialogue entre Holmes et Watson. Les questions que se pose ce dernier constituent le résumé du problème.

with knitted brows and an abstracted[1] air, but he swept the matter away[2] with a wave of his hand when I mentioned it. "Data! data! data!" he cried impatiently. "I can't make bricks without clay[3]." And yet he would always wind up[4] by muttering that no sister of his should ever have accepted such a situation.

The telegram which we eventually[5] received came late one night, just as I was thinking of turning in[6], and Holmes was settling down[7] to one of those all-night researches[8] which he frequently indulged in, when I would leave him[9] stooping over a retort and a test-tube at night, and find him in the same position when I came down to breakfast in the morning. He opened the yellow envelope, and then, glancing at the message, threw it across to me.

"Just look up the trains in Bradshaw[10]," said he, and turned back to his chemical studies.

The summons[11] was a brief and urgent one.

"Please be at the 'Black Swan' Hotel at Winchester at midday to-morrow," it said. "Do come! I am at my wits' end.

HUNTER."

"Will you come with me?" asked Holmes, glancing up.

"I should wish to."

"Just look it up, then."

---

1. **abstracted**: 1) = **absent-minded**: *distrait*. 2) = **preoccupied**: *absorbé*.

2. **swept the matter away** = swept it aside: *il repoussait le problème*. Prétérit de **to sweep**, *balayer*.

3. **I can't make bricks without clay**: littéralement : *je ne peux pas fabriquer des briques sans argile*. Expression proverbiale qui n'a pas d''équivalent en français. En fait Conan Doyle déforme un peu un proverbe qui trouve son origine dans la Bible : **"I can't make bricks without straw."**

4. **he would always wind up**: forme dite « fréquentative ». **To wind up**: *finir, terminer*. **To wind up a meeting**: *clore une séance*.

5. **eventually**: *finalement, à la fin*. *Éventuellement* : **possibly**.

les sourcils froncés, l'air préoccupé. Mais si j'évoquais l'affaire, il écartait mes allusions d'un geste et s'écriait d'un ton impatient : « Il me faut les données du problème ; sans données, pas de solution. Je ne peux pas faire de miracle ! » Cependant il finissait toujours par grommeler que, s'il avait une sœur, il serait hors de question qu'elle acceptât un pareil emploi.

En fin de compte, un télégramme nous parvint un soir, très tard, à l'heure où je me disposais à aller me coucher. Holmes, lui, se préparait à consacrer toute sa nuit à ces recherches auxquelles il se livrait souvent ; (je le laissais alors le soir penché au-dessus d'une cornue et d'une éprouvette et j'étais sûr de le retrouver dans la même position en descendant le lendemain matin pour le petit déjeuner). Il ouvrit l'enveloppe jaune qui contenait le télégramme, le parcourut et me le jeta en disant : « Regardez donc l'heure des trains dans l'indicateur. » Et il reprit ses expériences de chimie.

Le message qui nous appelait était bref et urgent :
Veuillez vous trouver à l'Hôtel du Cygne Noir à Winchester demain midi. Venez. Je suis à bout.
HUNTER.

« Voulez-vous m'accompagner ? me demanda Holmes en levant les yeux.

— Avec plaisir.

— Alors, cherchez les horaires.

---

6. **turning in** (langue parlée) = **going to bed**.

7. **settling down: to settle down:** *s'installer.* **To settle down to do sth.:** *se disposer à faire qqch.*

8. **those all-night researches:** ces recherches nous rappellent que Holmes est un chimiste hors pair.

9. **when I would leave him: when** (relatif) a pour antécédent **researches. Would:** forme fréquentative.

10. **Bradshaw:** la 1ʳᵉ édition de l'indicateur des chemins de fer britanniques fut publiée par G. Bradshaw en 1839.

11. **the summons:** littéralement : *la sommation.* **A summons (sg):** *assignation.*

The Adventure of the Copper Beeches

"There is a train at half-past nine," said I, glancing over my Bradshaw. "It is due at Winchester at 11.30."

"That will do very nicely. Then perhaps I had better postpone my analysis of the acetones, as we may need to be at our best in the morning."

By eleven o'clock the next day we were well upon our way to the old English capital[1]. Holmes had been buried in the morning papers all the way down, but after we had passed the Hampshire border[2] he threw them down, and began to admire the scenery. It was an ideal spring day, a light blue sky, flecked[3] with little fleecy[4] white clouds drifting[5] across from west to east. The sun was shining very brightly, and yet there was an exhilarating nip in the air[6], which set an edge[7] to a man's energy. All over the country-side, away to the rolling hills around Aldershot, the little red and grey roofs of the farm-steadings peeped out from amid the light green of the new foliage.

"Are they not fresh and beautiful?" I cried, with all the enthusiasm of a man fresh from the fogs of Baker Street[8].

But Holmes shook his head gravely.

"Do you know, Watson," said he, "that it is one of the curses[9] of a mind with a turn like mine that I must look at everything with reference to my own special subject. You look at these scattered houses, and you are impressed by their beauty.

---

1. **the old English capital:** quand les rois du Wessex — un des anciens royaumes anglo-saxons — sont devenus rois d'Angleterre, la capitale du Wessex, Winchester, est devenue capitale de tout le pays, en concurrence avec Londres.

2. **the Hampshire border:** la « frontière » entre ce comté et le Surrey.

3. **flecked:** dans d'autres contextes : *tacheté*. Fleck: *petite tache*.

4. **fleecy:** dont l'aspect évoque une *toison* (fleece).

5. **to drift:** *dériver, être poussé par le courant/le vent.*

6. **an exhilarating nip in the air:** m. à m. : *un froid vivifiant qui pince le visage* (to nip: *pincer*).

Les Hêtres rouges 201

— Le train de neuf heures et demie arrive à Winchester à onze heures et demie, répondis-je après avoir consulté l'indicateur.

— Parfait. Dans ce cas, je ferais peut-être mieux de remettre à plus tard mon analyse des acétones, car demain nous aurons sans doute besoin d'être au meilleur de notre forme. »

Vers onze heures le lendemain nous approchions de l'ancienne capitale anglaise. Pendant tout le trajet, Holmes s'était plongé dans les journaux du matin, mais une fois franchie la limite du Hampshire, il les avait abandonnés pour admirer le paysage. C'était une journée de printemps idéale. Le ciel d'un bleu pâle se pommelait de nuages blancs floconneux que le vent déplaçait d'ouest en est. Il faisait un soleil éclatant mais l'air était vif et ce petit froid piquant vous faisait déborder d'énergie. Partout dans la campagne, jusqu'aux collines arrondies près d'Aldershot, on voyait les toits rouges et gris des fermes pointer parmi le vert tendre du jeune feuillage.

« Quelle fraîcheur! Vous ne trouvez pas que c'est beau ? » m'écriai-je avec tout l'enthousiasme d'un homme qui vient de quitter les brumes de Baker Street. Mais Holmes secoua la tête d'un air grave: «Vous savez, Watson, c'est une vraie calamité, mais avec ma tournure d'esprit, je ne peux m'empêcher de regarder les choses d'un œil de spécialiste. Vous, vous contemplez ces maisons dispersées dans la campagne et vous êtes frappé par leur beauté.

---

7. **to set an edge:** *aiguiser.* **Edge:** *tranchant (d'un couteau).*

8. **fresh from the fogs of Baker Street: fresh** exprime la nouveauté de l'expérience, le dépaysement complet par rapport à la capitale, le brouillard étant associé à la fois à Londres et au crime. L'exclamation de Watson va provoquer d'intéressantes réflexions sur la criminalité dans les campagnes.

9. **curse:** 1) *malédiction.* 2) *juron.* 3) *fléau, malheur.*

The Adventure of the Copper Beeches

I look at them, and the only thought which comes to me is a feeling of their isolation and of the impunity with which crime may be committed there."

"Good heavens!" I cried. "Who would associate crime with these dear old homesteads[1]?"

"They always fill me with a certain horror. It is my belief, Watson, founded upon my experience, that the lowest[2] and vilest alleys in London do not present a more dreadful record of sin[3] than does the smiling and beautiful countryside."

"You horrify me!"

"But the reason is very obvious. The pressure of public opinion can do in the town what the law cannot accomplish. There is no lane[4] so vile that the scream of a tortured child, or the thud of a drunkard's blow[5], does not beget[6] sympathy and indignation among the neighbours, and then the whole machinery of justice is ever so close that a word of complaint can set it going, and there is but a step between the crime and the dock. But look at these lonely houses, each in its own fields, filled for the most part with poor ignorant folk who know little of the law. Think of the deeds[7] of hellish cruelty, the hidden wickedness[8] which may go on, year in, year out, in such places, and none the wiser[9]. Had this lady who appeals to us for help gone to live in Winchester, I should never have had a fear for her. It is the five miles[10] of country which makes the danger.

---

1. **these dear old homesteads**: dans le langage parlé familier, dear a une valeur laudative (cf. p. 184). **Homestead = farmhouse with the land around it**. Pour Watson, vie rurale égale innocence.

2. **lowest**: superlatif de **low**: *bas*. Le mot renvoie ici au degré inférieur dans les valeurs morales et se rapproche de "**vilest**".

3. **do not present a more dreadful record of sin**: *ne sont pas plus mal placées dans les archives du péché que...* On remarque que Conan Doyle, qui a fait de Sherlock Holmes un héros éminemment moral, emploie le mot de "**sin**" et non celui de "**crime**".

4. **lane**: à la campagne : *chemin*. Mais en ville = **alley**: *ruelle*.

5. **blow**: *coup*. **To come to blows**: *en venir aux mains*. Cf. p. 70.

Moi, quand je les regarde, une seule idée me traverse l'esprit : elles sont fort isolées et l'on peut y commettre un crime en toute impunité.

— Grand Dieu ! m'exclamai-je. Comment peut-on associer le crime à ces vieilles fermes si belles ?

— Elles me remplissent toujours d'un certain sentiment d'horreur. Ma conviction, Watson, fondée sur l'expérience, c'est que les ruelles les plus sordides et les plus mal famées de Londres occupent dans les annales du crime beaucoup moins de place que cette jolie campagne souriante.

— Vous m'épouvantez !

— La raison en est évidente. En ville, la pression de l'opinion publique peut accomplir ce que la loi ne peut faire. On n'y trouvera pas de ruelle si infâme que le cri d'un enfant martyr ou le bruit sourd des coups de poing d'un ivrogne ne suscitent la compassion et l'indignation des voisins ; tout l'appareil de la justice est si proche qu'une seule plainte peut le mettre en marche. Entre le crime et le banc des accusés il n'y a qu'un pas. Mais regardez ces maisons isolées, entourées de champs, habitées pour la plupart par de pauvres gens qui ignorent presque tout de la loi. Songez aux manifestations de cruauté diabolique, à toutes les horreurs qui peuvent se commettre en secret dans de tels lieux, année après année, à l'insu de tous. Si la demoiselle qui nous appelle à l'aide était allée vivre à Winchester, je ne me serais pas inquiété à son sujet. Le danger vient des cinq miles de campagne qui l'en séparent.

---

6. **beget:** *engendrer, causer.*

7. **deeds:** *actes, actions.* Subst. correspondant au verbe **to do.**

8. **wickedness:** *méchanceté, perversité.* Cf. **wicked:** *méchant.* Après "**vile**", "**sin**" et "**hellish**", encore un mot qui souligne la primauté morale du contexte londonien.

9. **none the wiser** = **without anyone being the wiser:** *sans que personne soit plus avancé.*

10. **the five miles:** 1 **mile** = 1,6 km. La distance en question fonctionne comme une entité, d'où le verbe **(makes)** au singulier.

The Adventure of the Copper Beeches

Still, it is clear that she is not personally threatened[1]."

"No. If she can come to Winchester to meet us she can get away."

"Quite so. She has her freedom."

"What *can* be the matter[2], then? Can you suggest no explanation?"

"I have devised[3] seven separate explanations, each of which would cover the facts[4] as far as we know them. But which of these is correct can only be determined[5] by the fresh information which we shall no doubt find waiting for us. Well, there is the tower of the cathedral, and we shall soon learn all that Miss Hunter has to tell."

The "Black Swan" is an inn of repute in the High Street[6], at no distance from the station, and there we found the young lady waiting for us. She had engaged[7] a sitting-room, and our lunch awaited us upon the table.

"I am so delighted that you have come," she said earnestly[8]. "It is so very kind of you both; but indeed I do not know what I should do. Your advice will be altogether invaluable to me."

"Pray tell us what has happened to you."

"I will do so, and I must be quick, for I have promised Mr. Rucastle to be back before three. I got his leave[9] to come into town this morning, though he little knew[10] for what purpose[11]."

---

1. **she is not personally threatened:** le danger menace donc une autre personne.
2. **what CAN be the matter?:** les italiques signalent l'insistance avec laquelle le mot est prononcé.
3. **to devise:** *inventer, concevoir.* Cf. **a device:** *mécanisme, procédé.*
4. **cover the facts** = deal adequately with the facts.
5. **which...determined...:** le problème du choix entre les sept hypothèses ne pourra se résoudre que lors de l'entrevue avec Miss Hunter, puisqu'elle seule connaît les données du problème.
6. **the High Street:** c'est le nom usuel pour la rue principale d'une petite ville.

Les Hêtres rouges

Néanmoins, il est clair que sa personne n'est pas menacée.

— En effet. Si elle peut venir nous retrouver à Winchester, c'est qu'elle peut quitter la maison.

— Exactement. Elle a toute sa liberté.

— Alors de quoi peut-il bien s'agir ? Vous n'avez aucune explication à proposer ?

— J'en ai imaginé sept différentes, et chacune pourrait rendre compte des faits tels que nous les connaissons. Reste à savoir laquelle des sept est correcte, et nous ne pourrons en juger que d'après les informations nouvelles qui nous attendent. Tiens, voilà la tour de la cathédrale ! Nous n'allons pas tarder à entendre le récit détaillé de Miss Hunter. »

Le Cygne Noir est une auberge réputée située dans la Grand-Rue, non loin de la gare. Nous y retrouvâmes la jeune fille, qui nous avait précédés. Elle avait réservé un salon et le déjeuner nous attendait.

« Je suis si contente que vous soyez venus ! déclara-t-elle d'un ton convaincu. C'est si gentil de votre part ! Je ne sais vraiment plus que faire. Vos conseils vont m'apporter une aide inestimable.

— Expliquez-nous ce qui vous est arrivé.

— C'est mon intention, et je dois faire vite car j'ai promis à M. Rucastle d'être de retour avant trois heures. Il m'a donné l'autorisation de venir en ville ce matin, sans se douter de l'objet de ma visite.

---

7. **engaged:** terme démodé. En anglais contemporain, on aurait "booked" ou "reserved".
8. **earnestly:** ce n'est pas une simple formule de politesse ; la jeune fille parle sérieusement.
9. **I got his leave:** *j'ai obtenu sa permission*. **To ask leave (from sb.) to do sth.:** *demander la permission de faire qqch*.
10. **he little knew:** little a une valeur quasi négative.
11. **for what purpose:** *dans quel but*.

The Adventure of the Copper Beeches

"Let us have everything in its due order[1]." Holmes thrust[2] his long thin legs out towards the fire and composed himself[3] to listen.

"In the first place, I may say that I have met, on the whole, with no actual[4] ill-treatment from Mr. and Mrs. Rucastle. It is only fair to them to say that. But I cannot understand them, and I am not easy in my mind about them."

"What can you not understand?"

"Their reasons for their conduct. But you shall have it[5] all just as it occurred. When I came down[6], Mr. Rucastle met me here, and drove me in his dog-cart to the Copper Beeches. It is, as he said, beautifully situated, but it is not beautiful in itself, for it is a large square block of a house, whitewashed, but all stained and streaked[7] with damp and bad weather. There are grounds[8] round it, woods on three sides, and on the fourth a field which slopes down to the Southampton high-road[9], which curves past about a hundred yards[10] from the front door. This ground in front belongs to the house, but the woods all round are part of Lord Southerton's preserves[11]. A clump[12] of copper beeches immediately in front of the hall door has given its name to the place.

"I was driven over[13] by my employer, who was as amiable as ever, and was introduced by him that evening to his wife and the child.

---

1. **in its due order**: due = proper: *dans l'ordre qui convient*. Cf. **in due form**: *dans les règles*.

2. **thrust**: prétérit de **to thrust**: *pousser*.

3. **to compose oneself to do sth.**: *se disposer à...*

4. **actual**: *réel, véritable*. **Actually**: *effectivement, en fait*.

5. **you shall have it**: shall a une valeur de promesse : je m'engage à vous donner un compte rendu de la situation (**it**).

6. **when I came down**: par rapport à Londres (= **up**), on « descend » dans le Hampshire. **Down** = la province.

7. **streaked**: *zébré, strié, maculé*.

Les Hêtres rouges 207

— Faites-nous un récit complet des événements, dans l'ordre », demanda Holmes. Il s'assit, allongea ses longues jambes maigres vers la cheminée et s'installa tranquillement pour écouter.

« D'abord je peux dire que, dans l'ensemble, je n'ai à me plaindre d'aucun mauvais traitement de la part de M. et Mrs. Rucastle. Je ne fais que leur rendre justice en disant cela. Mais je n'arrive pas à les comprendre et je suis inquiète.

— Qu'est-ce que vous n'arrivez pas à comprendre?

— Les motifs de leur comportement. Mais je vais vous faire un récit circonstancié de tout cela. À mon arrivée, M. Rucastle est venu me chercher et m'a conduite aux Hêtres Rouges dans sa charrette anglaise. C'est un endroit admirablement situé, en effet, mais la maison en elle-même n'est pas belle ; c'est un gros bloc carré blanchi à la chaux, aux murs tachés par l'humidité et les longues traînées laissées par les averses. Elle est entourée d'un parc, avec des bois sur trois côtés et, sur le quatrième, un champ qui descend en pente jusqu'à la grand-route de Southampton. Elle passe à une centaine de yards de la porte d'entrée et forme un virage à cet endroit. Le terrain situé devant appartient à la maison, mais les bois tout autour font partie des réserves de gibier de Lord Southerton. Le bouquet de hêtres rouges devant la porte a donné son nom à l'endroit.

Pendant le trajet, mon patron s'est montré toujours aussi aimable et le soir même il m'a présentée à sa femme et à l'enfant.

---

8. **grounds:** toujours au pluriel pour désigner le terrain ou domaine autour d'un château ou d'une propriété.
9. **the Southampton high-road** = main road.
10. **a hundred yards:** une centaine de mètres environ.
11. **preserves:** cf. game preserve: *chasse gardée*.
12. **clump (of trees/bushes):** *bouquet, massif.* Cf. p. 134, note 7.
13. **over:** indique le parcours de la distance de la gare à la maison.

The Adventure of the Copper Beeches

There was no truth, Mr. Holmes, in the conjecture which seemed to us to be probable in your rooms at Baker Street. Mrs. Rucastle is not mad. I found her to be[1] a silent, pale-faced woman, much younger than her husband, not more than thirty, I should think, while he can hardly be less than forty-five. From their conversation I have gathered[2] that they have been married about seven years, that he was a widower[3], and that his only child by the first wife was the daughter who has gone to Philadelphia. Mr. Rucastle told me in private that the reason why she had left them was that she had an unreasoning aversion to her step-mother[4]. As the daughter would not have been[5] less than twenty, I can quite imagine that her position must have been uncomfortable with her father's young wife.

"Mrs. Rucastle seemed to me to be colourless in mind as well as in feature[6]. She impressed me neither favourably nor the reverse. She was a nonentity[7]. It was easy to see that she was passionately devoted both to[8] her husband and to her little son. Her light grey eyes wandered continually from one to the other, noting every little want[9] and forestalling[10] it if possible. He was kind to her also in his bluff[11], boisterous[12] fashion, and on the whole they seemed to be a happy couple. And yet she had some secret sorrow, this woman. She would often be lost in deep thought, with the saddest look upon her face. More than once I have surprised her in tears.

---

1. **I found her to be...**: c'est en effet le point de vue de Miss Hunter qui domine dans cette deuxième section de la nouvelle, où elle expose en détail à Sherlock Holmes tout ce qu'elle a vécu et constaté depuis son arrivée chez les Rucastle.

2. **gathered** = concluded. To gather: 1) *rassembler, ramasser*. 2) *déduire*. As far as I can gather: *à ce que je comprends*.

3. **a widower**: *un veuf*. Cf. p. 106, note 1.

4. **her step-mother**: le préfixe **step-** désigne un rapport de parenté par remariage (cf. **step-father, step-son**, etc.) A la différence du français, l'anglais distingue nettement entre la belle-mère par remariage du père

Les Hêtres rouges 209

L'hypothèse que nous avions envisagée ensemble chez vous à Baker Street est erronée, M. Holmes. Mrs Rucastle n'est pas folle. C'est une femme silencieuse, au teint pâle, beaucoup plus jeune que son mari, car elle doit avoir trente ans à peine, tandis que lui en a au moins quarante-cinq. D'après leur conversation, j'ai compris qu'ils sont mariés depuis sept ans, qu'il était veuf lorsqu'il l'a épousée et que l'unique enfant qu'il avait eu de sa première femme était la fille installée à Philadelphie. M. Rucastle m'a expliqué en confidence que, si elle était partie, c'est parce qu'elle éprouvait pour sa belle-mère une antipathie irraisonnée. Comme elle devait avoir au moins vingt ans, j'imagine fort bien qu'elle a dû se sentir très mal à l'aise avec la jeune femme de son père.

Mrs. Rucastle m'a paru être une personne aussi terne d'esprit que de physionomie. Elle ne m'a fait ni bonne ni mauvaise impression. Elle est parfaitement insignifiante. J'ai vu tout de suite qu'elle adorait son mari et son petit garçon. Ses yeux gris clair erraient sans cesse de l'un à l'autre, à l'affût de leur moindre désir, pour le devancer si possible. Son mari est gentil avec elle à sa façon, avec ses airs bourrus et sa gaieté bruyante. Dans l'ensemble, ils m'ont paru former un couple heureux. Et pourtant cette femme a un chagrin secret. Il lui arrive souvent de se perdre dans quelque profonde rêverie, le visage empreint d'une tristesse extrême. Plus d'une fois, je l'ai surprise en larmes.

(step-mother) et la mère du mari ou de l'épouse (mother-in-law).

5. **would not have been:** would a ici une valeur de prédiction, à quoi s'ajoute l'attribution d'une caractéristique.
6. **in feature:** il s'agit des *traits* du visage.
7. **a nonentity:** un personnage sans importance.
8. **to be devoted...to:** *être très attaché, dévoué à qqn.*
9. **every little want** = every need/requirement.
10. **forestalling** = anticipating.
11. **bluff:** renvoie au caractère carré et brusque du personnage.
12. **boisterous:** *exubérant.*

The Adventure of the Copper Beeches

I have thought sometimes that it was the disposition of her child which weighed upon her mind[1], for I have never met so utterly[2] spoilt and so ill-natured a little creature. He is small for his age, with a head which is quite disproportionately large. His whole life appears to be spent in an alternation between savage[3] fits of passion[4] and gloomy intervals of sulking[5]. Giving pain to any creature weaker than himself seems to be his one idea of amusement[6], and he shows quite remarkable talent in planning the capture of mice, little birds, and insects. But I would rather not talk about the creature, Mr. Holmes, and, indeed, he has little to do with my story."

"I am glad of all details," remarked my friend, "whether they seem to you to be relevant[7] or not."

"I shall try not to miss anything of importance. The one unpleasant thing about the house, which struck me at once, was the appearance and conduct of the servants. There are only two, a man and his wife. Toller, for that is his name, is a rough, uncouth man[8], with grizzled hair and whiskers[9], and a perpetual smell of drink. Twice since I have been with them he has been quite drunk, and yet Mr. Rucastle seemed to take no notice of it. His wife is a very tall and strong woman with a sour[10] face, as silent as Mrs. Rucastle, and much less amiable. They are a most unpleasant couple, but fortunately I spend most of my time in the nursery and my own room, which are next to each other in one corner of the building.

---

1. **which weighed upon her mind:** *qui la tracassait.* To weigh: *peser.*

2. **utterly** = completely. Miss Hunter exprime un jugement absolu sur le caractère de l'enfant.

3. **savage:** *furieux.* To have a savage temper: *être très colérique.*

4. **passion:** *emportement, colère.* To fly into a passion: *s'emporter.*

5. **to sulk:** *bouder.* To look sulky: *faire la tête.*

6. **giving pain...amusement:** m. à m. : *faire mal à toute créature plus faible semble être sa seule façon de s'amuser.*

7. **relevant:** *significatif, qui a rapport avec le problème.* Irrelevant: *hors de propos, hors sujet.* En fait, pour Holmes, tous les détails sont

Les Hêtres rouges 211

J'ai pensé que c'était le caractère de son fils qui la préoccupait, car je n'ai jamais connu d'enfant aussi gâté ni aussi méchant. Il est petit pour son âge, et sa tête est beaucoup trop grosse pour sa taille. Son existence se résume à des accès de colère violente, suivis de longs moments de morne bouderie. Son unique distraction consiste à faire souffrir toute créature plus faible que lui. Il n'a pas l'air d'en concevoir d'autre et déploie des trésors d'imagination pour capturer souris, insectes et petits oiseaux. Mais je préfère ne pas vous parler de cette odieuse créature, M. Holmes. D'ailleurs il n'a pas grand-chose à voir avec mon histoire.

— Tous les détails m'intéressent, déclara mon ami, qu'ils vous semblent pertinents ou non.

— Je vais essayer de ne rien oublier d'important. La seule chose désagréable dans cette maison, et cela m'a frappée tout de suite, c'est l'allure et le comportement des domestiques. Ils ne sont que deux : un homme et sa femme. Toller (c'est le nom de l'homme) est une brute épaisse ; il a des cheveux grisonnants, des favoris, et il sent toujours l'alcool. Depuis mon arrivée, je l'ai vu complètement ivre à deux reprises, mais M. Rucastle n'a pas semblé y prêter attention. Sa femme, très grande et vigoureuse, a un visage revêche ; elle est aussi peu bavarde que Mrs. Rucastle et se montre beaucoup moins aimable. Ils forment un ménage fort antipathique, mais heureusement je passe le plus clair de mon temps dans la chambre d'enfants et dans ma chambre à moi, qui sont contiguës et se trouvent dans l'un des angles de la maison.

---

significatifs et il n'appartient pas à Miss Hunter de juger de leur pertinence.

8. **a rough, uncouth man**: rough: *fruste, brutal*. Uncouth: *fruste, grossier*. Les deux mots sont assez proches, mais **"uncouth"** ajoute à la violence l'idée de gaucherie.

9. **grizzled hair and whiskers**: *des cheveux et des favoris poivre et sel*.

10. **sour**: *aigre, acide*. Fig. : *acerbe, acariâtre*.

"For two days after my arrival at the Copper Beeches my life was very quiet; on the third, Mrs. Rucastle came down just after breakfast and whispered something to her husband.

"'Oh yes,' said he, turning to me; 'we are very much obliged to you, Miss Hunter, for falling in[1] with our whims[2] so far as to cut your hair. I assure you that it has not detracted[3] in the tiniest iota[4] from your appearance. We shall now see how the electric blue dress will become you[5]. You will find it laid out[6] upon the bed in your room, and if you would[7] be so good as to put it on we should both be extremely obliged.'

"The dress which I found waiting for me was of a peculiar[8] shade of blue. It was of excellent material, a sort of beige[9], but it bore unmistakable signs[10] of having been worn before. It could not have been a better fit if I had been measured for it. Both Mr. and Mrs. Rucastle expressed a delight at the look of it, which seemed quite exaggerated in its vehemence. They were waiting for me in the drawing-room, which is a very large room, stretching along the entire front[11] of the house, with three long windows reaching down to the floor. A chair had been placed close to the central window, with its back turned towards it. In this I was asked to sit, and then Mr. Rucastle, walking up and down on the other side of the room, began to tell me a series of the funniest stories that I have ever listened to.

---

1. **falling in**: to fall in with sth.: *se conformer à*. To fall in with sb. 's views: *entrer dans les vues de qqn*.

2. **our whims**: Mr. Rucastle emploie toujours les mots de **"fads"**, **"fancies"** et **"whims"**, mais cette fois il partage avec sa femme la responsabilité de la lubie en question.

3. **detracted**: to detract from (quality, merit): *porter atteinte à, nuire à, amoindrir*.

4. **not in the tiniest iota**: (expression assez rare) = **not in the slightest**. Tiny: *minuscule*.

Les Hêtres rouges

Pendant les deux jours qui ont suivi mon arrivée aux Hêtres Rouges, ma vie a été très calme. Le troisième jour, Mrs. Rucastle est descendue tout de suite après le petit déjeuner et a chuchoté quelques mots à son mari.

Il s'est tourné vers moi en me disant : "Oui, Miss Hunter, nous vous sommes très reconnaissants d'avoir cédé à nos caprices et coupé vos cheveux. Cela n'a pas diminué votre charme le moins du monde, je vous assure. Maintenant nous allons voir si la robe bleu électrique vous va bien. Vous la trouverez sur le lit de votre chambre ; si vous vouliez bien la mettre, nous vous serions tous deux extrêmement obligés."

La robe que j'ai trouvée posée sur mon lit était d'une nuance de bleu très particulière. Le tissu, une espèce de lainage, était d'excellente qualité, mais il était visible qu'elle avait déjà été portée. Elle m'allait à la perfection, aussi bien que si on l'avait faite sur mesure. En me voyant ainsi habillée, M. et Mrs. Rucastle ont manifesté l'un comme l'autre une joie qui m'a semblé excessive par sa véhémence. Ils m'attendaient dans le salon, une vaste pièce qui prend toute la longueur de la façade. Il y a trois portes-fenêtres. Près de celle du milieu, on avait placé une chaise, le dossier tourné du côté de la fenêtre. On m'a demandé de m'y asseoir. Puis M. Rucastle s'est mis à faire les cent pas à l'autre bout de la pièce en me racontant un tas d'histoires drôles. Jamais je n'avais rien entendu d'aussi amusant.

---

5. **become you:** Mr. Rucastle se propose de vérifier si cette couleur est *seyante* **(becoming)** pour la jeune gouvernante.

6. **laid out:** participe passé de **to lay out:** *étaler, disposer.*

7. **would:** valeur de volonté.

8. **peculiar** = **strange, odd.** Cf. p. 96, note 2.

9. **beige:** ne désigne pas ici la couleur beige mais la nature du tissu **(material)**.

10. **it bore unmistakable signs...:** m. à m. : *elle portait des traces évidentes...* **Bore:** prétérit de **to bear:** *porter.*

11. **stretching along the entire front:** *qui s'étend sur toute la façade.*

You cannot imagine how comical he was, and I laughed until I was quite weary[1]. Mrs. Rucastle, however, who has evidently no sense of humour, never so much as smiled[2], but sat with her hands in her lap[3], and a sad, anxious look upon her face. After an hour or so, Mr. Rucastle suddenly remarked that it was time to commence the duties of the day, and that I might change my dress and go to little Edward in the nursery.

"Two days later this same performance[4] was gone through[5] under exactly similar circumstances. Again I changed my dress, again I sat in the window, and again I laughed very heartily at the funny stories of which my employer had an immense *répertoire*[6], and which he told inimitably. Then he handed me a yellow-backed[7] novel, and, moving my chair a little sideways, that my own shadow might not fall upon the page[8], he begged me to read aloud to him. I read for about ten minutes, beginning in the heart of a chapter, and then suddenly, in the middle of a sentence, he ordered me to cease and to change my dress.

"You can easily imagine, Mr. Holmes, how curious I became as to what the meaning of this extraordinary performance could possibly be. They were always very careful, I observed, to turn my face away from the window, so that I became consumed with the desire to see what was going on behind my back. At first it seemed to be impossible, but I soon devised a means[9].

---

1. **weary = tired:** *fatigué, épuisé.*
2. **never so much as smiled:** *elle n'a même pas eu un sourire.*
3. **lap:** partie du corps horizontale, qui n'a rien à voir avec l'articulation (**knee**).
4. **performance:** le mot peut être pris au sens vague de l'accomplissement d'une tâche. Mais il signifie aussi « représentation », ce qui est particulièrement bien choisi, compte tenu des découvertes qui vont suivre.
5. **gone through = accomplished. To go through:** *exécuter, accomplir.*
6. **répertoire:** le mot français est couramment employé en anglais,

Il était d'un comique que vous auriez peine à imaginer et j'étais morte de rire. Mais il n'a pas arraché le moindre sourire à Mrs. Rucastle, qui visiblement n'a guère le sens de l'humour. Elle est restée les mains sur les genoux, avec une expression triste et angoissée. Au bout d'une heure environ, M. Rucastle m'a soudain fait remarquer qu'il était l'heure de se mettre au travail et que je pouvais changer de robe pour aller m'occuper du petit Edward dans sa chambre.

Deux jours plus tard, la même scène s'est répétée dans des circonstances identiques. De nouveau, j'ai changé de robe. De nouveau, on m'a fait asseoir devant la fenêtre, et de nouveau j'ai ri de bon cœur en écoutant les histoires drôles dont le maître de maison possède un vaste répertoire, et qu'il raconte d'une manière inimitable. Puis il m'a tendu un roman à sensation, et après avoir déplacé ma chaise afin que je ne sois pas à contre-jour, il m'a demandé de lui faire la lecture. Je me suis exécutée, et cela a duré une dizaine de minutes. Il m'avait fait commencer au milieu d'un chapitre et tout à coup, au beau milieu d'une phrase, voilà qu'il m'ordonne de m'arrêter et d'aller changer de robe.

Vous imaginerez sans peine, M. Holmes, la curiosité qui s'est emparée de moi. Je me demandais ce que pouvait signifier cette mise en scène extraordinaire. J'avais remarqué qu'ils prenaient grand soin de m'installer le dos tourné à la fenêtre de sorte que je brûlais d'envie de voir ce qui se passait derrière moi. Au premier abord, cela m'a paru impossible, mais je n'ai pas tardé à inventer un moyen.

---

aussi bien que **"repertory"**.

7. **yellow-backed:** à la fin du XIXᵉ siècle les romans bon marché à sensation — français surtout — avaient une couverture jaune.

8. **that my own shadow...the page** = so that...: *de manière que mon ombre ne tombe pas sur la page.*

9. **a means: means** (comme **series**, p. 212) est une forme invariable, ici au sg.

My hand-mirror had been broken, so a happy thought seized me, and I concealed[1] a piece of the glass in my handkerchief. On the next occasion[2], in the midst of my laughter, I put my handkerchief up to my eyes, and was able with a little management[3] to see all that there was behind me. I confess that I was disappointed. There was nothing. At least that was my first impression. At the second glance, however, I perceived that there was a man standing in the Southampton Road, a small bearded man in a grey suit, who seemed to be looking in my direction. The road is an important highway[4], and there are usually people there. This man, however, was leaning against the railings[5] which bordered our field, and was looking earnestly[6]. I lowered my handkerchief and glanced at Mrs. Rucastle, to find her eyes fixed upon me with a most searching gaze[7]. She said nothing, but I am convinced that she had divined that I had a mirror in my hand, and had seen what was behind me. She rose at once.

"'Jephro,' said she, 'there is an impertinent fellow[8] upon the road there who stares up at Miss Hunter[9].'

"'No friend of yours, Miss Hunter?' he asked.

"'No; I know no one in these parts.'

"'Dear me! How very impertinent! Kindly turn round and motion him to go away.'

"'Surely it would be better to take no notice.'

---

1. **concealed** = **hid**. To conceal sth. from sb.: *cacher qqch. à qqn.*

2. **on the next occasion**: lors de la troisième « mise en scène ».

3. **with a little management** = **a little dexterity**: *un peu d'adresse*. Ce sens ne se rencontre plus en anglais contemporain, mais il est dérivé du verbe **to manage**: *manier* (un outil, un instrument).

4. **highway** = **main road/trunk road** en anglais contemporain. Dans la langue moderne, **highway** est assez peu employé, sauf dans : **highway code**: *le code de la route*, et **Highways Department**: *administration des Ponts et Chaussées*. En anglais américain, **highway** = **motorway**: *autoroute*.

5. **railings** = **fence made with rails** (généralement au pluriel).

6. **earnestly**: *longuement, avec sérieux*.

Les Hêtres rouges 217

Ma glace à main s'était cassée, ce qui m'a inspiré une idée heureuse : j'en ai dissimulé un petit morceau dans mon mouchoir. Dès que l'occasion s'est présentée, au milieu d'un éclat de rire, j'ai porté mon mouchoir à mes yeux et, avec un peu de savoir-faire, j'ai réussi à voir ce qui se trouvait derrière moi. J'ai été déçue, je l'avoue. Il n'y avait rien.

Telle fut du moins ma première impression. Au deuxième coup d'œil, cependant, je me suis aperçue qu'un homme s'était posté sur la route de Southampton, un petit homme barbu en costume gris qui semblait regarder dans ma direction. C'est une grande route, où l'on voit en général passer des gens. Mais cet homme s'appuyait à la grille qui entoure notre champ et regardait de mon côté avec attention. J'ai baissé mon mouchoir, et en jetant un coup d'œil vers Mrs. Rucastle, je l'ai surprise à me fixer d'un regard très pénétrant. Elle n'a rien dit, mais je suis convaincue qu'elle avait deviné que je tenais un miroir dans la main et que j'avais vu ce qui se passait derrière moi. Elle s'est levée aussitôt en disant :

"— Jephro, il y a sur la route un insolent qui n'arrête pas de regarder Miss Hunter.

"— Ce ne serait pas un de vos amis, Miss Hunter ?" m'a-t-il demandé.

"— Non, je ne connais personne par ici.

"— Mon Dieu ! Quelle insolence ! Retournez-vous, je vous prie, et faites-lui signe de s'en aller.

"— Il vaudrait certainement mieux ne pas y faire attention.

---

7. **a most searching gaze**: gaze désigne un regard fixe et attentif. **Searching**: *scrutateur*, de **to search**: *fouiller* (une personne, un lieu).

8. **fellow** = **man, boy** (dans la langue parlée).

9. **stares up at Miss Hunter**: **to stare** implique aussi un regard fixe, mais avec une nuance de curiosité ou d'insolence. "Up" s'explique par la topographie, puisque le champ est en pente (cf. p. 206).

" 'No, no, we should have him loitering[1] here always. Kindly turn around and wave him away[2] like that.'

"I did as I was told, and at the same instant Mrs. Rucastle drew down the blind. That was a week ago, and from that time I have not sat again in the window, nor have I worn[3] the blue dress, nor seen the man in the road."

"Pray continue," said Holmes. "Your narrative promises to be a most interesting one."

"You will find it rather disconnected[4], I fear, and there may prove to be little relation between the different incidents of which I speak. On the very first day that I was at the Cooper Beeches, Mr. Rucastle took me to a small outhouse[5] which stands near the kitchen door. As we approached it I heard the sharp rattling of a chain, and the sound as of a large animal[6] moving about.

" 'Look in here!' said Mr. Rucastle, showing me a slit[7] between two planks. 'Is he not a beauty?'

"I looked through, and was conscious of two glowing[8] eyes, and of a vague figure huddled up in the darkness.

" 'Don't be frightened,' said my employer, laughing at the start which I had given[9]. It's only Carlo, my mastiff[10]. I call him mine[11], but really old Toller, my groom, is the only man who can do anything with him. We feed him once a day, and not too much then, so that he is always as keen as mustard[12].

---

1. **loitering**: to loiter (about): *flâner, traîner, s'attarder*.
2. **wave him away** = motion him to go away (cf. plus haut, p. 216). Wave indique un signe de la main. Cf. **to wave goodbye to sb**.
3. **nor have I worn** = and I have not worn... Nor entraîne l'inversion sujet-verbe, de même que **neither**.
4. **disconnected**: *confus, sans suite*. **To disconnect**: *disjoindre*.
5. **outhouse**: *bâtiment extérieur, dépendance*.
6. **the sound as of a large animal**: m. à m.: *un bruit comme celui d'un gros animal*.
7. **a slit** = an opening. Cf. p. 184, où le même mot désignait les yeux bridés de Mr. Rucastle (voir note 1).

Les Hêtres rouges

"— Non, non, il serait toujours là à traîner. Retournez-vous, je vous prie, et faites-lui signe de partir, comme cela."

J'ai fait ce qu'on me disait, et au même instant Mrs. Rucastle a tiré le store. Cela se passait voici une semaine. Depuis, je ne me suis pas assise à la fenêtre, je n'ai pas remis la robe bleue, et je n'ai pas revu l'homme sur la route.

— Continuez, voulez-vous, dit Holmes. Votre récit promet d'être fort intéressant.

— Vous allez le trouvez assez décousu, je le crains, et peut-être ne verrez-vous guère de rapports entre les différents incidents dont je parle. Le jour de mon arrivée aux Hêtres Rouges, M. Rucastle m'a menée à une petite remise près de la porte de la cuisine. En m'approchant, j'ai entendu le cliquetis d'une chaîne et le bruit d'un gros animal qui remuait.

"— Regardez par ici!" me dit M. Rucastle en m'indiquant une fente entre deux planches. "Il est splendide, non?"

J'ai jeté un coup d'œil et j'ai aperçu deux yeux de braise et une vague silhouette blottie dans l'obscurité.

"N'ayez pas peur", me dit mon maître en riant, car j'avais fait un saut en arrière. "Ce n'est que Carlo, mon molosse. Je dis que c'est mon chien, mais en réalité le vieux Toller, mon valet d'écurie, est le seul à pouvoir s'en faire obéir. Nous lui donnons à manger une seule fois par jour, et pas beaucoup, si bien qu'il est toujours plein d'ardeur.

---

8. **glowing:** to glow indique une lumière assez vive mais sans flamme : *rougeoyer, être incandescent.*

9. **to give a start:** *sursauter, tressaillir.*

10. **mastiff:** *mâtin, dogue anglais.*

11. **I call him mine:** l'emploi du pronom masculin s'explique par la fierté du propriétaire et par l'habitude anglaise de préciser le genre d'un animal domestique (**pet**) auquel on est attaché.

12. **as keen as mustard:** expression figée : *être plein de zèle.*

The Adventure of the Copper Beeches

Toller lets him loose[1] every night, and God help the trespasser[2] whom he lays his fangs upon. For goodness' sake don't you ever[3] on any pretext set your foot over the threshold at night, for it is as much as your life is worth.'

"The warning was no idle[4] one, for two nights later I happened to look out[5] of my bedroom window about two o'clock in the morning. It was a beautiful moonlight night, and the lawn in front of the house was silvered over and almost as bright as day. I was standing, wrapt[6] in the peaceful beauty of the scene, when I was aware that something was moving under the shadow of the copper beeches. As it emerged into the moonshine I saw what it was. It was a giant dog, as large as a calf, tawny tinted, with hanging jowl[7], black muzzle, and huge projecting bones. It walked[8] slowly across the lawn and vanished into the shadow upon the other side. That dreadful silent sentinel sent a chill[9] to my heart, which I do not think that any burglar could have done.

"And now I have a very strange experience to tell you. I had, as you know, cut off my hair in London, and I had placed it in a great coil[10] at the bottom of my trunk. One evening, after the child was in bed, I began to amuse myself by examining the furniture of my room and by rearranging my own little things. There was an old chest of drawers in the room, the two upper ones empty and open, the lower one locked.

---

1. **loose**, adj. : *desserré, détaché, branlant...* **To let/set/turn an animal loose**: *le libérer, le détacher*.

2. **God help the trespasser...**: subjonctif à valeur d'optatif (cf. **God save the Queen!**). Est "trespasser" toute personne qui s'introduit sans permission dans une propriété privée. Cf. **"TRESPASSERS WILL BE PROSECUTED"**: = *défense d'entrer sous peine de poursuites*.

3. **don't you ever**: impératif emphatique.

4. **idle**: 1) *oisif*. 2) *futile, vain*. **Idle words**: *paroles en l'air*.

5. **I happened to look out** = **I chanced to...To happen to do sth.**: *faire qqch. accidentellement*.

Les Hêtres rouges

Toller le lâche tous les soirs, et que Dieu assiste l'intrus dans la gorge de qui il enfoncerait ses crocs ! Pour l'amour du ciel, ne franchissez sous aucun prétexte le seuil de la maison la nuit, car ce serait risquer votre vie."

Cet avertissement était tout à fait justifié, car deux nuits plus tard, vers deux heures du matin, il s'est trouvé que je me suis mise à la fenêtre. Le clair de lune était superbe, et devant la maison la pelouse, tout argentée, paraissait aussi lumineuse que s'il avait fait jour. Je restais là, captivée par la beauté paisible du spectacle, lorsque j'ai remarqué quelque chose qui bougeait dans l'ombre des hêtres rouges. En se déplaçant, ce quelque chose s'est bientôt trouvé éclairé par la lune, et j'ai vu ce que c'était : un chien gigantesque, de la taille d'un veau, de couleur fauve, avec une mâchoire pendante, un museau noir, et des os énormes qui saillaient sous la peau. Il a traversé la pelouse lentement pour disparaître dans l'ombre de l'autre côté. Cette terrible sentinelle muette m'a glacé le cœur comme n'aurait pu le faire aucun cambrioleur.

Et maintenant, j'ai une aventure fort étrange à vous raconter. Comme vous le savez, je m'étais coupé les cheveux à Londres, et j'en avais fait une grosse boucle que j'avais placée au fond de ma malle. Un soir, pour me distraire, une fois l'enfant couché, je me suis mise à examiner les meubles de ma chambre et à remettre de l'ordre dans mes petites affaires. Il y a dans la pièce une vieille commode dont les deux tiroirs supérieurs étaient vides et ouverts, tandis que celui du bas était fermé à clé.

---

6. **wrapt**: archaïsme pour **wrapped** : part. passé de **to wrap** : *envelopper*. **Wrapped in thought** : *perdu dans ses pensées*. Cf. p. 138, note 4.

7. **hanging jowl** = drooping jaws.

8. **it walked**: on remarquera que Miss Hunter emploie le pronom neutre, à la différence du propriétaire du chien.

9. **chill**, subst. : *fraîcheur, froid, frisson*. **To chill**: *refroidir, glacer*.

10. **coil**: désigne un objet enroulé : *rouleau, torsade, chignon*...

The Adventure of the Copper Beeches

I had filled the first two with my linen[1], and, as I had still much to pack away[2], I was naturally annoyed[3] at not having the use of the third drawer. It struck me[4] that it might have been fastened[5] by a mere oversight[6], so I took out my bunch of keys and tried to open it. The very first key fitted to perfection, and I drew the drawer open[7]. There was only one thing in it, but I am sure that you would never guess what it was. It was my coil of hair.

"I took it up and examined it. It was of the same peculiar tint, and the same thickness. But then the impossibility of the thing obtruded itself[8] upon me. How *could*[9] my hair have been locked in the drawer? With trembling hands I undid[10] my trunk, turned out the contents, and drew from the bottom my own hair. I laid[11] the two tresses together, and I assure you that they were identical. Was it not extraordinary? Puzzle as I would[12], I could make nothing at all of what it meant. I returned the strange hair[13] to the drawer, and I said nothing of the matter to the Rucastles, as I felt that I had put myself in the wrong by opening a drawer which they had locked.

"I am naturally observant[14], as you may have remarked, Mr. Holmes, and I soon had a pretty good plan of the whole house in my head. There was one wing, however, which appeared not to be inhabited[15] at all.

---

1. **linen**: 1) *lin.* 2) *linge.* **Household linen**: *linge de maison.*

2. **pack away** = **put away**. Ceci indique que Miss Hunter n'avait pas fini de vider sa malle.

3. **annoyed** = **irritated**. On remarquera la construction avec **at**.

4. **it struck me** = **it occurred to me that...** Prétérit de **to strike**.

5. **fastened** = **locked**. **To fasten**: *attacher, fermer.* **To fasten a door with a bolt**: *fermer une porte au verrou.*

6. **by a mere oversight**: *par pure négligence.* **Oversight**: *omission.*

7. **drew the drawer open**: structure résultative. **To draw**: *tirer.*

8. **obtruded**: **to obtrude (oneself)**: *se montrer importun, s'imposer.*

9. **could**: en italique parce que Miss Hunter accentue le mot pour souligner l'impossibilité de la chose.

10. **undid** = **unpacked**.

Les Hêtres rouges

J'avais rempli les deux premiers avec mon linge, et comme il me restait encore pas mal de choses à ranger, j'étais contrariée, bien sûr, de ne pouvoir utiliser le troisième. L'idée m'est venue qu'on l'avait peut-être fermé par inadvertance. J'ai donc pris le trousseau de clés pour essayer de l'ouvrir. La première clé correspondait parfaitement à la serrure, et j'ai fait glisser le tiroir. Un seul objet s'y trouvait, mais je suis sûre que jamais vous n'en devineriez la nature. C'était ma boucle de cheveux.

Je l'ai prise pour l'examiner. Les cheveux avaient la même nuance insolite, la même épaisseur. Mais soudain une idée s'est imposée à mon esprit : c'était impossible que ce soient mes cheveux à moi. Comment auraient-ils pu se trouver dans ce tiroir fermé à clé ? Les mains tremblantes, j'ai défait ma malle, je l'ai vidée de son contenu, et, au fond, j'ai trouvé mes propres cheveux. Je les ai sortis, j'ai posé les deux tresses côte à côte : elles étaient identiques, je vous le garantis. Extraordinaire, n'est-ce pas ? J'avais beau me creuser la tête, je n'y comprenais rien. J'ai remis dans le tiroir les cheveux qui n'étaient pas les miens, et je n'ai pas soufflé mot de l'incident aux Rucastle, car j'avais l'impression de m'être mise dans mon tort en ouvrant un tiroir qu'ils avaient fermé à clé.

Je suis observatrice par nature ; vous avez pu le constater, M. Holmes. Je n'ai donc pas tardé à me faire une idée assez précise du plan de la maison. Toutefois il y avait une aile qui semblait totalement inhabitée.

---

11. **laid:** to lay, laid, laid : *placer, mettre, étendre.*
12. **puzzle as I would:** structure à valeur concessive. Cf. : **Try as I would:** *j'avais beau essayer.* **To puzzle (over sth.):** *essayer de comprendre.*
13. **the strange hair:** m. à m. : *les cheveux inconnus.* Cf. **Don't talk to any strange men:** *n'adresse pas la parole à des inconnus.*
14. **observant:** ce don d'observation ne peut que susciter l'admiration de Holmes.
15. **inhabited:** *habité.* Mais **uninhabited:** *inhabité.*

The Adventure of the Copper Beeches

A door which faced that which led into the quarters[1] of the Tollers opened into this suite[2], but it was invariably locked. One day, however, as I ascended the stair[3], I met Mr. Rucastle coming out through this door, his keys in his hand, and a look on his face which made him a very different person[4] to the round, jovial man to whom I was accustomed. His cheeks were red, his brow was all crinkled[5] with anger, and the veins stood out[6] at his temples with passion. He locked the door and hurried past me without a word or a look.

"This aroused[7] my curiosity; so when I went out for a walk in the grounds with my charge[8], I strolled[9] round to the side from which I could see the windows of this part of the house. There were four of them in a row[10], three of which were simply dirty, while the fourth was shuttered up. They were evidently all deserted. As I strolled up and down, glancing at them occasionally, Mr. Rucastle came out to me, looking as merry and jovial as ever.

"'Ah!' said he, 'you must not think me rude[11] if I passed you without a word, my dear young lady. I was preoccupied with business matters.'

"I assured him that I was not offended. 'By-the-way,' said I, 'you seem to have quite a suite of spare[12] rooms up there, and one of them has the shutters up.'

"He looked surprised, and, as it seemed to me, a little startled at my remark.

---

1. **quarters** (au plur.) = **lodgings**: *résidence, domicile*.
2. **suite**: désigne une série de pièces (ou de meubles) qui vont ensemble. **This suite: the set of rooms in this wing**.
3. **the stair**: en anglais contemporain, on aurait **the stairs** (pluriel et indénombrable) ou **the staircase**.
4. **a very different person**: cette scène, qui a révélé à Miss Hunter la face cachée du personnage, marque un tournant dans son récit.
5. **to crinkle**: *froisser, chiffonner* (généralement du papier).
6. **stood out**: **to stand out**: *ressortir, faire saillie*.
7. **to arouse**: 1) *réveiller*. 2) *susciter, provoquer*.
8. **charge**: *personne* (ou *chose*) *confiée à la garde de qqn*.

Les Hêtres rouges

En face de la porte menant au logement des Toller se trouve une autre porte qui donne dans les appartements de cette aile, mais elle était toujours fermée à clé. Pourtant, un jour, en montant l'escalier, j'ai croisé M. Rucastle qui sortait par cette porte, ses clés à la main. Il avait une expression qui en faisait un personnage bien différent de l'homme jovial, tout en rondeur, auquel j'étais habituée. Il avait les joues rouges, les sourcils froncés de colère, et l'on voyait saillir les veines de ses tempes tant il était furieux. Il a fermé la porte à clé et m'a dépassée très vite, sans un mot ni un regard.

Cet incident a éveillé ma curiosité. Alors, quand je suis allée me promener dans le parc avec l'enfant dont j'ai la charge, je me suis dirigée d'un pas tranquille vers le côté d'où je pouvais voir les fenêtres de cette partie de la maison. Il y en avait quatre qui se succédaient, dont trois étaient tout simplement sales, tandis que les volets de la quatrième étaient fermés. Toutes ces pièces étaient abandonnées, c'était visible. Comme je faisais les cent pas sans me presser en regardant parfois dans cette direction, M. Rucastle est venu me rejoindre. Il avait l'air toujours aussi gai et jovial.

"— Ah, m'a-t-il dit, il ne faut pas m'en vouloir si je suis passé à côté de vous sans un mot, chère mademoiselle. J'étais préoccupé par mes affaires."

Après l'avoir assuré que je n'étais nullement blessée, j'ai ajouté : "À propos, on dirait que vous avez là-haut toute une série de pièces inutilisées, et l'une d'elles a ses volets fermés."

Il parut surpris et, me sembla-t-il, un peu perturbé par cette remarque.

---

9. **to stroll:** *se promener en flânant.*
10. **row:** *rangée.* **In a row:** *en ligne, de suite.*
11. **rude:** *mal élevé, grossier, impoli.*
12. **spare:** *dont on ne se sert pas, de rechange.* **Spare room** désigne en général *la chambre d'amis.*

"Photography¹ is one of my hobbies,' said he. 'I have made my dark room up there. But, dear me! what an observant young lady we have come upon². Who would have believed it? Who would have ever believed it?' He spoke in a jesting³ tone, but there was no jest in his eyes as he looked at me. I read suspicion there and annoyance, but no jest.

"Well, Mr. Holmes, from the moment that I understood that there was something about that suite of rooms which I was not to know, I was all on fire to go over them⁴. It was not mere curiosity, though I have my share of that⁵. It was more a feeling of duty⁶—a feeling that some good might come from my penetrating to this place. They talk of woman's instinct; perhaps it was woman's instinct which gave me that feeling. At any rate, it was there, and I was keenly on the look-out⁷ for any chance to pass the forbidden door.

"It was only yesterday that the chance came. I may tell you that, besides Mr. Rucastle⁸, both Toller and his wife find something to do⁹ in these deserted rooms, and I once saw him carrying a large black linen bag¹⁰ with him through the door. Recently he has been drinking hard, and yesterday evening he was very drunk; and, when I came upstairs, there was the key in the door. I have no doubt at all that he had left it there. Mr. and Mrs. Rucastle were both downstairs, and the child was with them,

---

1. **photography:** encore un personnage qui fait semblant de s'intéresser à la photographie.
2. **come upon:** *trouver, rencontrer par hasard.*
3. **jesting: to jest:** *plaisanter.* A **jest:** *une plaisanterie.* **In jest:** *pour rire.*
4. **to go over them:** over indique un parcours.
5. **I have my share of that:** m. à m. : *j'en ai ma part.*
6. **a feeling of duty:** le sentiment du devoir et d'une bonne œuvre à accomplir comme mobile dominant dans la conduite de Miss Hunter paraît peu convaincant à ce stade. Il se justifie surtout par les préoccupations moralisatrices de Conan Doyle.

Les Hêtres rouges 227

"— La photographie est un de mes passe-temps favoris, m'a-t-il répondu. J'ai installé ma chambre noire là-haut. Mon Dieu, nous sommes tombés sur une jeune personne bien observatrice ! Qui l'eût cru ? Qui aurait pu imaginer une chose pareille ?" Il parlait sur un ton de plaisanterie, mais il n'y avait pas la moindre plaisanterie dans le regard qu'il posait sur moi. J'y lus des soupçons, de la contrariété, mais de plaisanterie, point.

Voyez-vous, M. Holmes, dès que j'ai compris qu'il y avait dans ces appartements quelque chose que je ne devais pas connaître, je me suis mise à brûler d'envie de les visiter. Ce n'était pas pure curiosité, quoique ce sentiment ne me soit pas étranger, mais bien davantage l'idée que c'était mon devoir et que, si je pénétrais dans cet endroit, les conséquences en seraient salutaires. On parle d'intuition féminine ; peut-être était-ce mon intuition féminine qui m'avait inspiré cette idée. En tout cas, elle était là, et je guettais avec une attention extrême la première occasion de franchir la porte interdite.

Cette occasion ne s'est présentée qu'hier. Peut-être pourrais-je préciser que M. Rucastle n'est pas le seul à avoir quelque chose à faire dans ces pièces abandonnées. Toller et sa femme y vont également et je l'ai vu une fois, lui, passer la porte en portant un gros sac de toile noire. Tous ces derniers temps, il boit beaucoup, et hier soir il était ivre. Quand je suis montée, j'ai remarqué une clé sur la porte. Je suis sûre qu'il l'avait oubliée. M. et Mrs. Rucastle étaient tous les deux en bas avec l'enfant.

---

7. **look-out**, subst. : *surveillance, observation, guet*. **To be on the look-out for sth.** : *être à l'affût, à la recherche de qqch*.

8. **besides Mr. Rucastle** = in addition to Mr. Rucastle : *à part M. Rucastle*.

9. **find something to do :** ce « quelque chose » — non encore défini — qu'ils ont à faire tous les trois trahit la curiosité à laquelle la narratrice a cédé.

10. **linen bag :** linen désigne ici de la toile de lin.

228 · *The Adventure of the Copper Beeches*

so that I had an admirable opportunity. I turned the key gently in the lock, opened the door, and slipped through.

"There was a little passage in front of me, unpapered and uncarpeted, which turned at a right angle at the farther end[1]. Round this corner were three doors in a line[2], the first and third of which were open. They each led into an empty room, dusty and cheerless[3], with two windows in the one and one in the other, so thick with dirt[4] that the evening light glimmered dimly[5] through them. The centre door was closed, and across the outside of it had been fastened one of the broad bars of an iron bed, padlocked at one end to a ring in the wall, and fastened at the other with stout cord. The door itself was locked as well, and the key was not there. This barricaded door corresponded clearly with the shuttered window outside, and yet I could see by the glimmer from beneath it that the room was not in darkness. Evidently there was a skylight[6] which let in[7] light from above. As I stood in the passage gazing at the sinister door, and wondering what secret it might veil, I suddenly heard the sound of steps within[8] the room, and saw a shadow pass backward and forward against the little slit of dim light[9] which shone out from under the door. A mad, unreasoning terror rose up in me[10] at the sight, Mr. Holmes. My overstrung[11] nerves failed me suddenly, and I turned and ran—ran as though some dreadful hand were behind me clutching at[12] the skirt of my dress.

---

1. **at the farther end**: *à l'autre bout*. **Farther**: comparatif de **far**.
2. **in a line** = **in a row**: *en ligne, de suite*.
3. **cheerless** = **gloomy** ≠ **cheerful**. Formé sur **cheer**: *joie* (sens ancien).
4. **thick with dirt**: *couvertes d'une épaisse couche de crasse*.
5. **glimmered dimly**: m. à m.: *luisait faiblement*. Le verbe **to glimmer**, comme le subst., désigne une faible lueur: **a glimmer of hope**.
6. **skylight**: *lucarne faîtière*.
7. **let in**: *laisser entrer*. Dans d'autres contextes: *ouvrir (la porte)*.
8. **within**: *à l'intérieur*.

Les Hêtres rouges

J'avais donc là une occasion admirable. J'ai fait tourner la clé doucement dans la serrure, j'ai ouvert la porte et je me suis glissée à l'intérieur.

Devant moi se trouvait un petit couloir, sans papier sur le mur ni tapis sur le plancher. Au bout, il tournait à angle droit. Juste après ce tournant, il y avait trois portes; la première et la troisième étaient ouvertes, donnant chacune dans une pièce vide, triste et pleine de poussière. L'une de ces pièces avait deux fenêtres, l'autre une seule. La saleté formait sur les vitres une couche si opaque que la lumière du crépuscule y pénétrait à peine. La porte du milieu était fermée et, devant, on avait fixé une large barre de fer empruntée à un lit métallique. À l'une de ses extrémités, un cadenas maintenait cette barre à un anneau dans le mur, et à l'autre, elle était attachée par une grosse corde. La porte elle-même était fermée à clé, mais la clé avait été enlevée. Cette porte barricadée correspondait manifestement avec la fenêtre aux volets clos, et pourtant, la lueur que je voyais en dessous m'indiquait que la pièce n'était pas plongée dans l'obscurité. De toute évidence il y avait une lucarne qui laissait pénétrer la lumière par en haut. Tandis que je demeurais dans le couloir à examiner cette porte sinistre, me demandant quel secret elle pouvait dissimuler, soudain j'ai entendu un bruit de pas dans la pièce, et j'ai vu une ombre passer et repasser devant le petit rai qui luisait sous la porte. À cette vue, M. Holmes, une terreur folle, irraisonnée s'est emparée de moi. Tout à coup mes nerfs tendus à l'extrême ont craqué. J'ai fait demi-tour et je me suis mise à courir, à courir comme si, derrière moi, une main terrible tentait de saisir le bas de ma robe.

---

9. **dim light** = **not bright**: *faible, pâle.*

10. **rose up in me**: m. à m.: *se leva en moi.* Prétérit de **to rise**.

11. **overstrung**: *trop tendu, surexcité.* Cf. **to be highly strung**: *être très nerveux.*

12. **clutching at** = **snatching at**. Suggère un geste vif.

I rushed down the passage, through the door, and straight into the arms of Mr. Rucastle, who was waiting outside.

"'So,' said he, smiling, 'it was you, then. I thought that it must be when I saw the door open[1].'"

"'Oh, I am so frightened!' I panted[2].

"'My dear young lady! my dear young lady[3]!'—you cannot think how caressing[4] and soothing[5] his manner was—'and what has frightened you, my dear young lady[3]?'

"But his voice was just a little too coaxing[6]. He overdid it[7]. I was keenly on my guard against him.

"'I was foolish enough to go into the empty wing,' I answered. 'But it is so lonely[8] and eerie[9] in this dim light that I was frightened and ran out again. Oh, it is so dreadfully still[10] in there!'

"'Only that?' said he, looking at me keenly.

"'Why, what did you think?' I asked.

"'Why do you think that I lock this door?'

"'I am sure that I do not know.'

"'It is to keep people out who have no business there. Do you see?' He was still smiling[11] in the most amiable manner.

"'I am sure if I had known—'

"'Well, then, you know now. And if you ever put your foot over that threshold again—'

---

1. **the door open:** Miss Hunter avait observé sur cette porte une clef — sans doute oubliée par Toller — mais la porte était alors fermée.

2. **panted** = gasped. To pant: *être à bout de souffle, haleter.*

3. **my dear young lady:** *ma chère petite demoiselle.* Il y a une ironie certaine dans la répétition de cette apostrophe à trois reprises.

4. **caressing:** *caressant, câlin.* S'applique surtout au ton, aux manières. *Caresser de la main :* to stroke.

5. **soothing: to soothe:** *calmer, apaiser.* To soothe sb.'s fears: *tranquilliser qqn.*

6. **coaxing:** *câlin.* To coax: *cajoler, câliner* (pour amadouer).

7. **to overdo it:** *exagérer, forcer la note.*

8. **it is so lonely:** renvoie à une impression subjective. M. à m. : *je me*

Les Hêtres rouges

Je me suis élancée dans le couloir, j'ai franchi la porte... pour me retrouver dans les bras de M. Rucastle, qui attendait à l'entrée.

"— Tiens!" m'a-t-il dit en souriant, "c'était donc vous. Quand j'ai vu la porte ouverte, j'ai pensé que ce devait être votre œuvre."

Je lui ai répondu d'une voix haletante: "Oh! comme j'ai eu peur!" Alors du ton le plus suave, le plus apaisant que vous puissiez imaginer, il m'a demandé ce qui m'avait effrayée. Mais sa voix était quand même un peu trop enjôleuse. Il en faisait trop. J'étais nettement sur mes gardes.

"— J'ai eu la sottise d'aller dans l'aile abandonnée", lui ai-je répondu. "Mais cette pénombre, cette solitude sont tellement sinistres que j'ai pris peur, et je suis ressortie en courant. Oh, c'est affreux, le silence là-dedans!

"— C'est la seule raison?" fit-il en me jetant un regard pénétrant.

"— Voyons, qu'imaginez-vous donc?

"— À votre avis, pourquoi ai-je fermé cette porte à clé?

"— Je n'en sais vraiment rien.

"— Pour empêcher d'entrer les gens qui n'ont rien à y faire. Vous voyez ce que je veux dire?" Il souriait toujours de l'air le plus aimable du monde.

"— Ah, si j'avais su...

"— Eh bien maintenant vous savez. Et si jamais vous franchissez une seconde fois le seuil de cette porte..."

---

suis sentie si seule dans cette pénombre.

9. **eerie, eery** = **weird, uncanny**. Suggère une « inquiétante étrangeté » qui donne le frisson.

10. **still**: signifie à la fois *silencieux* et *immobile*. Le mot choisi par la jeune fille — de même que **"lonely"** tout à l'heure — exprime exactement le contraire de la réalité qu'elle vient de vivre.

11. **still smiling**: ce sourire perpétuel est le trait distinctif du personnage.

here in an instant the smile hardened[1] into a grin[2] of rage, and he glared[3] down at me with the face of a demon—'I'll throw you to the mastiff.'

"I was so terrified that I do not know what I did. I suppose that I must have rushed past him into my room. I remember nothing until I found myself lying on my bed trembling all over. Then I thought of you, Mr. Holmes. I could not live there longer without some advice[4]. I was frightened of the house, of the man, of the woman, of the servants, even of the child. They were all horrible to me. If I could only bring you down[5] all would be well. Of course I might have fled[6] from the house, but my curiosity was almost as strong as my fears. My mind was soon made up. I would send you[7] a wire. I put on my hat and cloak[8], went down to the office, which is about half a mile[9] from the house, and then returned, feeling very much easier. A horrible doubt came into my mind as I approached the door lest the dog might be loose[10], but I remembered that Toller had drunk himself into a state of insensibility that evening, and I knew that he was the only one in the household who had any influence with the savage creature, or who would venture to set him free. I slipped in in safety, and lay awake half the night in my joy at the thought of seeing you. I had no difficulty in getting leave to come into Winchester this morning, but I must be back before three o'clock, for Mr. and Mrs. Rucastle are going on a visit, and will be away all the evening, so that I must look after the child.

---

1. **hardened:** *s'est durci*. Structure résultative.

2. **a grin:** désigne une grimace qui laisse voir les dents. Il s'agira selon les cas d'un sourire épanoui (comme celui du Chat du Cheshire dans *Alice in Wonderland*), d'un rictus ou d'une grimace de douleur.

3. **to glare:** indique un regard menaçant plein de colère ou de défi.

4. **some advice: advice** est singulier et indénombrable.

5. **bring you down:** "down" parce que Sherlock Holmes vient de Londres. Cf. p. 206, note 6.

Les Hêtres rouges 233

Sur ces mots, son sourire s'est changé en un rictus de colère et, avec un regard furieux et une expression diabolique, il m'a lancé: "Je vous donnerai en pâture au molosse."

J'étais si terrorisée que je ne sais plus ce que j'ai fait. J'ai dû passer devant lui sans le voir pour me précipiter dans ma chambre. J'ai tout oublié. Je me souviens seulement m'être retrouvée sur mon lit, toute tremblante. C'est alors que j'ai pensé à vous, M. Holmes. Je ne pouvais plus vivre chez ces gens sans quelques conseils. Tout me faisait peur: cette maison, cet homme, sa femme, les domestiques, et même l'enfant. Ils me glaçaient d'horreur. Si seulement je pouvais vous faire venir, tout s'arrangerait. Bien sûr, j'aurais pu m'enfuir, mais ma curiosité était presque aussi vive que mon inquiétude. Je n'ai pas tardé à prendre une décision: j'allais vous envoyer un télégramme. J'ai donc mis mon chapeau et mon manteau pour descendre à la poste (elle se trouve à un demi-mile) et je suis revenue tranquillisée. Aux abords de la maison, j'ai été saisie d'un doute affreux: si le chien était lâché? Mais je me suis souvenue que, ce soir-là, Toller avait bu à en tomber ivre mort; or je savais qu'il était le seul à se faire obéir de cette féroce créature, et à oser la détacher. Je suis rentrée sans encombre et ma joie à la pensée de vous revoir m'a empêchée de dormir une bonne partie de la nuit. Je n'ai eu aucun mal à obtenir l'autorisation de venir à Winchester ce matin, mais je dois être de retour avant trois heures, car M. et Mrs. Rucastle vont faire une visite et seront absents toute la soirée. Je dois donc garder l'enfant.

---

6. **I might have fled**: to flee: *s'enfuir*. **Might** a la valeur d'une éventualité envisagée.

7. **I would send you** = I decided I would send you. Style indirect libre.

8. **cloak**: en anglais contemporain, on aurait "**coat**". "**Cloak**" désigne maintenant une grande cape, ou un manteau du soir.

9. **half a mile** = 800 mètres. **1 mile** = 1,6 km.

10. **lest the dog might be loose** = for fear that it should be loose. **Lest**: *de peur que* (style littéraire).

Now I have told you all my adventures, Mr. Holmes, and I should be very glad if you could tell me what it all means, and, above all, what I should do."

Holmes and I had listened spellbound[1] to this extraordinary story. My friend rose now and paced up and down[2] the room, his hands in his pockets, and an expression of the most profound gravity upon his face.

"Is Toller still drunk?" he asked.

"Yes. I heard his wife tell Mrs. Rucastle that she could do nothing with him."

"That is well. And the Rucastles go out to-night?"

"Yes."

"Is there a cellar with a good strong lock?"

"Yes, the wine-cellar."

"You seem to me to have acted all through this matter like a very brave and sensible[3] girl, Miss Hunter. Do you think that you could perform one more feat[4]? I should not ask it of you if I did not think you a quite exceptional woman[5]."

"I will try. What is it?"

"We shall be at the Copper Beeches by seven o'clock, my friend and I. The Rucastles will be gone by that time, and Toller will, we hope, be incapable[6]. There only remains Mrs. Toller, who might give the alarm. If you could send her into the cellar on some errand[7], and then turn the key upon her, you would facilitate matters immensely."

---

1. **spellbound**: *subjugués*. Sens littéral : *ensorcelé*. A spell: *un charme, un sortilège*. **Bound**: participe passé de **to bind**: *lier, attacher*.

2. **paced up and down**: signe de grande préoccupation chez Holmes.

3. **sensible**: *plein de bon sens, raisonnable*. Mais "a sensitive girl": *une personne sensible*.

4. **feat**: *prouesse, haut fait*. Feat of skill: *tour d'adresse*.

5. **a quite exceptional woman**: compliment rare dans la bouche de Sherlock Holmes, mais c'est quand même Miss Hunter qui lui a ouvert la voie. Elle a tout observé, puis agi en conséquence en prenant parfois quelques risques.

Les Hêtres rouges

Voilà, M. Holmes, je vous ai raconté toutes mes aventures, et je serais bien heureuse si vous pouviez me dire ce que tout cela signifie, et surtout ce que je dois faire. »

Holmes et moi, nous avions écouté, fascinés, cette histoire extraordinaire. Mon ami se leva et se mit à arpenter la pièce, les mains dans les poches, l'air très grave.

« Toller est-il toujours ivre? demanda-t-il.

— Oui. J'ai entendu sa femme expliquer à Mrs. Rucastle qu'elle ne pouvait rien en tirer.

— Très bien. Et les Rucastle sortent ce soir?

— Oui.

— Y a-t-il une cave avec une bonne serrure bien solide?

— Oui, la cave à vin.

— Dans toute cette affaire, Miss Hunter, vous vous êtes comportée comme une fille courageuse et sensée. Vous sentez-vous capable d'un exploit encore? Je ne vous le demanderais pas si je ne voyais pas en vous une femme tout à fait exceptionnelle.

— Je vais essayer. De quoi s'agit-il?

— Vers sept heures, nous serons aux Hêtres Rouges, mon ami et moi. À cette heure-là, les Rucastle seront partis et Toller, nous l'espérons, incapable de bouger. Seule Mrs. Toller pourrait donner l'alarme. Si vous pouviez l'envoyer dans la cave sous un prétexte quelconque, et fermer la porte à clé, cela nous faciliterait grandement les choses.

---

6. **incapable**: raccourci de l'expression : **"drunk and incapable"**: « *en état d'ivresse manifeste* »

7. **on some errand** = *pour aller chercher qqch*. **To go on errands**: *aller faire des courses, des commissions*. Avant d'élucider l'affaire, Holmes prend les dispositions nécessaires pour passer à l'action et précise à Miss Hunter « ce qu'elle doit faire » le soir même.

"I will do it."

"Excellent! We shall then look thoroughly into the affair. Of course there is only one feasible[1] explanation. You have been brought there to personate[2] someone, and the real person is imprisoned in this chamber. That is obvious. As to who this prisoner is, I have no doubt that it is the daughter, Miss Alice Rucastle, if I remember right, who was said to have gone[3] to America. You were chosen, doubtless, as resembling her in height, figure[4], and the color of your hair. Hers had been cut off, very possibly in some illness through which she has passed, and so, of course, yours had to be sacrificed also. By a curious chance you came upon[5] her tresses. The man in the road was, undoubtedly, some friend of hers—possibly her fiancé[6]—and no doubt, as you wore the girl's dress and were so like her, he was convinced from your laughter, whenever he saw you, and afterwards from your gesture, that Miss Rucastle was perfectly happy, and that she no longer desired his attentions. The dog is let loose at night to prevent him from endeavouring[7] to communicate with her. So much is fairly clear[8]. The most serious point in the case is the disposition of the child."

"What on earth has that to do with it?" I ejaculated[9].

"My dear Watson, you as a medical man are continually gaining light as to the tendencies of a child by the study of the parents[10].

---

1. **feasible**: 1) *faisable, réalisable*. 2) = **likely**: *vraisemblable*.

2. **personate** = **impersonate** (plus usuel) : *se faire passer pour*.

3. **who was said to have gone...**: c'est dans sa lettre à Miss Hunter que M. Rucastle avait donné cette « information », à propos de la robe bleu électrique.

4. **figure**: *tournure, silhouette*. **To keep one's figure**: *garder la ligne*.

5. **to come upon** = **to come across**: *trouver par hasard*.

6. **fiancé**: mot courant en anglais, de même que **fiancée** pour le féminin. Mais *les fiancés* : **the engaged couple**.

7. **to endeavour**: *s'efforcer de, essayer*. **An endeavour**: *une tentative*.

8. **so much is fairly clear**: certes, Holmes vient d'éclaircir l'essentiel,

— Comptez sur moi.
— Parfait. Nous allons donc avoir le fin mot de toute cette affaire. Bien sûr, il n'y a qu'une explication plausible : on vous a amenée dans cette maison pour y jouer le rôle de quelqu'un, et ce quelqu'un est emprisonné dans cette chambre. C'est l'évidence même. Quant à l'identité de la personne emprisonnée, je suis convaincu qu'il s'agit de la fille qui est censée vivre en Amérique — Miss Alice Rucastle, si ma mémoire est bonne. Sans aucun doute on vous a choisie pour votre ressemblance : même taille, même silhouette, même couleur de cheveux. Les siens avaient été coupés, au cours d'une maladie probablement. En conséquence, il a fallu, bien sûr, que vous sacrifiiez aussi les vôtres. Par un hasard fort singulier, vous êtes tombée sur une boucle de ses cheveux. L'homme sur la route était certainement un ami à elle, son fiancé peut-être. Comme vous portiez la robe de la jeune fille et que vous lui ressembliez à s'y méprendre, vos éclats de rire d'abord, chaque fois qu'il vous apercevait, et votre geste ensuite l'ont sans doute convaincu que Miss Rucastle était parfaitement heureuse et souhaitait être débarrassée de ses assiduités. On lâche le chien la nuit pour empêcher cet homme de tenter de communiquer avec elle. Voilà qui est clair. Le point le plus grave dans cette affaire, c'est le caractère de l'enfant.
— Quel rapport cela peut-il bien avoir ? m'exclamai-je.
— Mon cher Watson, en tant que médecin, vous en découvrez toujours plus sur les tendances d'un enfant par l'examen du comportement de ses parents.

---

mais, pour avoir le fin mot de l'affaire, il lui reste à découvrir *pourquoi* Miss Alice est prisonnière.

9. **to ejaculate** = **to cry out**: *s'écrier*.

10. **the study of the parents**: Conan Doyle — qui a été médecin — montre beaucoup de pénétration dans cette remarque sur le rôle déterminant des parents dans la formation de la personnalité.

Don't you see that the converse[1] is equally valid[2]. I have frequently gained my first real insight[3] into the character of parents by studying their children. This child's disposition is abnormally cruel, merely for cruelty's sake, and whether he derives this from his smiling father[4], as I should suspect, or from his mother, it bodes[5] evil for the poor girl who is in their power."

"I am sure that you are right, Mr. Holmes," cried our client. "A thousand things come back to me which make me certain that you have hit it[6]. Oh, let us lose not an instant in bringing help to this poor creature."

"We must be circumspect[7], for we are dealing with a very cunning[8] man. We can do nothing until seven o'clock. At that hour we shall be with you, and it will not be long before we solve the mystery."

We were as good as our word, for it was just seven when we reached the Copper Beeches, having put up our trap[9] at a way-side public-house[10]. The group of trees, with their dark leaves shining like burnished metal in the light of the setting sun, were sufficient to mark the house even had Miss Hunter not been standing smiling on the doorstep.

"Have you managed it?" asked Holmes.

A loud thudding[11] noise came from somewhere downstairs. "That is Mrs. Toller in the cellar," said she. "Her husband lies snoring on the kitchen rug. Here are his keys, which are the duplicates of Mr. Rucastle's."

---

1. **the converse:** terme employé en logique et en mathématiques : *la proposition inverse*. **And conversely:** *et vice versa*.

2. **valid:** *valable, bien fondé*.

3. **insight:** capacity of seeing into sth. with the mind: *intuition*.

4. **whether he derives...:** m. à m. : *qu'il tienne ce défaut de son père... ou de sa mère...*

5. **to bode:** *présager*. To bode well: *être de bon augure*.

6. **you have hit it:** *vous avez mis dans le mille* (familier).

7. **circumspect**= *cautious*.

8. **cunning** (adj. ou subst.) peut désigner soit, comme ici, *duplicité* et

Ne voyez-vous pas que la réciproque est vraie ? C'est l'étude des enfants qui m'a souvent permis de me faire une idée exacte du caractère de leurs parents. Dans le cas qui nous occupe, l'enfant fait preuve d'une cruauté anormale, uniquement pour le plaisir. J'ignore s'il a hérité cette disposition de ce père si souriant, comme je serais tenté de le croire, ou bien de sa mère. Mais de toute façon, cela ne présage rien de bon pour la pauvre fille qu'ils tiennent en leur pouvoir.

— Vous avez raison, M. Holmes, j'en suis sûre, s'écria notre cliente. Des milliers de détails me reviennent en mémoire et je suis convaincue que vous avez deviné juste. Ah, ne perdons pas une seconde pour porter secours à cette malheureuse !

— Il faut être prudents car nous avons affaire à un homme fort rusé. Nous ne pouvons rien entreprendre avant sept heures. À cette heure-là, nous irons vous rejoindre et nous ne tarderons pas à éclaircir ce mystère. »

Nous tînmes parole. À sept heures exactement nous étions aux Hêtres Rouges, après avoir laissé notre cabriolet devant un pub au bord de la route. Le bouquet d'arbres, dont les feuilles sombres brillaient comme du métal poli dans la lumière du soleil couchant, aurait suffi à nous indiquer la maison, même si Miss Hunter ne nous avait pas attendus devant la porte, toute souriante.

« Avez-vous réussi ? » demanda Holmes. On entendit des bruits sourds qui venaient d'en bas. « C'est Mrs. Toller qui fait tout ce vacarme dans la cave, dit Miss Hunter. Son mari ronfle sur la carpette dans la cuisine. Voici ses clés. Ce sont les doubles de celles de M. Rucastle.

---

fourberie, soit *astuce* et *finesse.*

9. **trap** = **dog-cart**: *charrette anglaise, cabriolet.*

10. **public-house**: ce qu'on appelle aujourd'hui un **pub**, et qui n'a pas d'équivalent en France.

11. **to thud**: *rendre un son mat.* **A thud**: *un bruit sourd.*

The Adventure of the Copper Beeches

"You have done well indeed!" cried Holmes, with enthusiasm. "Now lead the way, and we shall soon see the end of this black business."

We passed up the stair[1], unlocked the door[2], followed on down a passage, and found ourselves in front of the barricade which Miss Hunter had described. Holmes cut the cord and removed the transverse bar[3]. Then he tried the various keys in the lock, but without success. No sound came from within, and at the silence Holmes's face clouded over[4].

"I trust[5] that we are not too late," said he. "I think, Miss Hunter, that we had better go in without you. Now, Watson, put your shoulder to it, and we shall see whether we cannot make our way in."

It was an old rickety[6] door, and gave[7] at once before our united strength. Together we rushed into the room. It was empty. There was no furniture save[8] a little pallet[9] bed, a small table, and a basketful of linen. The skylight above was open, and the prisoner gone.

"There has been some villainy[10] here," said Holmes; "this beauty[11] has guessed Miss Hunter's intentions, and has carried his victim off."

"But how?"

"Through the skylight. We shall soon see how he managed it." He swung himself up onto[12] the roof. "Ah, yes," he cried; "here's the end of a long light ladder against the eaves[13]. That is how he did it."

---

1. the stair = the stairs. Cf. p. 224, note 3.
2. the door: il s'agit de celle dont Miss Hunter a déjà parlé.
3. the transverse bar = the bar across the outside of the door.
4. to cloud over: sens littéral : *se couvrir de nuages*.
5. I trust = I earnestly hope we are not too late.
6. rickety: 1) *rachitique*. 2) *délabré, bancal*.
7. gave = gave way.
8. there was no furniture save...: m. à m. : *il n'y avait pas de meubles, sauf...*
9. pallet: *grabat, paillasse*.

— Bravo ! fit Holmes avec enthousiasme. Maintenant montrez-nous le chemin, et nous allons bientôt assister au dénouement de cette sombre histoire. »

Après avoir monté l'escalier et ouvert la porte à l'aide du trousseau de clés, nous trouvâmes au fond d'un couloir la barricade décrite par Miss Hunter. Holmes coupa la corde et enleva la barre transversale. Puis il essaya les différentes clés, mais en vain. Aucun son ne nous parvenait de l'intérieur. Ce silence inquiétait Holmes, dont le visage s'assombrit.

« J'espère qu'il n'est pas trop tard, dit-il. Mais je crois que nous ferions mieux d'entrer sans vous, Miss Hunter. Allons, Watson, un bon coup d'épaule, et nous allons bien voir si nous ne parvenons pas à pénétrer dans cette chambre. »

C'était une vieille porte branlante ; elle céda aussitôt devant nos forces conjuguées. D'un même élan, nous nous précipitâmes dans la pièce. Elle était vide. Une paillasse, une petite table, et un panier plein de linge en constituaient tout le mobilier. La lucarne était ouverte et la prisonnière avait disparu.

« Voilà quelque scélératesse, fit Holmes. Ce charmant personnage a deviné les intentions de Miss Hunter et emmené sa victime ailleurs.

— Mais comment ?

— Par la lucarne. Nous n'allons pas tarder à voir comment il s'y est pris. » Il se hissa sur le toit. « Eh oui, s'écria-t-il, voici l'extrémité d'une longue échelle posée contre l'avant-toit. C'est le moyen qu'il a employé.

---

10. **villainy:** *infamie, bassesse, action scélérate.* Cf. **villain,** p. 242.

11. **this beauty:** terme d'autant plus ironique que c'est celui que M. Rucastle avait employé à propos du molosse en le montrant à Miss Hunter le jour de son arrivée.

12. **swung himself up onto...:** structure résultative. **To swing:** *(se) balancer.* Ce verbe suggère un mouvement rapide.

13. **eaves:** *avant-toit.* **To eavesdrop:** *écouter de façon indiscrète.*

"But it is impossible," said Miss Hunter; "the ladder was not there when the Rucastles went away."

"He has come back and done it. I tell you that he is a clever and dangerous man. I should not be very much surprised if this were he whose step[1] I hear now upon the stair. I think, Watson, that it would be as well for you to have your pistol ready[2]."

The words were hardly out of his mouth before a man appeared at the door of the room, a very fat and burly[3] man, with a heavy stick in his hand. Miss Hunter screamed and shrank[4] against the wall at the sight of him, but Sherlock Holmes sprang forward and confronted[5] him.

"You villain[6]!" said he, "where's your daughter?"

The fat man cast his eyes round, and then up at the open skylight.

"It is for me to ask you that," he shrieked, "you thieves! Spies and thieves! I have caught you, have I? You are in my power. I'll serve you!" He turned and clattered[7] down the stairs as hard as he could go.

"He's gone for the dog!" cried Miss Hunter.

"I have my revolver," said I.

"Better close the front door," cried Holmes, and we all rushed down the stairs together. We had hardly reached the hall when we heard the baying of a hound, and then a scream of agony[8], with a horrible worrying[9] sound which it was dreadful to listen to.

---

1. ...**if this were he whose step**...: m. à m. : *ça ne me surprendrait pas si c'était lui dont j'entends le pas*...

2. **have your pistol ready**: légère incohérence ici, car Watson n'a pas l'habitude de se déplacer armé et, dans les heures qui précèdent, nous n'avons pas entendu Holmes lui conseiller de prendre son revolver, comme il l'avait fait dans « La Ligue des Roux ».

3. **burly** = big and strong: *solidement charpenté*.

4. **shrank**: to shrink, shrank, shrunk: 1) *rétrécir* ; 2) *reculer*.

5. **to confront**: 1) *confronter*. 2) *affronter, tenir tête à, faire face*.

6. **you villain**: Rucastle est, certes, le scélérat du récit et, en le traitant

Les Hêtres rouges 243

— Mais c'est impossible! s'écria Miss Hunter. Il n'y avait pas d'échelle quand les Rucastle sont partis.

— Il est revenu faire son coup. Je vous le répète, c'est un homme intelligent et dangereux. Mais j'entends un pas dans l'escalier, et ça ne m'étonnerait pas du tout que ce soit lui. Je crois que vous feriez bien de vous tenir prêt avec votre revolver, Watson. »

Il avait à peine fini sa phrase qu'un homme parut à la porte, très gros, de forte carrure, une lourde canne à la main. À cette vue, Miss Hunter poussa un cri et s'aplatit contre le mur. Mais Holmes s'élança et lui fit face : « Misérable! s'écria-t-il. Où est votre fille ? »

Le gros homme regarda autour de lui, puis il leva les yeux vers la lucarne ouverte et se mit à hurler : « C'est à moi de vous le demander, espèce de voleurs! Espions! Sales voleurs! Mais je vous ai attrapés, hein? Vous êtes à ma merci, et vous allez me payer ça! » Il fit demi-tour et descendit bruyamment l'escalier aussi vite que sa corpulence le lui permettait.

« Il est parti ouvrir au chien, s'écria Miss Hunter.

— J'ai mon revolver, répondis-je.

— Il vaudrait mieux fermer la porte d'entrée », dit Holmes. Et nous dévalâmes l'escalier tous les trois. À peine avions-nous atteint le vestibule que l'on entendit un chien donner de la voix. Puis il y eut un hurlement de douleur accompagné d'un bruit horrible qui nous glaça le sang : celui que fait un chien de chasse qui a saisi sa proie à la gorge.

---

de gredin, Holmes joue son rôle habituel de redresseur de torts, mais, dans cette apostrophe un peu mélodramatique, il semble perdre son sang-froid — et Conan Doyle son sens de l'humour.

7. **to clatter:** désigne tantôt un cliquetis, tantôt un fracas. Suggère ici le bruit des chaussures sur les marches et le poids du personnage.

8. **agony:** indique une souffrance extrême, physique ou morale.

9. **to worry:** a ici son sens premier : *prendre avec les dents et secouer*.

An elderly man with a red face and shaking limbs came staggering out[1] at a side door.

"My God!" he cried. "Someone has loosed the dog[2]. It's not been fed[3] for two days. Quick, quick, or it'll be too late!"

Holmes and I rushed out and round the angle of the house, with Toller hurrying behind us. There was the huge famished brute[4], its black muzzle buried in Rucastle's throat, while he writhed[5] and screamed upon the ground. Running up, I blew its brains out[6], and it fell over with its keen white teeth still meeting in the great creases[7] of his neck. With much labour we separated them, and carried him, living but horribly mangled[8], into the house. We laid him upon the drawing-room sofa, and, having despatched[9] the sobered[10] Toller to bear the news to his wife, I did what I could to relieve his pain. We were all assembled round him when the door opened, and a tall, gaunt[11] woman entered the room.

"Mrs. Toller!" cried Miss Hunter.

"Yes, miss. Mr. Rucastle let me out when he came back before he went up to you. Ah, miss, it is a pity you didn't let me know what you were planning, for I would have told you that your pains were wasted."

"Ha!" said Holmes, looking keenly at her. "It is clear that Mrs. Toller knows more about this matter than any one else."

---

1. **came staggering out**: *to stagger*: *chanceler, tituber*. (cf. p. 83, note 6). Il sortait **(out)** de la cuisine d'un pas chancelant.

2. **loosed the dog** = let it loose. To loose: *détacher*.

3. **to feed, fed**: *nourrir, donner à manger*.

4. **brute**: désigne un être dénué de raison, soit un animal, soit une personne cruelle, grossière ou bestiale.

5. **to writhe**: *se contorsionner*. Au figuré : *frémir* (de dégoût).

6. **to blow sb's brains out**: *faire sauter la cervelle à qqn*.

7. **creases** = folds: *plis*. Ceci rappelle la description faite par Miss Hunter du double menton de Rucastle (p. 180).

8. **mangled**: *déchiré, mutilé*.

Un homme d'un certain âge entra en titubant par une porte latérale. Il avait le visage rouge et tremblait de tous ses membres.

« Mon Dieu ! s'exclama-t-il. Quelqu'un a lâché le chien. Il n'a rien mangé depuis deux jours. Vite, vite, ou bien il sera trop tard ! »

Nous sortîmes en trombe, Holmes et moi, avec Toller sur les talons, et notre course nous mena derrière la maison. Un affreux spectacle nous attendait : l'énorme bête affamée avait enfoncé son museau noir dans la gorge de Rucastle qui se tordait de douleur en hurlant. D'un bond, je m'approchai du chien et lui brûlai la cervelle. Il tomba, mais ses crocs blancs pointus étaient restés plantés dans les replis du cou de son maître. Après bien des efforts, nous réussîmes à les séparer, et nous transportâmes Rucastle dans la maison. Il vivait encore, mais il était horriblement déchiqueté. Nous l'étendîmes sur le canapé du salon. Après avoir envoyé Toller — maintenant dégrisé — expliquer à sa femme ce qui s'était passé, je fis de mon mieux pour alléger les souffrances de Rucastle. Nous étions tous rassemblés autour de sa couche lorsque la porte s'ouvrit et une grande femme décharnée fit son entrée.

« Mrs. Toller ! s'écria Miss Hunter.

— Oui mademoiselle. M. Rucastle m'a libérée à son retour, avant de monter s'occuper de vous. Ah, mademoiselle, quel dommage que vous ne m'ayez pas avertie de vos projets ! Je vous aurais prévenue que vous vous donniez du mal pour rien.

— Ha ! ha ! dit Holmes en lui jetant un regard pénétrant. Visiblement, Mrs. Toller en sait plus que quiconque sur toute cette affaire.

---

9. **to despatch/dispatch**: = **send off**: *dépêcher, envoyer*.
10. **sobered** = **who had become sober**. "Sober" est le contraire de "drunk".
11. **gaunt** = **lean**: *très maigre*.

"Yes, sir, I do, and I am ready enough to tell what I know."

"Then, pray, sit down, and let us hear it, for there are several points on which I must confess that I am still in the dark[1]."

"I will soon make it clear to you," said she; "and I'd have done so before now if I could ha' got out from the cellar. If there's police-court business over this, you'll remember that I was the one that stood your friend[2], and that I was Miss Alice's friend too.

"She was never happy at home, Miss Alice wasn't[3], from the time that her father married again. She was slighted like[4], and had no say[5] in anything; but it never really became bad for her until after she met Mr. Fowler at a friend's house. As well as I could learn, Miss Alice had rights of her own[6] by will, but she was so quiet and patient, she was[3], that she never said a word about them, but just left everything in Mr. Rucastle's hands. He knew he was safe with her; but when there was a chance of a husband coming forward, who would ask for all that the law would give him, then her father thought it time to put a stop on it. He wanted her to sign a paper, so that whether she married or not, he could use her money. When she wouldn't do it, he kept on worrying her[7] until she got brain-fever, and for six weeks was at death's door. Then she got better at last, all worn to a shadow[8], and with her beautiful hair cut off;

---

1. **still in the dark:** c'est généralement Watson qui tient ce discours et il est assez surprenant d'entendre Holmes avouer son incompréhension.

2. **stood your friend** = was and acted as your friend.

3. **Miss Alice wasn't:** ce genre de reprise appartient à la langue familière et dénote les origines populaires de Mrs. Toller.

4. **slighted** = ignored. To slight: *manquer d'égards envers, négliger.* Cf. **slight**, adj.: *léger, insignifiant.* Like: *comme qui dirait* (très familier).

5. **to have one's say:** *dire son mot.*

6. **rights of her own:** *des droits à elle.*

— Oui, monsieur, c'est exact, et je suis toute prête à vous dire ce que je sais.

— Alors asseyez-vous, je vous prie. Nous vous écoutons. Il reste plusieurs points qui ne sont pas clairs pour moi, je dois l'avouer.

— Je vais tout vous expliquer ; d'ailleurs ce serait déjà fait si j'avais pu sortir de cette cave. Si le tribunal de simple police se mêle de cette histoire, vous vous rappellerez que j'étais dans votre camp, moi, et que j'étais aussi l'amie de Miss Alice.

Jamais elle n'a été heureuse chez elle, Miss Alice, une fois son père remarié. On faisait comme si elle n'existait pas, quoi, elle n'avait pas voix au chapitre. Mais tout ça s'est encore aggravé quand elle a rencontré M. Fowler chez une amie. Pour autant que je sache, elle avait de l'argent qui lui appartenait en propre par le testament de sa mère. Mais elle était si douce et patiente, Miss Alice, qu'elle n'a jamais rien réclamé. Elle laissait M. Rucastle s'occuper de tout. Il savait qu'avec elle il était tranquille. Mais quand il y a eu un mari en perspective, qui risquait de demander tout ce à quoi la loi lui donnait droit, le père s'est dit qu'il fallait mettre le holà. Il voulait qu'elle lui signe un papier comme quoi il pouvait disposer de son argent à elle, qu'elle se marie ou non. Elle a refusé. Alors il l'a tarabustée sans arrêt, tant et si bien qu'elle a fait une fièvre cérébrale, et pendant six semaines elle a été à l'article de la mort. Et puis elle s'est remise, mais elle n'était plus que l'ombre d'elle-même, et on lui avait coupé ses beaux cheveux ;

---

7. **kept on worrying her**: *il l'a harcelée tout le temps*. On trouve dans les *Aventures de Sherlock Holmes* d'autres exemples d'escrocs qui tentent de s'approprier la fortune d'une héritière sans défense.

8. **worn to a shadow**: m. à m. : *usée au point de n'être plus qu'une ombre*. Métaphore cliché.

but that didn't make no change[1] in her young man[2], and he stuck to her[3] as true as man could be[4]."

"Ah," said Holmes, "I think that what you have been good enough to tell us makes the matter fairly clear, and that I can deduce all that remains[5]. Mr. Rucastle then, I presume, took to this system[6] of imprisonment?"

"Yes, sir."

"And brought Miss Hunter down from London in order to get rid of the disagreeable persistence of Mr. Fowler."

"That was it, sir."

"But Mr. Fowler being a persevering man, as a good seaman should be[7], blockaded the house[8], and, having met you, succeeded by certain arguments, metallic or otherwise, in convincing you that your interests were the same as his."

"Mr. Fowler was a very kind-spoken[9], free-handed gentleman," said Mrs. Toller, serenely.

"And in this way he managed that your good man should have no want of drink, and that a ladder should be ready at the moment when your master had gone out."

"You have it, sir, just as it happened."

"I am sure we owe you an apology, Mrs. Toller," said Holmes, "for you have certainly cleared up everything which puzzled us. And here comes the country surgeon and Mrs. Rucastle,

---

1. **didn't make no change**: la présence de deux négations n'est pas conforme à la langue correcte.

2. **her young man**: *son bon ami* (désuet et populaire).

3. **stuck to her**: to stick to sb.: *ne pas abandonner qqn.*

4. **true = faithful. As true as man could be**: expression proverbiale suggérant une fidélité à toute épreuve.

5. **I can deduce all that remains**: maintenant que Mrs. Toller lui a résumé les données de l'affaire et ses péripéties tragiques, Sherlock Holmes peut exercer ses talents de logicien.

6. **took to this system**: *a choisi ce moyen.* Cf. to take to (a habit): *prendre une habitude.* To take to drink: *se mettre à boire.*

mais ça n'a rien changé aux sentiments de son amoureux, et il lui est resté fidèle envers et contre tout.

— Ah ! dit Holmes, ce que vous avez eu l'obligeance de nous raconter me permet d'y voir assez clair dans cette affaire et je peux en déduire tout le reste, je crois. Ensuite M. Rucastle a adopté la méthode que nous venons de voir pour la séquestrer, je suppose ?

— Oui, monsieur.

— Et il a amené Miss Hunter de Londres pour se débarrasser de M. Fowler et de sa fâcheuse obstination.

— C'est exact, monsieur.

— Mais M. Fowler, en bon marin qu'il est, a beaucoup de ténacité. Il a donc fait le siège de la maison, il vous a rencontrée, et moyennant certains arguments, métalliques ou autres, il a réussi à vous convaincre que vos intérêts et les siens étaient identiques.

— M. Fowler s'est montré fort généreux et me parlait toujours avec beaucoup de bienveillance, dit Mrs. Toller d'un ton serein.

— Il a donc fait en sorte que votre époux ne manque jamais d'alcool, et il s'est arrangé pour avoir une échelle prête à servir dès que votre maître serait parti.

— Oui, monsieur, ça s'est passé comme vous venez de dire.

— Pour sûr, nous vous devons des excuses, Mrs. Toller, car ces explications font la lumière sur tout ce qui nous intriguait. Mais voici le chirurgien du pays avec Mrs. Rucastle.

---

7. **as a good seaman should be:** Holmes invoque ici ses propres critères concernant les qualités d'un marin. Mais nous ne saurons jamais avec précision ce qui a permis au détective de déduire que M. Fowler était marin — l'échelle, probablement.

8. **blockaded the house:** *a fait le blocus de la maison.*

9. **kind-spoken:** *qui parle avec gentillesse.* On a la même valeur du participe passé dans **free-spoken:** *qui a son franc parler.*

so I think, Watson, that we had best[1] escort Miss Hunter back to Winchester, as it seems to me that our *locus standi*[2] now is rather a questionable[3] one."

And thus[4] was solved the mystery of the sinister house with the copper beeches in front of the door. Mr. Rucastle survived, but was always a broken man, kept alive solely through the care of his devoted wife. They still live with their old servants, who probably know so much of Rucastle's past life that he finds it difficult to part from them. Mr. Fowler and Miss Rucastle were married, by special license, in Southampton the day after their flight, and he is now the holder of a Government appointment in the Island of Mauritius[5]. As to Miss Violet Hunter, my friend Holmes, rather to my disappointment, manifested no further interest in her[6] when once she had ceased to be the centre of one of his problems, and she is now the head of a private school at Walsall, where I believe that she has met with considerable success.

---

1. **had best** = had better.

2. **our locus standi** = place of standing: *notre situation, statut.*

3. **questionable:** *discutable, contestable.* En fait, Holmes et Watson s'étaient déjà mis en situation irrégulière en pénétrant dans le domicile particulier des Rucastle sans leur autorisation.

4. **thus** = **in this way:** *de cette façon.* Cet adverbe introduit un bref épilogue assez peu dans la manière habituelle de Conan Doyle, car au lieu du retour à Baker Street pour un dialogue entre le détective et son comparse, il nous raconte en quelques lignes comment le scélérat a été châtié et les amoureux réunis...

5. **Mauritius:** île de l'Océan Indien, à l'est de Madagascar. Française de 1715 à 1814, puis britannique.

Les Hêtres rouges

Je pense donc, poursuivit Holmes en se tournant vers moi, que nous ferions mieux de raccompagner Miss Hunter à Winchester, car nous nous trouvons maintenant dans une position assez fausse, me semble-t-il. »

Ainsi fut résolu le mystère de la sinistre maison aux hêtres rouges. M. Rucastle a survécu, mais il est brisé à jamais et il faut tous les soins dévoués de sa femme pour le maintenir en vie. Ils ont gardé chez eux leurs vieux domestiques ; sans doute en savent-ils tant sur le passé de Rucastle qu'il a du mal à s'en séparer. M. Fowler et Miss Rucastle se sont mariés à Southampton le lendemain de leur fuite, grâce à une autorisation spéciale. Il occupe maintenant un poste officiel à l'île Maurice. Quant à Miss Violet Hunter, mon ami Holmes ne lui a plus témoigné d'intérêt, à ma grande déception, une fois qu'elle a cessé d'être le personnage central d'un de ses problèmes. Elle dirige à présent une école privée à Walsall, et je crois qu'elle y réussit fort bien.

---

6. **no further interest** = **no more interest**. Comparatif de **far**. Ce manque d'intérêt est bien dans le caractère de Sherlock Holmes, et cette déception ressemble tout à fait à Watson. Quant à Violet Hunter, si sa personnalité est en fin de compte assez terne, Conan Doyle lui a effectivement donné une fonction dramatique privilégiée et, du point de vue de la technique narrative, un statut central dans la nouvelle, puisque c'est sa voix que nous entendons le plus souvent, au détriment de celles de Holmes et Watson.

Mais si cette nouvelle est moins réussie que les précédentes, c'est peut-être parce que Conan Doyle, au lieu d'en choisir lui-même l'intrigue, se l'était laissé imposer par sa mère.

Lire en... anglais

UNILINGUE

RAY BRADBURY
**Kaleidoscope
and Other Short Stories** (8609)
The Martian Chronicles (8621)
**A Story of Love
and Other Non-Science-Fiction Stories** (8622)
**The Last Circus
(Exclusive Interview)** (8649)

TRUMAN CAPOTE
Handcarved Coffins (8669)

ROALD DAHL
**Mr. Botibol
and Other Short Stories** (8665)
**The Hitch-Hiker
and Other Short Stories** (8610)
**Someone Like You
and Other Short Stories** (8605)

WILLIAM FAULKNER
Stories of New Orleans (8613)

F. SCOTT FITZGERALD
**Pat Hobby and Orson Welles
and Other Short Stories** (8604)

GRAHAM GREENE
**The Basement Room
and Other Short Stories** (8657)
The Third Man (8663)
The Tenth Man (8686)

ERNEST HEMINGWAY
The Old man and the Sea (8639)
The Killers and Other Short Stories (8629)

PATRICIA HIGHSMITH
Please don't Shoot the Trees (8635)
**Trouble at the Jade Towers
and Other Short Stories** (8661)

JAMES JOYCE
Dubliners (8642)

SOMERSET MAUGHAM
The Escape (8603)
The Flip of a Coin (8612)

SAKI
**The Seven Cream Jugs
and Other Short Stories** (8614)
**The Open Window
and Other Short Stories** (8676)

SHAKESPEARE
Macbeth (8684)
Othello (8687)
Hamlet (8688)

JOHN STEINBECK
The Snake and Other Short Stories (8629)

FRED UHLMAN
Reunion (L'Ami retrouvé) (8640)

English Ghost Stories (8638)
English Crime Stories of Today (8648)

A Long Spoon and Other Short Stories (8611)
KAREN BLIXEN - JOHN WYNDHAM - VIRGINIA WOOLF

Nine English Short Stories (8601)
W. B. YEATS - E. M. FORSTER - VIRGINIA WOOLF
ELISABETH BOWEN - D. H. LAWRENCE...

Seven American Short Stories (8602)
WILLIAM FAULKNER - SINCLAIR LEWIS
AMBROSE BIERCE - JOHN UPDIKE...

Simple Arithmetic and Other American Short Stories (8616)
MARK TWAIN - F. SCOTT FITZGERALD - H. MELVILLE
ERSKINE CALDWELL - CARSON MCCULLERS
SHERWOOD ANDERSON - V. MORICONI - KATE CHOPIN...

Thirteen Modern English and American Short Stories (8600)
KATHERINE MANSFIELD - SOMERSET MAUGHAM
TRUMAN CAPOTE - RAY BRADBURY - JOHN UPDIKE...

American Detective Stories of Today (8659)
D. HAMMETT - R. CHANDLER

Lire en... anglais

BILINGUE

SAUL BELLOW
Le Gaffeur / Him With His Foot in His Mouth (8757)

LEWIS CARROLL
Alice au pays des merveilles / Alice's Adventures in Wonderland (8732)

G.K. CHESTERTON
Le Secret du Père Brown / The Secret of Father Brown (8740)

JOSEPH CONRAD
Le Cœur des ténèbres / Heart of Darkness (8703)

Un avant-poste du progrès / An Outpost of Progress (8762)

E.M. FORSTER
L'Omnibus céleste et autres nouvelles / The Celestial Omnibus and Other Short Stories (8736)

GRAHAM GREENE
La Fin du goûter / The End of the Party (8730)

Le Troisième Homme / The Third Man (8755)

THOMAS HARDY
Une femme d'imagination / An Imaginative Woman (8760)

ALDOUS HUXLEY
Le Banquet Tillotson / The Tillotson Banquet (8711)

JAMES JOYCE
Gens de Dublin / Dubliners (8771)

RUDYARD KIPLING
Histoires comme ça / Just so Stories (8764)

L'homme qui voulait être roi / The Man Who would be King (8725)

JACK LONDON
Le Silence en blanc / The White Silence (8726)

KATHERINE MANSFIELD
Sur la baie / At the Bay (8702)

HERMAN MELVILLE
Benito Cereno / Benito Cereno (8759)

O. HENRY
Printemps à la carte / Springtime à la Carte (8727)

EDGAR ALLAN POE
Le Chat noir / The Black Cat (8739)

ALAN SILLITOE
**Vengeance et autres nouvelles / Revenge and
  Other Short Stories** (8707)

ROBERT LOUIS STEVENSON
**L'Étrange Cas du Dr Jekyll et de Mr Hyde / The Strange
  Case of Dr Jekyll and Mr Hyde** (8704)

Deux Contes noirs / Two Gothic Tales (8751)

JONATHAN SWIFT
Voyage à Brobdingnag / A Voyage to Brobdingnag (8768)

Voyage à Lilliput / A Voyage to Lilliput (8756)

MARK TWAIN
Une journée à Niagara / A Day at Niagara (8743)

H.G. WELLS
L'Empire des Fourmis / The Empire of the Ants (8734)

OSCAR WILDE
**Le Crime de Lord Arthur Savile / Lord Arthur
  Savile's Crime** (8735)

VIRGINIA WOOLF
Kew Gardens / Kew Gardens (8767)

**Les plus belles chansons anglaises / The Best of English
  Songs** (8802)

**Nouvelles américaines classiques / American
  Short Stories** (8713)
MARK TWAIN - HENRY JAMES - O. HENRY - AMBROSE BIERCE -
JACK LONDON...

Nouvelles victoriennes / Victorian Short Stories (8745)
SAKI - OSCAR WILDE - JEROME K. JEROME...

Nouvelles fantastiques anglaises / Stories of Mystery (8729)

Composition réalisée par COMPOFAC - PARIS

IMPRIMÉ EN FRANCE PAR BRODARD ET TAUPIN
Usine de La Flèche (Sarthe).
Librairie Générale Française - 43, quai de Grenelle - 75015 Paris.
ISBN : 2 - 253 - 06126 - 3   ⊕ 30/8758/2